数字化创新与数据治理规则研究

董玉鹏 吴 泓 著

ZHEJIANG UNIVERSITY PRESS
浙江大学出版社
·杭州·

前　言

　　随着科技的飞速发展,数字化创新已经成为时代的主旋律,数据作为数字化创新的核心资源,其重要性不言而喻。如何在保障数据安全的同时,实现数据的充分利用和高效治理,是全人类面临的一大挑战。《数字化创新与数据治理规则研究》一书便应运而生。本书旨在探讨数字化创新背景下的数据治理规则,为我国数字经济的发展提供有益参考。

　　本书以数据价值与治理创新为基础理论,深入探讨了基于要素配置的数据产权制度体系。数据产权制度的建立是保障数据安全的前提,亦是实现数据合理利用和保护的基础。同时,本书还探讨了社交媒体算法专利与标准协同发展的问题,这对我国在数字技术领域的创新发展具有积极的推动作用。

　　算法时代的垄断问题也是我们关注的焦点。在数字经济时代,垄断协议的存在不仅妨碍了市场竞争,还可能对个人信息保护和国家安全造成威胁。本书对算法时代垄断协议制度面临的挑战和解释进行了深入探讨,为我国反垄断法律制度的完善提供了新的思路。

　　此外,本书还关注了 NFT 数字藏品交易的侵权法律问题、平台算法数据备案与商业秘密保护、人工智能与数字社会治理人才培养等方面。这些问题的研究和解决,将有助于我国数字经济的健康快速发展,同时也有利于保障数据安全,提高数据治理水平。

　　在这个信息爆炸的时代,数据的价值日益凸显,而数据治理规则的研究和实施显得尤为重要。本书旨在为我国数字经济的发展提供理论支持和实践指导。我们希望本书能够为政府、企业和个人在处理数据问题时提供有益的参考,从而推动我国数字经济健康、快速、高效地发展。

　　本书编写任务分工如下:第一章、第二章第四节、第三章、第五章、第六章、第八章、参考文献,由董玉鹏负责撰写;绪论、第二章第一至第三节、第四章、第七章、第九章、第十章、附录二、附录三,由吴泓负责撰写。

著者

2023 年 5 月

目　录

绪　论

　　2022年6月召开的中央全面深化改革委员会第二十六次会议,审议通过了《关于构建数据基础制度更好发挥数据要素作用的意见》。会议强调,数据基础制度建设事关国家发展和安全大局,要维护国家数据安全,保护个人信息和商业秘密,促进数据高效流通使用、赋能实体经济,统筹推进数据产权、流通交易、收益分配、安全治理,加快构建数据基础制度体系。

　　当前,我国数据要素市场仍然处于培育期,重点任务是在国家层面进行数据基础性制度体系建设和创新。实现数字化转型视域下数据价值与数据创新首先应着手构建数据基础制度体系。只有构建起数据基础制度体系,才能保证数据价值实现和促进数据创新。按照中央部署,数据产权、流通交易、收益分配、安全治理构成数据基础制度体系的四大基石。本书即围绕"数字化转型视域下数据价值与数据创新"主题,以数据基础制度体系的四大基石为重点研究对象。

　　其一,构建数据产权制度研究。数据产权制度是促进数据成为经济行为重要资源的基础保障。现代数据产权制度最大的特征是"去所有权化",核心要点是推动建立数据资源持有权、数据加工使用权、数据产品经营权等分置的现代数据产权运行机制,确保数据在安全治理基础上得到充分利用和交易流通。

　　其二,构建数据流通交易制度研究。数据流通和交易制度是培育数据要素市场的重要路径。需建设合规高效的数据要素流通和交易制度,完善数据全流程合规和监管规则体系,建设规范的数据交易市场。

　　其三,构建数据要素收益分配制度研究。数据要素收益分配制度是规范数据主体权益的规则保证。需完善数据要素市场化配置机制,更好发挥政府在数据要素收益分配中的引导调节作用,构建体现效率、促进公平的数据要素收益分配制度。

　　其四,构建数据安全治理制度研究。数据要素安全治理制度是完善数据要素市场监管的前提条件。应把安全贯穿数据治理全过程,守住安全底线,明确监管红线,加强重点领域执法司法。构建总体国家安全观统领下的数据安全保护法律制度和技术体系,以及数据治理的公众参与机制。构建政府、企业、社会多方协同治理模式,强化分行业监管和跨行业协同监管,压实企业数据安全责任。

数字化转型视域下数据价值与数据创新是国家重大战略需求,也是需要学术界研究破解的前沿问题。本书聚焦构建数据要素市场化配置基础制度这一关系数据价值和数据创新的重大问题。这几个问题相互联系、不可分割,共同构成数据要素市场化配置基础制度的有机整体。

数据基础制度框架包括以下内容:数据权属及确权、数据生产要素市场化配置、数据要素交易流通、数据安全与治理。以上内容涵盖数据持有状态、数据运用方式、数据交易范式、数据交易市场主体培育与机制优化等一系列数字经济发展关键节点。总体来看,搞好数据基础制度体系建设,要立足数据治理基本法理,引入数据科学、信息科学等学科相关理论,围绕数据价值运动规律,以数据生产要素为核心,构建基于"生产—交易—分配—保障"的数据基础制度框架,厘清数据要素基本构成和内在机理,探究数字化转型背景下数据基础制度各模块之间的关系。

数据产权制度,涉及数据分类分级、权益归属、确权方式方法及运行机制等内容。构建数据产权制度,需要从数据基本内涵出发,基于分类理论,从数据基本结构、数据主体关系、数据客体属性等视角,厘清数据的分级分类。进而,将数据产权细化为数据资源持有权、加工使用权、产品经营权等具体权利类型,形成科学合理的产权分置运行机制。明确数据产权制度,是构建数据基础制度的第一步,也是最重要的一步,对最大限度发挥数据要素作用有着决定性意义。在与其他数据制度子模块的关系上,数据产权制度处于总领性的顶层位置,与数据交易流通与收益分配规则不同,其更多是在静态层面确保数据财产权益的明晰与稳定。数据产权制度决定了数据价值能否顺利实现,是数据要素交易流通的合法性前提。数据产权也是数据要素市场化配置不可回避的前置性要件,一方面决定了数据收益分配的基础比例,另一方面也是数据制度创新的最根本激励条件。同时,数据产权制度还是数据安全保护与治理的根本目标。所以这一部分必须首先阐释清楚。

数据要素交易流通制度,内容涉及数据交易主体、数据交易客体、数据交易机制、数据交易形式、数据交易场所、数据交易服务、数据交易监管、数据交易仲裁、数据交易法律法规、数据交易标准规范等方面内容。数据要素交易流通制度，是围绕"规范数据开发利用"展开的。数据交易流通制度聚焦"数据作为一种生产要素"的本质，关注数据生产者与数据消费者之间的流通过程，追求数据价值实现的最大化。为保证数据高效交易流通，重点应建立规范数据开发利用的生态参与机制以及合理技术要求和框架，探索合法、公平、可持续的数据共享机制，以及安全可靠、可追溯的数据开放机制。数据交易流通制度是数字经济发展的核心。

　　数据生产要素市场化配置，涉及构建体现效率、促进公平的数据要素收益分配制度。一方面，需要加强数字信息基础设施、开放竞争有序的数据要素市场、数据交易和管理平台建设，促进数据要素在地区、部门、行业、企业等空间与主体之间的流通；另一方面，需要培养多元数据要素市场，创新数据要素商业模式、交易模式、收益分配模式、交易定价模式，推动数据要素价值开发。数据生产要素市场化配置机制与数据产权制度密不可分：平衡数据要素价值链上不同主体的权利义务关系，使各个利益主体的权益和激励能够协同共进。这仅依靠数据产权制度本身不足以实现，必须导入合理的数据生产要素市场化配置机制。在与数据流通交易制度的关系上，数据生产要素配置主要是扎根数据本体层和载体层，从数据需求、数据供给、数据交易三方面理顺数据生产要素市场基本构型和内在机理，实现数据要素的社会化生产与流通。

　　数据安全保护与治理制度处于数据基础制度外围，是保障数据权益归属状态稳定、交易流通顺畅、收益分配秩序正常运行并实现良性循环的重要制度工具。目前我国数字化转型过程中所需的"数据安全保护与治理制度"，在于构建总体国家安全观统领下的数据安全保护法律制度和技术体系，实现数据安全与数据流通交易以及公共数据公开共享之间的平衡，完善数据流通交易和公共数据公开共享中数据处理者的数据安全保护。数据安全保护治理制度与技术手段构建的数据安全风险防控体系共同发挥作用，确保数据安全风险监测防控与数据安全事件处置落到实处。在常态环境下，进一步从权利排他性角度肯定数据产权制度的确权成果，保障数据交易流通以及数据要素市场化配置产生的相关合法权益不受侵害。数据安全保护与治理强调全过程管理，强化事中事后监管与救济，统合协调数据安全民事、刑事和行政法律规则，促进形成数据安全协同治理体系，对数据权益损害进行多渠道救济。

第一章　数据价值与治理创新基础理论评述

第一节　数据价值与治理创新的背景

随着移动互联网、大数据、云计算、人工智能、区块链等新一代数字技术迅猛发展，全球经济社会加快数字化转型，新模式、新业态不断涌现，人类社会的生产生活方式正在发生深刻的变革。无论是大型企业还是中小微型企业，其技术模式与商业模式，在很大程度上都对数据的获取与利用存在依赖。谁先掌握数据，谁就拥有了先发优势。

在世界范围内，亚马逊、谷歌、阿里巴巴、字节跳动等数字经济领域的头部企业，通过创新数据平台算法技术访问平台大量用户数据，获得市场优势地位。在数字化转型的背景下，数据来源渠道更加丰富，数据采集手段更加多元，数据平台建设更加完备，数据规模体量更加庞大，数据品种类型更加多样，数据利益价值更加重要，数据应用需求更加广泛，数据生产供给更加充分，数据创新更加繁荣。

在国家战略层面，数据资源的基础性、战略性地位得到世界各国的高度重视和认可。数据被认为是一种新型生产要素，日益成为促进经济增长、创造劳动就业、推动社会进步和提升国际竞争力的重要战略资源。"十三五"期间，中国数据生产要素市场快速增长，2020年我国数据要素市场规模达到545亿元，数据生产要素市场规模复合增长率超过30%；"十四五"期间，这一数值将突破1749亿元，整体上进入高速发展阶段。数据应用不断渗透到政府治理、企业创新、个人生活等方方面面，在健康、环境、粮食安全、气候和资源效率、能源、智慧城市等各个领域蕴藏着巨大潜力。生产要素商品化是发展市场经济、构建生产要素市场的必然要求。数据演进为生产要素，使得构建数据生产要素市场成为发展数字经济的必然趋势。数字经济具有衡量数据生产要素市场对经济总体影响的作用，数据价值存在可变性、多样性、规模性、复杂性、时序性等特点。因此，需通过构建开放的数据共享生态体系，促进数据资源的交易流通，挖掘数据的内在价值，激励数据创新，释放数字经济活力，驱动经济社会数字化转型发展，推动经济增长迈上新的台阶。

党的十八大以来，习近平总书记强调要"构建以数据为关键要素的数字经济"。[①] 党的十九届四中全会正式提出要将数据列为与劳动、资本、土地、知识、技术、管理并列的生产要素。《中共中央　国务院关于构建更加完善的要素市场化配置体制机制的意见》(2020 年 3 月 30 日)提出，加快数据生产要素市场的培育，充分挖掘数据要素价值，持续推进政府数据的开放共享，提升社会领域的数据价值，加强数据资源整合和安全保护。2022 年 6 月22 日，中央深化改革委员会第二十六次会议审议通过了《关于构建数据基础制度更好发挥数据要素作用的意见》，强调数据作为新型生产要素，是数字化、网络化、智能化的基础，已快速融入生产、分配、流通、消费和社会服务管理等各个环节，深刻改变着生产方式、生活方式和社会治理方式。从法律制度建设层面来看，我国具有数据规模和数据应用优势，推动出台数据安全法、个人信息保护法等法律，积极探索推进数据要素市场化，加快构建以数据为关键要素的数字经济，取得了积极进展。

在地方层面，自 2020 年以来，《重庆市数据条例》(2022 年)和《浙江省公共数据条例》(2021 年)等地方数据立法凸显数据价值，对数字化转型背景下的数据活动进行了制度性设计。广东、北京、浙江等地也陆续发布了关于促进数字经济发展的相关政策举措。

国内外理论界与实务界同行并进，近年来对数据要素基础制度、数据价值与数据制度创新问题展开了一系列系统深入的讨论，也产生了比较丰富的成果。

第二节　数据价值与治理创新的理论研究进展

一、数字经济与数字化转型解读

"数字经济"的定义由经济合作与发展组织(OECD)在 20 世纪 90 年代

---

①习近平.审时度势精心谋划超前布局力争主动　实施国家大数据战略加快建设数字中国[N].人民日报,2017-12-10(01).

首次提出。有学者随即从范式转变的角度描述了这一新经济形态对传统商业模式的冲击。[①] 1998 年 4 月,美国商务部公布的报告《浮现中的数学经济》(The Emerging Digital Economy),将信息通信技术产业与电子商务视为数字经济的两个重要分支,并公开使用"数字经济"这一定义。我国学者则从辩证的、动态的角度,具体分析数字经济形态是"创造性"与"破坏性"共存、技术进步与制度变迁互动发展的过程。2016 年,G20 国际经济合作论坛以广义的视角解读了数字经济的含义,认为数字是一系列经济活动的组合,其中包括以现代信息作为重要载体、以数字化的信息和知识作为关键生产要素、经济结构的优化和经济效率的提高均依靠信息通信技术的有效使用。这是目前对数字经济最为全面、准确的定义,作为一种全新的经济形态,数字经济与以往的农业经济、工业经济有明显区别。数字经济这一定义覆盖了生产要素、数字经济所依靠的活动载体以及经济结构的变化。

所谓转型,是指当现有组织面对那些新的、不断发展的技术时,需要采取的全面性的行动。[②] 目前数字化转型的概念相对还不太成熟,对数字化转型并没有一个普遍被认同的定义。[③] 学者们对数字化转型的理解有两个侧重点:一是侧重数字化技术的应用,将数字化转型界定为企业在发展的过程中对各种新数字技术的应用[④];二是侧重转型,认为数字化转型是因为数字技术的应用所引起的工作方式、组织结构、商务模式的变化。[⑤] "转型"和"变革"是不一样的,组织的数字化转型远远超出了功能性思维,为利用数字技术带来的机遇或避免威胁而必须采取的综合行动。[⑥] 学者们敏锐地认识到,由物联网、大数据分析、人工智能和云计算等新数字技术推动的企业数字化

①Tapscott D. The Digital Economy: Promise and Peril in the Age of Networked Intelligence[M]. New York: McGraw-Hill, 1996.

②Singh A, Hess T. How Chief Digital Officers Promote the Digital Transformation of Their Companies[J]. MIS Quarterly Executive, 2017, 16(1):1-17; Singh A, Klarner P, Hess T. How Do Chief Digital Officers Pursue Digital Transformation Activities? The Role of Organization Design Parameters[J]. Long Range Planning, 2020, 53(3):1-14.

③Schallmo D, Williams C, Boardman L. Digital Transformation of Business Models-Best Practice, Enablers, and Roadmap[J]. International Journal of Innovation Management, 2017, 21(8):45-67.

④Bharadwaj A, Sawy O A E, Pavlou P A. Digital Business Strategy: Toward a Next Generation of Insights[J]. MIS Quarterly, 2013, 37(2):471-482.

⑤Nambisan S, Lyytinen K, Majchrzak A, et al. Digital Innovation Management: Reinventing Innovation Management Research in a Digital World[J]. MIS Quarterly, 2017, 41(1):223-238.

⑥Singh A, Hess T. How Chief Digital Officers Promote the Digital Transformation of Their Companies[J]. MIS Quarterly Executive, 2017, 16(1):1-17.

转型是一个新兴现象,是数字经济时代企业所特有的战略升级现象,经历了信息数字化萌芽期(1994—2002 年)、业务数字化高速发展期(2003—2012年)、数字转型成熟期(2013 年以来)几个阶段。[①]

从技术推动的角度来看,数字化是对数字技术的应用,而数字化转型被定义为在系统层面上重组经济、制度和社会的过程。[②] 与动态市场中的转型或变化过程并不相同,数字技术加速了变化的速度,导致更大的波动性、复杂性和不确定性。[③] 数字化转型通过结合数字技术,利用智能化、数字化将企业内部资源与外部资源进行整合,实现在数字技术支持下的产品创新,以满足客户的个性化需求,达到转型的目的,从而维持市场竞争,企业数字化转型可以看作企业使用新的数字创新来实现重大业务改进。[④] 也有学者认为,数字化转型是企业充分利用数字化能力适应或推动重大变革,形成数字渠道和营销、智能生产与制造、智能支持与控制、数字化产品和服务、商业模式创新等。从根本上说,数字化转型与产业或企业的发展战略有着密切关系,必须精准地找到合理的管理方法,利用商业模式创新,最大限度优化客户的需求和体验。[⑤]

二、数据生产要素市场化配置

(一)数据成为生产要素的缘起与现状考察

在 21 世纪,数据是最重要的原材料之一,数据已成为重要的生产要素和社会化资源,正在全面深入参与价值创造。单一数据难以形成价值,数据价值的释放需要通过数据的广泛流通、多方聚合才能实现。从数据角度理解,承载数据洪流的网络价值需要通过广泛的用户数据连接共享才能得以体现。海量信息、即时信息和互动信息,改变了企业和消费者的经济行为方

---

①Khin S, Ho T C. Digital Technology, Digital Capability and Organizational Performance: A Mediating Role of Digital Innovation[J]. International Journal of Innovation Science, 2018, 11(6): 177-195.

②Rachinger M, Rauter R, Müller C, et al. Digitalization and Its Influence on Business Model Innovation[J]. Journal of Manufacturing Technology Management, 2019, 30(8):1143-1160.

③Loonam J, Eaves S, Kumar V, et al. Towards Digital Transformation: Lessons Learned from Traditional Organizations[J]. Strategic Change, 2018, 27(2):101-109.

④Fitzgerald M, Kruschwitz N, Bonnet D, et al. Embracing Digital Technology: A New Strategic Imperative[J]. MIT Sloan Management Review, 2014, 55(2): 1-12.

⑤Rogers D. The Digital Transformation Playbook: Rethink Your Business for the Digital Age[M]. New York: Columbia University Press, 2016.

式,市场主体的经济活动将更加依赖网络平台,企业核心业务的开展也离不开有效的数据分析。① 由于数据可以低成本复制、无损性传播,不同利益主体可基于应用需要或利益驱动,采用各种手段获取数据并进行挖掘价值。政府机构掌握着海量的公共数据和私人数据,涉及众多经济社会领域和庞杂的政府部门。②

信息社会对数据的需求变得愈加频繁和多样。数据已成为企业必不可少的战略资产和生产资料。企业对数据的拥有、控制和使用能力成为企业的核心竞争力。③ 企业可以通过搭建数据基础设施、部署数据采集设备、开展数据平台建设、收集客户数据、购买外部数据等多种方式提升自身对数据资源的控制力。通过数据的互联互通和能力释放,实现企业效益提升和价值创造,进而推动整个产业价值链的繁荣。目前,理论界和实务界分别从不同视角对数据资产展开解读,如将数据资产定义为自然人或法人拥有或控制的,能够为其带来现实或潜在可计量经济利益的数据及其衍生物。再如,将数据资产的范畴限定为那些被数字化的数据,所以数据的资产性体现在依靠数据的深度应用为企业带来潜在的经济利益。④

目前,作为无形资产的一种,数据资产与会计准则还不相符,在企业的财务报表上还难以单独列示数据资产。从会计角度讨论数据资产的确认和计量问题才刚刚开始,还需要从数据的价值及其对企业价值贡献的角度进行深入探讨。⑤ 流动性是数据资产的一个重要特性,企业数据资产化是企业数据实现交易的前提。数据交易被认为是数据提供方无偿或有偿将数据提供给数据需求方使用的交易行为。⑥ 数据资产化是通过对数据的规范定义、准确描述和明确权属,实现数据所有者或控制人能够有效控制和使用数据,进而使数据"进化"为交易客体的过程。⑦ 然而,由于数据资产划分依据缺乏、数据资产价值评估体系缺失、数据交易法规和体制机制亟待健全,以及

①Jagadish H V, Gehrke J, Labrinidis A, et al. Big Data and Its Technical Challenges [J]. Communiccations of the ACM, 2014,57(7):86-94.

②段尧清,姜慧,汤弘昊. 政府开放数据全生命周期:概念、模型与结构——系统论视角[J]. 情报理论与实践,2019(5):35-40.

③韩海庭,原琳琳,李祥锐,等. 数字经济中的数据资产化问题研究[J]. 征信,2019(4):72-78.

④徐漪. 大数据的资产属性与价值评估[J]. 产业与科技论坛,2017(2):97-99.

⑤德勤中国,阿里研究院. 数据资产化之路:数据资产的估值与行业实践[R]. 上海:上海德勤资产评估有限公司,阿里研究院,2019.

⑥胡昱,王煜慧,张相文. 数据资产管理体系及其新产业机遇[J]. 软件,2017(10):130-134.

⑦王玉林,高富平. 大数据的财产属性研究. 图书与情报,2016(1):29-35.

受限于传统会计信息质量要求,使得数据资产的确认、计量、报告、交易等难以短期实现,所以数据资产化将是一个长期的过程。[①]

对个人数据的法律层面表达,许多国家有不同的理解;但对个人数据内涵的认识上,各国观点基本一致,普遍认为是能够直接或间接辨识出特定行为个体的数据。[②] 以欧盟《一般数据保护条例》为例,"个人数据"指具有可识别性的自然人相关的信息;一个能够被直接或间接识别的自然人包括姓名、身份证号码或者自然人所特有的体貌特征、生理特征、心理特征、语言文化特征、经济社会特征等。[③] 随着数字技术的不断进步和普及,特别是生活消费互联网平台应用的迅猛发展,个人数据采集几乎无处不在,当个人数据与用户生成的内容纠缠在一起时,就像社交媒体一样,它本身也可以是一个产品,个人数据也可以作为企业的战略资本,在市场洞察、提质增效等方面发挥积极作用。

(二)数据生产要素价值创造与分配

技术进步使得越来越多的数据能够被政府、企业、个人轻松获取。在日益受到智力资本驱动的信息经济中,数据为经济社会发展带来了越来越多的附加值。关于数据生产要素的价值创造,已有部分学者从现代经济学、产权理论、马克思主义政治经济学、互补性资产理论、统计核算等视角进行了理论探讨。有学者研究发现,数据具有通过数据融合产生新价值特性,数据的价值可能是巨大的,在线平台公司可以从数据中获得最大利益,但消费者对自身数据价值缺乏认知。[④] 对于拥有更多经济活动和更长发展历史的大企业,通过数据分析可以更好地降低投资风险、减少成本支出,数据价值可能更容易显著发挥出来。有学者认为,在保障安全和隐私、平台型企业遵守游戏规则前提下,数据生产要素确权应向资源投入大、价值创造多的参与方倾斜,鼓励平台持续投入推进数据生产要素化过程,避免因投资不足延缓或减少数据生产要素积累和价值创造。[⑤]

---

①部鼎,谢婧,石艾鑫.大数据资产化面临的挑战[J].生产力研究,2017(1):131-133.

②王忠,殷建立.大数据环境下个人数据隐私泄露溯源机制设计[J].中国流通经济,2014(8):117-121.

③胡嘉妮,葛明瑜.欧盟《一般数据保护条例》[J].互联网金融法律评论,2017(1):28-120.

④Wendy L I, Makoto N, Kazufumi Y. Value of Data: There's No Such Thing as a Free Lunch in the Digital Economy[R]. Discussion Papers,2019.

⑤李刚,张钦坤,朱开鑫.数据要素确权交易的现代产权理论思路[J].山东大学学报(哲学社会科学版),2021(1):87-97.

　　数据生产要素的价值体现在通过缩短生产周期、减少流通时间、降低生产成本、加速再生产循环过程等,实现在相同条件下创造更多价值,而不是直接进行价值创造。① 基于互补性资产理论探讨数据与技术、资本、劳动生产要素结合机制,数据生产要素的加入能够使其他生产要素成本降低、价值提升、效率提高等发挥积极促进作用。② 还有学者基于统计核算视角研究了数据生产要素价值度量,发现当由市场规模和市场价格决定的要素供给收益大于初始成本时,应采用收入法作统计核算才能准确度量数据生产要素价值。③

　　数据生产要素价值分配的实质,就是分配给谁、分配多少的问题。分配主体的选择是价值分配的基础,涉及数据生产要素的所有权或控制权的界定,这也是分配过程中最困难、最重要的问题。以数据平台的数据为例,有学者研究了在线平台和消费者之间的数据交易,发现新进入市场的在线平台试图从消费者那里收集的数据很可能已经被原有的在线平台所占有,因此,消费者数据的非竞争性阻止了消费者获得数据补偿。④ 有学者提出,应该兼顾数据来源用户、数据平台和技术人员三者利益。⑤ 数据价值的确定和量化是价值分配的前提,数据生产要素参与分配的额度应该与其在生产过程中创造价值的贡献率相符合。

　　(三)数据生产要素市场制度规则建构

　　数据市场的规则体系建设,是数据合法获取、有序流通、安全使用的法律保障。近年来,有关学者在数据交易的法律制度方面做了诸多研究。有学者从产权界定、交易规则、数据质量、估值定价、数据需求、组织机构定位、数据安全保护、专业人才等方面总结了中国数据交易起步发展阶段面临的主要问题。⑥ 还有学者通过分析比较国内主要大数据交易平台,指出中国大

①王胜利,樊悦. 论数据生产要素对经济增长的贡献[J]. 上海经济研究,2020(7):32-39.

②林志杰,孟政炫. 数据生产要素的结合机制——互补性资产视角[J]. 北京交通大学学报(社会科学版),2021,20(2):28-38.

③王虎善,陈海林. 数据价值怎么算——统计核算视角下的数据生产要素分析[J]. 中国统计,2020(8):34-36.

④Ichihashi S. Non-Competing Data Intermediaries[R]. Staff Working Papers, 2020.

⑤操奇,孟子硕. 数据作为生产要素参与分配机制的几个问题[J]. 福建论坛(人文社会科学版),2020(11):19-27.

⑥茶洪旺,袁航. 中国大数据交易发展的问题及对策研究[J]. 区域经济评论,2018(4):89-95.

数据交易平台存在数据隐私、交易标准、交易定价等方面的困境。[①] 有学者对国内外数据流通和交易市场现状进行了分析，认为价值链条不完整、维护商业利益和保护个人隐私是制约当前中国大数据流通交易的主要问题。[②] 有学者从数据来源、数据范围、交易对象、数据安全、数据产权、数据定价及数据责任等方面研究了数据交易的核心法律问题。[③] 在实务层面，数据源层面供给严重不足，数据交易场所层面的交易平台性质不明确，管理方面的数据交易标准不完善，数据交易过程中问题比较集中。[④] 有学者分析了数据交易过程中涉及的合法授权、交易安全、交易成本、隐私保护等问题，从国家立法、行业法规、产权改善等方面提出了针对性建议。[⑤]

学者们在指出和分析数据交易问题的同时，也从不同角度给出了相关对策。有学者认为数据社会化利用应当采取自由开放（利用）模式和受控开放（利用）两种模式，这两种模式均适用于公共领域和私人领域。[⑥] 有学者认为数据自治开放模式将成为数据开放的基本模式，在现行法律框架下，数据拥有者可自行决定数据的开放规则，自行授权、自行管理、自行开放。[⑦] 有学者认为，数据交易机制应能方便买方寻找和评价数据，应从数据交易的主体、客体、监管等方面入手，研究构建中国大数据交易法律制度。[⑧] 有学者提出要围绕产权、流通、竞争、监管等方面构建体系完备、规则合意、执行有效的数据生产要素市场的制度框架[⑨]，同时要在明确可交易数据范围、明确数据交易规则、明确数据交易监管机构、培育数据服务新业态等方面加快推进数据生产要素市场法治。[⑩] 应通过法律法规或政府条例等方式规范不同情形下的数据权属边界及收益分配原则，在数据质量、交易合同文本、数据定价机制等方面推进数据交易标准化工作，加强数据交易市场监管，建立数据

①何培育，王潇睿.我国大数据交易平台的现实困境及对策研究[J].现代情报，2017，37(8)：98-105.

②杨琪，龚南宁.我国大数据交易的主要问题及建议[J].大数据，2015(2)：38-48.

③丁道勤.数据交易相关法律问题研究[J].信息安全与通信保密，2016(10)：54-60.

④刘耀华.数据交易的法律规制探讨[J].互联网天地，2016(12)：16-19.

⑤汤琪.大数据交易中的产权问题研究[J].图书与情报，2016(4)：38-45.

⑥高富平.数据经济的制度基础——数据全面开放利用模式的构想[J].广东社会科学，2019(5)：5-16.

⑦朱扬勇，叶雅珍.从数据的属性看数据资产[J].大数据，2018(6)：65-76.

⑧吴江.数据交易机制初探新制度经济学的视角[J].天津商业大学学报，2015，35(3)：3-8.

⑨曾铮，王磊.数据要素市场基础性制度：突出问题与构建思路[J].宏观经济研究，2021(3)：85-101.

⑩田杰棠，刘露瑶.交易模式、权利界定与数据要素市场培育[J].改革，2020(7)：17-26.

溯源追踪机制,加大对非法数据交易的查处打击力度。[1]

在生产要素市场上,对于数据能否纳入资产范畴,有学者认为,数据资源转化为数据资产应满足权属明确、稀缺性、经济效益三个条件,如果同时满足以上条件,那么数据资源是不同于固定资产、无形资产和知识产权的另外一种新型资产。[2] 有学者从实践和理论两个方面对大数据的资产属性进行了探讨,认为大数据具有财产属性,是信息财产权客体,是大数据控制人的资产。[3] 有学者认为,数据资产属于无形资产范畴,应当在《企业会计准则》中及时补充、添加与数据资产有关的条款及其计量方式。[4] 也有学者认为,数据具有资产属性,同时满足无形资产的一些特点。因此,应将数据资产归类为无形资产。[5] 企业数据具备资产特征,因而符合资产定义。[6]

三、数据产权问题

(一)数据产权体系建设

数据权利是一个由数据所有权、使用权、管理权、社会权、财产权、被遗忘权等多种权利和权力构成的复合型权利(力)体系。[7] 数据权利主体包括个人、企业、国家和其他组织。数据在不同所有者或控制者之间的流动将引发数据权利的让渡。数据交易行为具体表现在数据所有权转让、数据使用权许可、数据服务授权等多种方式。数据权利除涉及交易合同主体外,还牵涉诸多与之关联的数据来源主体和广泛的数据利用者,他们的相关利益也应获得相应的承认与保障。[8] 然而客观来讲,我国尚未形成统一规范的数据权利体系。[9]

当前,数据交易在权利内容、权利归属方面存在着诸多法律制度空白,而《民法典》《网络安全法》等对"数据权利"的描述有待进一步细化。数据权

---

[1] 蔡跃洲,马文君. 数据要素对高质量发展影响与数据流动制约[J]. 数量经济技术经济研究,2021(3):64-83.

[2] 穆勇,王薇,赵莹. 我国数据资源资产化管理现状,问题及对策研究[J]. 电子政务,2017(2):66-74.

[3] 王玉林,高富平. 大数据的财产属性研究[J]. 图书与情报,2016(1):29-35.

[4] 徐潇. 大数据的资产属性与价值评估[J]. 产业与科技论坛,2017(2):97-99.

[5] 唐莉,李省思. 关于数据资产会计核算的研究[J]. 中国注册会计师,2017(2):87-89.

[6] 邹照菊. 企业大数据的资产属性辨析[J]. 会计之友,2017(12):7-12.

[7] 吕廷君. 数据权体系及其法治意义[J]. 中共中央党校学报,2017,21(5):81-88.

[8] 王德夫. 论大数据时代数据交易法律框架的构建与完善[J]. 中国科技论坛,2019(8):123-131.

[9] 龙荣远,杨官华. 数权、数权制度与数权法研究[J]. 科技与法律,2018(5):19-30.

利体系的缺失会导致公地悲剧、数据鸿沟、市场垄断和逆向选择等负外部性的出现。[①] 关于数据产权的确定,首先是对产权的理解。对此,西方经济理论和马克思主义经济学给出了趋同的认识。在本质上,产权反映了基于财产(作为客体)占有所形成的一种主体之间的经济关系。[②] 由此可进一步认为,数据产权是指基于人们对数据的获取、占有和使用而形成的一种人与人之间的权利关系。鉴于数据生产要素的自身特征和数据权属关系的复杂性,学术界和产业界对数据产权的界定尚未形成定论,世界各国对数据产权也都没有作出明确的法律规定。

围绕数据产权问题,有学者提出以数据客体为核心,通过研究数据权利的逻辑结构来探讨数据权利属性问题。[③] 数据产权的首次界定应按照生成或伴随原则,不能依据占有或控制原则;数据产权转移应通过市场交易实现,当市场交易成本小于产权调整的潜在收益时,价格机制将实现数据产权的动态配置。[④] 有学者从数据的非客体性角度出发,认为数据交易的合同性质应属于数据服务合同的范畴。[⑤] 数据财产权转让可以参照知识产权方式,交易双方的关系应纳入许可使用合同的法律关系。[⑥] 衍生数据,需通过制度化方式构建存储权、标识权、使用权等新型知识产权;对数据确权则应更加注重保护衍生数据控制主体的利益。[⑦] 对于个人数据,个人应当实现自主控制,企业可采用匿名化处理方式获得部分个人数据的使用权,政府数据应当将个人数据作为公共产品处理。[⑧] 应依据相关法律严格禁止个人数据的非法买卖,通过成立专门的个人数据交易中心,逐步引导个人数据的规范有序交易,在妥善处理个人数据权利属性的基础上,不断满足各方对个人数据的需求。[⑨]

[①] 周林彬,马恩斯. 大数据确权的法律经济学分析[J]. 东北师大学报(哲学社会科学版),2018(2):30-37.

[②] 蒋南平,王凯军. 人工智能产权:马克思产权思想的当代释义[J]. 河北经贸大学学报,2021,42(4):37-47.

[③] 李爱君. 数据权利属性与法律特征[J]. 东方法学,2018(3):64-74.

[④] 魏鲁彬,黄少安,孙圣民. 数据资源的产权分析框架[J]. 制度经济学研究,2018(2):1-35.

[⑤] 梅夏英. 数据的法律属性及其民法定位[J]. 中国社会科学,2016(9):164-183.

[⑥] 肖建华,柴芳墨. 论数据权利与交易规制[J]. 中国高校社会科学,2019(1):83-93,157-158.

[⑦] 陈俊华. 大数据时代数据开放共享中的数据权利化问题研究[J]. 图书与情报,2018(4):25-34.

[⑧] 石丹. 大数据时代数据权属及其保护路径研究[J]. 西安交通大学学报(社会科学版),2018,38(3):78-85.

[⑨] 史宇航. 个人数据交易的法律规制[J]. 情报理论与实践,2016,39(5):34-39.

（二）数据权属

关于数据权属的定性，有学者试图剥离政策、国家利益、产业利益等诱发但非决定性因素，从法律角度，考察大数据的权属，厘清大数据的权利边界。[①] 大数据在当下已经成为一种战略性资产，但大数据的权利属性问题仍然没有得到法律的清晰界定。随着大数据的市场化利用和产业化发展，其一个典型特征——"资产"属性日益凸显，大数据的权属关系即将成为新的社会矛盾和经济纠纷焦点。[②] 基于此，有学者以经济学视角为切入点，对大数据的权利属性问题进行了研究。首先分析了大数据权属的含义和研究范围，进而研究了可信性鉴定和数据溯源技术对大数据权属界定的影响和作用，提出了大数据权属界定的若干方法，包括借鉴专利技术、版权技术以及特有的保密技术和专有技术保护等，旨在为最终实现大数据的良性共享提供参考。有学者从数据权属问题出发，分析数据财产权体系下的权属分配和保护规则，对于个人而言，应当获得对大数据相当程度的控制权，对企业而言，也应当获得部分数据权利，但前提是经过去身份化的数据处理，政府数据应当作为公共产品处理。[③] 个人信息的外延界定和个人信息的权益属性界定，是当前个人信息制度研究中最受关注的两大问题，欲实现对个人信息的法律保护，需首先确定其外延和权益属性。[④] 个人信息与特定的主体相联系，反映的是主体的人格特征。同时，随着商品经济的发展，其财产特征日益明显。个人信息不仅仅具有人格权的属性，也应当赋予其财产权的属性。当然，个人信息的本质属性仍然是人格权属性，财产权属性是人格权属性的外化。

随着大数据的不断深入发展，明确数据权属已是大势所趋，将数据权分为数据主权和数据权利分别进行保护，不仅有利于提高国家数据技术竞争力和维护国家安全，而且可以通过数据权利产权化模式保护激发数据价值，解决数据侵权纠纷，达到定分止争的效果。有学者从数据权属构成、数据人格权、数据产权三个研究视角，对国内外数据权属问题的研究成果进行综

---

① 陈筱贞.大数据权属的类型化分析——大数据产业的逻辑起点[J].法制与经济,2016(3):44-46.

② 冯惠玲.大数据的权属亟需立法界定[J].中国高等教育,2017(6):53-54.

③ 石丹.大数据时代数据权属及其保护路径研究[J].西安交通大学学报(社会科学版),2018,38(3):78-85.

④ 王甜莉.大数据背景下个人信息之权属探析——以《民法总则》的颁布为背景[J].社会科学动态,2018(7):20-27.

述,认为在个人数据保护层面过于依赖传统保护个人隐私的僵化观念,不同的时代阶段彰显的个人数据或隐私概念的范围不同,保护观念也相异;在数据产权方面,相关研究和实践不足,并未形成体系化的制度结构。[①] 因此,明确数据产权的边界,平衡企业和个人利益关系是数据治理的重要研究课题。

数据确权涉及多种制度规范,包括合同法、物权法、知识产权法、个人信息保护法、竞争法等各方面制度规范。但是,这些现有规范均不能有效回答数据产权、数据保护与数据利用的问题。[②] 就个人数据而言,涉及人格权、财产权等;从企业数据来讲,包含企业的商业秘密和其他合法权益等;政府数据一般被认为是公共资源,社会公众对其享有知情权、访问权和使用权。此外,数据权属也会随着数据产生、获取、传输、存储、加工、利用、再生、消亡等全生命周期的推演而变化,形成新的数据权属,难以事先确定其权利归属。[③] 产权公平是一定历史和制度条件下的产物,体现了产权制度中所包含的人们之间权利关系的基本要求和平等状况。由此可以认为,数据产权公平是以数据产权制度为基础的数据资源配置公平,所有主体都应拥有平等享有数据获取、存储、处理、使用和保护的权利,涉及均等的机会、普适的竞争规则、公正的程序规定、按贡献的收入分配等。

四、数据流通问题

(一)数据流通的必要性

有观点认为,数据流通是基于一定的规则,将数据从供应方传输至需求方的过程。[④] 数据交易旨在为数据生产者、数据需求者及其他数据控制者或利益相关者打通数据交易的制度法规通道和网络信息技术通道。在理性人的假设下,商业性质的交易是最有效的方式,通过交换或交易获取数据,激励数据生产和数据分享。[⑤]

在数字经济时代,数据跨境流动成为全球经济数字化的关键问题。关

---

①姬蕾蕾.大数据时代数据权属研究进展与评析[J].图书馆,2019(2):27-32.

②韩旭至.数据确权的困境及破解之道[J].东方法学,2020(1):97-107.

③李政,周希祺.数据作为生产要素参与分配的政治经济学分析[J].学习与探索,2020(1):109-115.

④中国信息通信研究院云计算与大数据研究所.数据流通关键技术白皮书[R].北京:中国信息通信研究院,2018.

⑤高富平.数据经济的制度基础——数据全面开放利用模式的构想[J].广东社会科学,2019(5):5-16.

于数据跨境流动,目前尚未有统一的界定,一般是指通过各种技术和方法,实现数据从一国(境)内流向另一国(境)内的活动。在世界经济发展中,由数据流动创造的价值贡献已经超过传统的跨国贸易和投资,数据成为推动经济全球化的重要力量。[1] 在跨境数据流动的规制方面,美国一直采取放松政府监管、促进数据自由流动的发展路径。这背后是美国国内法与国际法紧密联系的体现、是更加关注消费者权利保护政策的体现。[2] 2018年5月,欧盟正式实施《一般数据保护条例》,标志着全球数据管理新纪元的到来,在全球范围内产生了广泛而深刻的影响,涉及对个人数据权利的保护、对企业维护和使用个人数据的管制、对数据跨境转移的监管等。中国在原有法律框架下,颁布了《网络安全法》,对数据跨境作出了有关规定,进一步维护网络空间安全、国家主权、国家安全,保护公民、法人和其他组织合法权益。

在公共数据开放共享的意义方面,开放数据资源以及数据驱动的方法为改善不同政府对流行病的反应提供了许多机会。[3] 政府数据开放的立法进路带有很强的功能主义色彩,目的是促进政府数据价值最大限度发挥,而非确立个人权利。[4] 关于公共数据开放共享的条件和实施路径,国家(政府)作为公共数据的主要监督者和使用者,负有实现公共数据价值的责任,可以延展公共资源"管理—规制"权力,对内管理系统内的公共数据资源,对外规制开放后的公共数据资源。[5] 扩大开放政府公共数据的使用需要强有力的管理承诺和更广泛的组织格局变化,包括构建正式和非正式的规则等手段。[6] 超越政府中心主义、构建公共数据治理中的市民授权机制是兼顾隐私保护、提升数据质量、促进数据共享等政策目标的重要路径。[7]

(二)数据价值评估

经过对国内外与数据价值化相关文献进行分析,发现数据价值评估研

①上海社会科学院互联网研究中心.全球数据跨境流动政策与中国战略研究报告[R].上海:上海社会科学院互联网研究中心,2019.

②张生.美国跨境数据流动的国际法规制路径与中国的因应[J].经贸法律评论,2019(4):79-93.

③Alamo T, Reina D G, Mammarella M, et al. Covid-19: Open-Data Resources for Monitoring, Modeling, and Forecasting the Epidemic[J]. Electronics, 2020(9):827-857.

④王万华.论政府数据开放与政府信息公开的关系[J].财经法学,2020(1):13-14.

⑤黄尹旭.论国家与公共数据的法律关系[J].北京航空航天大学学报,2021(3):27-31.

⑥Ruijer E, Meijer A. Open Government Data as an Innovation Process: Lessons from a Living Lab Experiment[J]. Public Performance & Management Review, 2019(3):1-23.

⑦高翔.超越政府中心主义:公共数据治理中的市民授权机制[J].治理研究,2022,38(2):15-23,123-124,2.

究的重点集中在对无形资产的评估、数据价值的定性和定量等方面。

　　无形资产的评估,要考虑收集信息和管理信息产生的成本,信息的质量对企业信息的价值起决定作用,同时对信息资产可以按照有形资产进行评估。[①] 然而,数据资产在资产属性上属于无形资产,在对无形资产的评估中,有学者分别采用了小波神经网络预测方法和基于高新技术企业整体资产价值评估的方法,归纳、总结了无形资产的定义、属性,并提出了评估的前提条件,同时提出了运用传统的收益法对无形资产进行价值评估。还有学者对我国无形资产评估面临的困境进行了深入剖析,并提出了相应的对策[②],或基于无形资产价值形成理论,对企业无形资产价值进行评估[③],或探讨基于布莱克-斯科尔斯模型评估企业碳无形资产实物期权价值的可能性和适用性[④],或就无形资产评估中收益法的应用问题进行研究。[⑤]

　　数据价值的定性研究。将数据作为资产,目前还没有权威的定义。企业所有的信息符合资产的性质,因此,可以将信息资源称之为信息资产。[⑥] 数据资产是任何可计量、可数据化的信息,且通过数据挖掘可以给国家、公司和个人带来经济效益和社会效益的信息。[⑦] 金融数据可以采用传统的成本法进行评估,在资产属性上归类于无形资产。[⑧] 在数据资产概念的界定上,有学者给出了相类似的定义,认为数据资产的所有权归企业及组织所有,是能产生预期收益的数据资源。[⑨] 未来的数据市场必定是完备有效的交易市场,因此建议运用市场法对数据资产价值进行评估。[⑩] 数据的价值主要体现在数据分析与数据交易。[⑪] 数据资产应运用差别定价理念,成本、效用和预期利润是影响数据价值的主要因素。[⑫] 经过对上述文献的研究分析,可

①Moody D L, Peter W. Measuring the Value of Information—An Asset Valuation Approach[C]. ECIS,1999:496-512.

②唐艳.我国无形资产评估面临的困境及对策[J].财会研究,2011(13):35-37.

③庞淄镡,张煦.无形资产评估中应注意的事项[J].合作经济与科技,2015(3):145-146.

④刘鹤,范莉莉.实物期权视角下的企业碳无形资产价值评估[J].中国科技论坛,2016(8):116-121.

⑤孙文杰,高兵.收益法在无形资产评估中的应用研究[J].知识经济,2018(8):93-95.

⑥Glazer R. Measuring the Value of Information: The Information-Intensive Organization[J]. IBM Systems Journal, 1993(1):99-110.

⑦刘玉.浅论大数据资产的确认与计量[J].商业会计,2014(18):3-4.

⑧张咏梅,穆文娟.大数据时代下金融数据资产的特征及价值分析[J].财会研究,2015(8):78-80.

⑨康旗,韩勇,陈文静.大数据资产化[J].信息通信技术,2015(6):29-35.

⑩刘琦,童洋,魏永长.市场法评估大数据资产的应用[J].中国资产评估,2016(11):33-37.

⑪王建伯.数据资产价值评价方法研究[J].时代金融,2016(12):294-295.

⑫王新才,陈祥令.我国政府信息资源增值商品的定价研究[J].情报科学,2016(3):11-15.

知大部分学者均认可数据资产这一概念，并认为数据可以产生预期的经济效益。

数据价值的定量研究。国外有学者运用最小二乘蒙特卡洛方法对数据价值进行定量评估。[1] 国内学者首先分析了数据资产形成过程中，对数据资产价值产生影响的相关因素；然后确定各因素之间的相对重要程度；最后，利用层次分析法计算得出数据资产可信度值。[2] 其他还有采用 AHP 方法，运用蒙特卡洛模拟算法，评估电商企业数据资产价值[3]；运用数据质量监测技术和数据资产评估技术，进行量化数据质量指标[4]；以互联网企业为分析对象，并对传统的计算方法进行了相应的改进与优化，目的在于为未来的理论研究与现实应用提供基础[5]；借鉴同样作为无形资产的品牌价值评估的三个主流办法：成本法、市场法和收益法，引入数据平台活跃系数等参数，通过实证案例对模型进行验证。[6]

（三）数据开放共享

开放数据，是指那些具有必要技术特征，被赋予一定法律特性，能够被任何人、在任何地点和任意时间进行自由获取、分发和利用的电子数据。开放数据具有商业价值和社会价值的双重效应，受到世界各国的普遍关注。政府数据是数据开放的突破口。英国是政府数据开放的先行者，以用户需求为导向，通过数据平台建设和鼓励社会参与，力图推动建立最透明的政府。美国通过制定保障数据开放的政策法规，引导开放数据为社会民生提供服务应用，推动政府数据共享统一门户建设，鼓励数据开放的创新创业。[7] 韩国在构建开放数据管理体制、健全相关法律法规、加强开放数据管理、开展国际合作等方面不断进行探索和实践，并优先开放关键数据集。[8] 政府数

---

[1] Longstaff F A, Schwartz E S. Valuing American Options by Simulation: A Simple Least-Squares Approach[J]. Review of Financial Studies, 2001, 14(1):113-147.

[2] 魏晓菁,陈峰,董媛媛.数据资产可信度评估模型研究[J].计算机应用,2015(2):170-173.

[3] 周芹,魏永长,宋刚,陈方宇.数据资产对电商企业价值贡献案例研究[J].中国资产评估,2016(1):34-39.

[4] 梁文,刘夫新,崔梦泉.基于数据资产的数据质量评估模型研究及应用[J].电脑知识与技术,2016(30):241-242,245.

[5] 李永红,李金鳌.互联网企业数据资产价值评估方法研究[J].经济研究导刊,2017(14):104-107.

[6] 黄乐,刘佳进,黄志刚.大数据时代下平台数据资产价值研究[J].福州大学学报(哲学社会科学版),2018(4):52-56.

[7] 张涵,王忠.国外政府开放数据的比较研究[J].情报杂志,2015(8):142-146.

[8] 陈美,江易华.韩国开放政府数据分析及其借鉴[J].现代情报,2017(11):28-33.

据开放需要强化在数据开放准入条件、开放数据高效利用、数据安全风险防控和数据开放评估机制等方面的监管责任。当前,中国开放公共数据工作形势严峻,对开放数据的认识不清晰,各部门分散管理、各自为政,缺乏有效的数据治理和数据价值挖掘。[1] 因此,首先要从制度法规设计入手,明确政府责任,推进数据开放中的政府监管责任履行。[2] 其次,在政府开放数据生态系统中,围绕政府开放数据的生产、处理、利用和消费等节点,全面准确把握政府开放数据生态链的内外部关系。[3] 此外,还需构建政府数据开放成熟度的模型,做好政府数据开放的科学评估。[4]

　　数据共享也是实现数据流通的主要方式之一。数据共享是指合作双方或多方之间进行相关数据的共享、利用和开发,包括政府部门之间、跨行政区域政府间、政府与企业间、企事业单位之间及组织机构间,都可进行数据共享。与数据的全面开放不同,数据共享会对数据使用对象进行限制,如央行的个人信用数据,只能给本人、银行等特定对象使用。数据共享起源于科学数据共享,主要是使数据可提供给开展学术研究的其他研究者使用。[5]

　　大数据时代,科学数据呈现爆发式增长,科学范式从模型驱动向数据驱动转变,科研人员开展研究工作时,越来越依赖大量、系统、高可信度的数据。科学数据共享能较好地促进科学数据流动和有效利用,提升科学数据质量,适应科学研究模式转变。[6] 开展数据密集型的科学研究需要大量科学数据,对数据质量、标准化都有要求,同时数据的存储、管理、获取等也都存在门槛,需要像数据资源中心等专业机构予以支撑,而一般数据资源中心的建设、管理、存储数据耗资巨大。科学数据共享能优化研究资源配置,降低科研产出的单位成本,提高数据利用效率。[7]

---

[1] 曹雨佳.政府开放数据生存状态:来自我国 19 个地方政府的调查报告[J].图书情报工作,2016(14):94-101.

[2] 陈朝兵,程申.政府数据开放中的监管责任:实践困境与优化路径[J].情报杂志,2019,(10):184-190.

[3] 赵需要,侯晓丽,徐堂杰,陈红梅.政府开放数据生态链:概念、本质与类型[J].情报理论与实践,2019(6):22-28.

[4] 迪莉娅.政府数据开放成熟度模型研究[J].现代情报,2019(1):103-110.

[5] Yozwiak N L, Schaffner S F, Sabeti P C. Data Sharing:Make Outbreak Research Open Access [J]. Nature, 2015, 518(7540):477-479.

[6] 郭华东,王力哲,陈方,等.科学大数据与数字地球[J].科学通报,2014(12):1047-1054.

[7] 陈传夫,李秋实.数据开放获取使科学惠及更广——中国开放科学与科学数据开放获取的进展与前瞻[J].信息资源管理学报,2020,10(1):4-13.

（四）数据交易

数据交易是实现数据流通的主要方式之一，也是形成数据资产的重要途径之一。通过数据交易，可以使数据的价值得以体现和显化。数据交易主要是指数据拥有者和数据使用者依据市场交易规则进行自由交易。数据交易的研究内容主要集中在数据交易的产权、数据安全和隐私保护、数据质量和定价策略、数据交易模式和机制构建等方面。数据交易的前提和基础是清晰的产权归属，由于交易的数据可能存在多个生产主体的情况，加上数据易复制等特点，其与以往的商品不同，造成数据权利界定存在困难。因此学者对数据交易过程中的数据所有权归属、数据产权界定、授权合法性等方面展开研究。[①] 应对数据质量评估、数据交易的合理定价策略和方法展开研究，在此基础上通过合理的数据定价来推动数据交易的公平开展。[②] 通过梳理近几年国内外数据流通交易相关技术研究及应用现状，结合当前国内数据要素市场建设面临的共性问题，有学者提出了国家"数联网"根服务体系总体架构的建设。[③] 从数字经济层次性、数据产品多样性、数据要素市场化配置、创新发展数据交易所等理论和实践分析，建设多层次数据要素市场是当前的战略选择。[④]

数据交易作为一种新兴业态，在学术界和产业界都获得了高度关注，有很多相关的研究和实践工作。数据交易的重要任务是确保交易和使用数据的安全性，降低和减少数据泄露风险，从而保证数据稀缺性，因此需要对数据交易中个人隐私风险控制、数据安全和隐私保护等开展研究。[⑤] 数据交易的重要价值在于通过市场化的交易实现数据价值的量化，由于数据属于经验商品，买方需要对数据质量有所了解和掌握、卖方需要对数据质量有所掌握和改善、数据交易服务中介需要对数据质量进行监督和管理，在此基础上通过合理的

---

① 王融. 关于大数据交易核心法律问题——数据所有权的探讨[J]. 大数据，2015（2）：49-55.

② Balazinska M，Howe B，Suciu D. Data Markets in the Cloud：An Opportunity for the Database Community[C]. Proceedings of the VLDB Endowment，2011：1482-1485.

③ 窦悦，易成岐，黄倩倩，莫心瑶，王建冬，于施洋. 打造面向全国统一数据要素市场体系的国家数据要素流通共性基础设施平台——构建国家"数联网"根服务体系的技术路径与若干思考[J]. 数据分析与知识发现，2022（1）：2-12.

④ 欧阳日辉. 我国多层次数据要素交易市场体系建设机制与路径[J]. 江西社会科学，2022（3）：64-75,206-207.

⑤ Niu C Y，Zheng Z Z，Tang S J，et al. Making Big Money from Small Sensors：Trading Time-Series Data under Pufferfish Privacy[C]. INFOCOM2019-IEEE Conference on Computer Communications，Paris，France. IEEE，2019：568-576.

数据定价来推动数据交易的公平开展,因此相关学者对数据质量评估、数据交易的合理定价策略和方法展开了研究。[1]

五、数据生成、收集、存储、传输风险与应对

当数据是通过手工记录和使用的时候,数据的采集数量少、质量不一致、获取效率低、传播速度慢、处理能力差、应用范围有限。互联网、大数据、物联网、云计算、人工智能、机器学习等新一代信息通信技术驱动政府、企业和个人的生产生活方式发生深刻变革,计算机、传感器、移动设备和智能手机的普及从根本上改变了数据的生成、收集、传输和存储方式。由人创造的数据通过互联网发展起来,通过基于信息和通信技术互操作性实现实体和虚拟事物的互联。由事物创造的数据通过物联网广泛生成[2],实现了人、服务、传感器和物体之间的广泛连接。[3] 这一系列的变化导致了海量数据的瞬间生成和爆发式增长。大规模、大容量、多来源、高价值、高可用的数据涌现从根本上改变了数据的作用和地位。[4] 数据在经济社会中的变革性力量迫使政府、企业和个人作出调整,以抓住正在出现的机遇,应对潜在的风险与挑战。

在数据采集、存储与分析方面,有学者对中外互联网服务提供者收集与传输个人数据行为的法律规范进行了对比分析,发现我国目前法律规范中存在的不足,并借鉴先进国家立法经验提出完善建议,以解决我国互联网服务提供者收集与传输个人数据行为日益凸显的问题。[5]

随着大数据的快速发展,数据泄露问题频频发生。数据安全问题主要体现在数据的采集和处理两个环节。关键在于如何在发挥大数据潜力的同时把数据安全问题兼顾到,这既需要道德规范的构建,也需要在法律方面实

①Wang R Y, Strong D M. Beyond Accuracy: What Data Quality Means to Data Consumers[J]. Journal of Management Information Systems, 1996, 12(4):5-34.

②Jeretta Horn Nord J H, Koohang A, Paliszkiewicz J. The Internet of Things: Review and Theoretical Framework[J]. Expert Systems with Applications,2019, 133:97-108.

③Contia M, Dehghantanhab A, Frankec K, et al. Internet of Things Security and Forensics: Challenges and Opportunities[J]. Future Generations Computer Systems, 2018(78, Part 2):544-546.

④Gao R X, Wang L H, Robert M T. Big Data Analytics for Smart Factories of the Future[J]. CIRP Annals (Manufacturing Technology), 2020,69(2):668-692.

⑤相丽玲,王景辉.网络经营者收集与传输个人数据的中外法律规范比较[J].图书情报工作,2016(4):21-28.

现制度体系的构建。① 当前有关数据信息收集,为充分发挥个人信息的经济效用,不宜一概以被收集者同意作为个人信息收集、利用行为合法性的前提。个人信息的去身份化处理虽然能够降低个人信息利用过程中的隐私风险,但其实质是将信息主体的信息进行脱敏处理,在法律上仍然无法解决该过程的合法性问题。出于保护个人信息的需要,在信息收集的实践中应当经信息主体的同意,对于那些不属于隐私信息的部分,则应当尽量弱化个人的同意。个人信息的利用也不得侵害个人隐私权,不得不当扭曲、损害个人的"数字化形象"。② 有学者以警务数据采集与运用中的法律问题为视角,通过客观介绍和分析警务数据的概念和范围、警务数据采集、存储和共享、数据公开中的法律热点问题,从一个侧面反映警务改革的缩影,以期引起人们对警察执法问题的关注。③ 有学者认为收集分析海量数据可反映相关应用的用户规模、用户属性和行业热点,可以通过宏观分析,了解用户群体的不同特征,提出数据分析方法的一些研究思路,对收集分析数据带来的问题进行讨论。④

关于数据存储与分析的国内文献较少。我国颁布的《网络安全法》对网络安全问题做了详细的规定,引发了学术界的广泛关注。有学者从大数据的角度为切入点,分析了这部法律对我国数据治理的影响。为了最大限度地激发大数据的潜力,数据的存储问题应当予以关注。⑤ 在大数据的应用过程中,数据存储是非常重要的一个环节,对采集到的数据,需要从类型化的视角对其进行分类存储,以发挥大数据存储和管理过程中的最大效率。⑥ 信息化数据也在大规模增长,带来了存储设备不断增加、存储运维工作不断增多的困境。⑦

从长远来看,数据风险将会一直存在,也不可能一味追求零风险。因此,数据保护的任务还是识别风险,并把特定数据处理行为的风险等级降至

---

①吕耀怀,罗雅婷.大数据时代个人信息收集与处理的隐私问题及其伦理维度[J].哲学动态,2017(2):63-68.

②王叶刚.个人信息收集、利用行为合法性的判断——以《民法总则》第 111 条为中心[J].甘肃社会科学,2018(1):46-52.

③高文英.警务数据采集与运用中的法律问题探究[J].中国人民公安大学学报(社会科学版),2019,35(1):68-76.

④向大为,吴燕波.互联网用户行为数据收集与分析的研究[J].现代信息科技,2019(6):14-16.

⑤何波.《网络安全法》为我国数据管理提供了法律保障[J].中国电信业,2016(12):17-19.

⑥欧艳鹏.大数据的存储管理技术[J].电子技术与软件工程,2017(21):175.

⑦李姝文.数据分级存储与管理研究[J].智能城市,2017(1):64.

数据控制者能够承担的水平。有学者以欧盟的《一般数据保护条例》为例，提出从数据处理行为的背景、目标、性质、范围以及对自然人的权利和利益带来可能的伤害及其严重程度出发，构建不同的风险管理模型，并要求数据控制者纳入其内部管理中，实行自内而外的自我管控模式。[①]

六、关于数据安全的讨论

大数据运用的潜在负面影响，特别是对个人隐私方面造成的不良侵害后果，往往被忽略了。[②] 近年来，数据经纪人正以商业化的名义对人们的隐私构成更严重、更隐蔽的威胁。他们通常在人们不知情的前提下，收集、分析和包装大量敏感的个人信息，并把这些信息作为产品相互出售，卖给广告公司或市场营销人员，包括人们的习惯、偏好或兴趣、出生日期、子女数目或家庭住址等个人信息，甚至个人的日常活动轨迹等。[③]

随着个人隐私意识的不断提高，政府机构、学术界和产业界都在积极开展可行的解决方案，以满足隐私保护日益增长的需求。[④] 一是通过立法进一步强化对隐私权和个人信息保护，如欧盟已经发布《一般数据保护条例》，中国也已颁布《个人信息保护法》《数据安全法》等。二是从制度上规范数据隐私保护，通过设计一套体系化的数据溯源标准体系、登记监管制度、激励机制等，构建兼顾个人隐私保护与个人数据合理利用的融合方案。三是研究数据隐私保护的实现方法，如通过个人数据的匿名化来保护所有者的隐私。[⑤]

公共数据、社会数据涉及国家与社会的信息安全，商业数据涉及企业商业秘密权益，个人数据涉及个人隐私保护，目前尚未有法律法规对此作出清晰界定。在蓬勃发展的大数据时代，法律还没有唯一的原则来平衡个人、企业和整个社会的竞争利益。学者针对数据开发应用的安全进行了深入研

---

①崔聪聪，许智鑫.数据保护影响评估制度：欧盟立法与中国方案[J].图书情报工作，2020，64(5)：41-49.

②Helveston M N. Consumer Protection in the Age of Big Data[J]. Washington University Law Review，2016，93(4)：859-917.

③Parra-Arnau J. Optimized, Direct Sale of Privacy in Personal Data Marketplaces[J]. Information Sciences An International Journal，2018，424：354-384.

④Tran H Y, Hu J. Privacy-Preserving Big Data Analytics A Comprehensive Survey[J]. Journal of Parallel and Distributed Computing，2019(134)：207-218.

⑤Ha M, Lee S, Jooshim Y, et al. Where WTS Meets WTB: A Blockchain-Based Marketplace for Digital Me to Trade Users' Private Data[J]. Pervasive and Mobile Computing，2019，59：1-15.

究,认为在数据开发利用的过程中,一定要加强个人隐私的保护,并对此给出了对策建议。以频繁模式为知识的表现形式,研究了数据共享中的敏感模式保护,频繁模式共享中的敏感模式隐藏,以及频繁模式共享中的推理控制等问题。数据开放共享中数据权属关系需明确等安全问题,并从政策法规等方面提出安全保障建议。针对数据的安全,提出了建立数据管理专门机构,负责数据开放安全审查,对数据进行分级分类管理,制定个人数据保护法等建议。[①]

关于数据安全与发展平衡问题的研究。数据安全和数据流通交易之间的关系探讨近些年快速升温,吸引了国内外学者们的广泛关注。有学者提出,要运用区块链技术、算法治理等数字化的规制方式与法律的规制路径相结合,以更好地保护数据安全。[②] 大数据安全应该与大数据发展同步推进,要加快推进自主可控的替代计划,并以制度建设来保障网络安全。[③]

国内学者围绕数据安全法,特别是金融数据安全和数据安全刑法,对构建数据安全法律体系进行了探索性研究。有学者从总体国家安全观的视角探讨了数据安全法的价值与体系定位,对数据安全从数据法体系和安全法体系两个面向进行体系建构。[④] 还有学者主张数据安全法益具有个人安全、公共安全和国家安全多元层次,应当通过一定的立法参照系进行法益识别和利益平衡;在数据犯罪的刑法规制中,前置法规范具有数据安全法益参照系的定罪功能。[⑤]

国外对数据安全制度的研究颇为深入,形成了数据安全制度的治理机构、管理人员、工作流程等多方面、多层次研究成果。例如,有学者从政府数据安全层面指出,可以设置首席数据官,实现数据全生命周期的安全治理。[⑥]

---

① 曹雨佳. 政府开放数据生存状态:来自我国 19 个地方政府的调查报告[J]. 图书情报工作,2016(14):94-101.

② Casey M J,Vigna P. The Truth Machine:The Blockchain and the Future of Everything[M]. New York:St. Martin's Press,2018.

③ 倪光南. 大数据安全和大数据发展要同步推进[J]. 中国战略新兴产业,2018(17):94.

④ 翟志勇. 数据安全法的体系定位[J]. 苏州大学学报(哲学社会科学版),2021,42(1):73-83.

⑤ 张勇. 数据安全分类分级的刑法保护[J]. 法治研究,2021(3):17-27.

⑥ Brous P,Janssen M,Vilminkoheikkinen R. Coordinating Decision-Making in Data Management Activities:A Systematic Review of Data Governance Principles [C]. International Conference on Electronic Government & the Information Systems Perspective,2016.

第三节　已有相关代表性成果及观点的分析评价

一、数字治理的理论基础和研究框架

已有文献大多以经典的法学、经济学理论为基础开展研究,包括马克思主义政治经济学的生产力与生产关系理论、劳动价值理论等,西方经济学的生产要素理论、新制度经济理论、经济增长理论、反垄断理论等,以及基于上述理论进一步发展的生产要素市场化配置理论等。目前,在研究"数据生产要素"方面,重"生产要素"的理论基础,轻"数据"的理论基础,缺少将两者结合起来进行研究。由于数据科学本身具有极强的融合性、交叉性、实践性,且具有显著的跨行业、跨领域、跨学科特征,所以本书认为,还需在现有理论基础上,引入信息论、数据科学等数据方面的基础理论,进一步从信息经济学、数据法学等学科视角,深化和扩展"生产要素"方面的理论基础。

现有文献遵循生产要素市场化配置的研究框架,构建数据生产要素市场化配置的分析框架,阐述数据生产要素的市场构建、供求关系、市场价格、市场竞争、市场基础制度和市场秩序等。虽然也有一些学者有意识地将数据生产要素所特有的"平台""算法"等构件嵌入到诸如研究数据市场反垄断法的分析框架中,但是这方面的专题研究还不多见。

本书认为,有必要将数据平台、数据架构、数据算法、数据治理等数据学科领域的理论及知识点融入数据生产要素及其制度创新研究框架中。

二、数据生产要素市场制度规范研究

众多学者均认为,数据生产要素市场化配置存在制度供给不足、法律法规相对滞后、标准规范亟需健全、政策措施亟待制定等问题。数据交易在产权界定、规则标准、质量评价与估值定价、组织机构、安全保护等方面还存在较大不足。虽然相关领域专家学者从自身专业角度出发,在数据交易市场、数据产权研究、数据定价机制、数据法治监管等方面进行了卓有成效的研究探讨,但对数据交易的整体性、体系化的研究还不多见,还需从全局视角探讨数据市场交易各要素组成,从而为有序推进数据市场交易,实现资源共享提供理论借鉴。面对数据这一既熟悉又陌生的生产要素,几乎很少有文献能够全面详尽地回答"遵循什么样的原则、设计什么样的制度才能满足数据生产要素市场的发展需要"。

通过对前一节数据生产要素市场交易法律制度体系的文献综述可知，数据市场交易问题是一个系统化、体系化的问题。大多数学者从自身的学科背景出发，从数据交易发展阶段、数据交易平台、数据交易业务模式、数据交易市场、现行法律法规、数据市场监管等方面，分析数据市场交易问题，提出相关对策建议。但是，这些成果均是基于既有生产要素市场化配置的制度框架进行延伸和扩展，且大多是原则性、方向性、理论化的论述。因此本书认为，数据作为新生的生产要素和市场交易对象，具有其自身特征和发展规律，需要突破现有的分析框架，站在当前的时点上透视数据生产要素市场制度的整体框架，为后续的制度安排和数据市场秩序的规范提供参考。

三、数据属性与数据价值研究

现有文献对数据的资产属性尚未达成一致，一部分学者认为数据属于无形资产，但大部分学者认为数据属于不同于无形资产的新的资产类别；同时针对数据权属问题，已有文献提出了"新型人格权说"以及"数据财产权说"等学术观点，但是尚有争议。在实践中，关于数据的权属所采纳的规则是收集数据的机构和个人对数据拥有开发使用的优先权。国外学者针对数据资产价值评估相关理论主要集中在无形资产评估和信息资产评估方面；而国内学者的研究集中在构建数据评估框架方面。

国内外数据资产研究中对于价值评估缺乏统一的模型方法，采用的方法主要有传统的成本法、市场法、收益法，以及实物期权中的二项式模型、AHP 法等，且大多数都集中在理论分析层面。

四、数据共享开放与安全保障研究

国内外大多数研究采用了经验研究方法，主要聚焦于公共数据共享与开放的意义和价值、面临的挑战以及建构相应的制度规则框架以及具体机制。这些研究成果对我国公共数据共享开放研究有所启发和借鉴。我国学者倾向于确认政府对数据的相关权力，同时承担数据管理、共享开放的责任。从政府对公共数据的管理权力、义务、责任视角展开理论建构，往往忽视了从公共数据资源利用者的角度来分析利用主体的权利。有关公共数据共享与开放的法律制度体系建构的基础和逻辑尚不清晰，而且未能明确区分法律法规与治理机制的定位差异。

在数据交易流通研究方面,数据交易流通事关数据要素市场培育的大局,但其法律意蕴尚未明确,实践中遇到的障碍有待梳理,整体制度亦付之阙如。双方或多方之间对数据控制权的自愿转移与分享,使得数据交易流通主要体现为"数据共享"与"数据再利用",而非"数据转让"。在数据安全保护和数据流通交易以及公共数据开放共享之间的关系、数据安全保护的路径和方式,特别是金融数据安全义务、数据安全刑法保护等方面都有深入的拓展,具有较强的理论指导性和实践操作性。

目前,涉及数据安全的相关研究存在偏宏观性和分散性、缺乏定量实证分析、缺乏系统分析等问题,并且没有规范的数据保护模式引导数据开放实践活动,对公众参与政务数据开放中个人隐私泄露风险的调查实践性研究偏少,导致推进数据开放中对个人隐私泄露问题实践指导不足,相关实践案例提出的建议措施可操作性不强。现有的数据安全研究尚缺乏扎根于总体国家安全观的数据安全保护法律制度和技术体系的深入研究,故需要围绕现行《数据安全法》等法律规范进行深入的体系性思考和数据安全生态构建。

第四节　数字化创新与数据治理的意义

一、构建数据生产要素市场的理论基础

生产要素市场化配置是市场经济的本质特征。数据成为生产要素决定了其市场化配置的客观必然。由此引发对数据生产要素基本特征、内在结构、基本框架等问题的理论思考。

当前,对数据生产要素的认识多是以经典的马克思主义政治经济学或西方经济学的生产要素理论为基础,在生产要素市场配置的视角下进行延伸讨论。[1] 作为新生事物的数据生产要素,既有一般生产要素所具备的共性特征,又有其自身独有的特性。数据生产要素的这一复合特性,决定了研究数据生产要素的理论基础具有多学科性、研究方向具有交叉性、认识角度具有多元性等特征。作为一个完整的数据生产要素市场,需要从多视角围绕

---

①吴宏洛,王杰森.数据要素参与分配的逻辑机理与实践推进——基于马克思主义政治经济学视角[J].青海社会科学,2022(3):87-96.

数据供给与需求的主体、客体及其交易关系进行研究,深入探讨其内部的作用机制,掌握数据生产要素市场发展的本质规律,指导数据生产要素市场培育。[①]

因此,有必要针对当前数据生产要素市场化发展需要,从多学科的角度开展理论探索、交叉分析和实践研究,研究数据生产要素的内在构成,为打通数据供需主体之间互通渠道、发展数据市场交易、保护数据安全等提供理论基础和实践指南。这对加快数据生产要素市场培育、促进数据交易、推动经济发展都具有重要意义。

二、明晰数据生产要素市场交易制度设计方向

以产权制度为基础的一整套市场制度和市场规则是建设高标准市场体系的重要基础。当前,中国数据生产要素市场发展滞后与其制度缺失直接相关。[②] 数据相关的基础性法律不足,其他规范性文件的针对性、适用性还需增强,制度内容的精准度、可操作性、可执行性有待提升。亟须加快对这些问题的研究,面向政府、企业、个人、社会组织等各类数据主体,对数据交易客体进行分类分级,从法律法规、产权归属、标准规范、业务规则、风险控制、安全质量、隐私保护、监督管理等各方面,开展数据生产要素市场交易制度设计。

总之,如何破解当前数据交易领域的各种乱象、充分发挥数据生产要素的价值,需要构建一整套完备的数据市场交易制度体系。[③] 因此,通过制度框架的研究,有助于构建完备的数据交易法规、清晰的行业管理规章、规范的市场监管制度、科学的数据产权界定、完善的数据共享机制,进而对维护数据交易各方权益、维护数据市场秩序产生正向作用。

三、深化认识数据生产要素市场的规律

一个合理有效的价格机制对生产要素市场发展至关重要。[④] 生产要素

---

①高培勇,樊丽明,洪银兴 等.深入学习贯彻习近平总书记重要讲话精神 加快构建中国特色经济学体系[J].管理世界,2022,38(6):1-56.

②王志刚,李承怡.数据要素市场化的现实困境与对策建议[J].财政科学,2022(8):22-29.

③胡锴,熊焰,梁玲玲,卓训方.技术和数据知识产品交易平台模式及实现路径[J].科学学研究,2012(1):1-18.

④约瑟夫·熊彼特.经济发展理论[M].北京:中国人民大学出版社,2019:252.

价格扭曲阻碍市场发展、限制市场竞争、遏制企业创新,长此以往还将导致经济扭曲和结构失衡。不同于物质资源,数据资源的可复制性使其具有可以重复交易和无限次使用的特点。由于数据在获取、生产、存储、传输、类型、内容、时期、专业、格式、频度、结构、规模、价值等方面千差万别,不同的数据也必然具有不同的定价。

数据生产要素市场正处于起步培育阶段,数据生产要素价格被或多或少地扭曲,系统化、体系化、规范化、公平化的定价策略还不完善,尚未形成统一的定价机制。有必要基于已有理论,结合数据生产要素特点,研究数据交易定价的理论模型,探索数据交易价格的影响因素,为数据交易科学合理定价提供方法参考,以最大限度发挥数据交易价格的导向作用。减轻甚至规避数据生产要素价格扭曲的负面影响,引导数据生产要素市场健康发展。

四、明确数据的权利归属问题

目前关于数据权利,已经有了一定共识。数据是一种资源,既可以权利化,又可以财产化。大数据作为一种新的权利标的,一方面具有财产属性,另一方面又具有人格权的属性。[①] 应当通过立法对数据的权利属性予以明确。

然而,只有从静态的法律规范方面把数据的权利属性界定清楚,才能使动态的数据交易成为可能。如果数据确权不能完成,那么数据周期的各流程、各环节都将受到限制。实践中,一些地方为了进行大数据交易而成立了大数据交易中心,但是现实情况则是数据交易面临着一定程度上的萎缩,其原因就是没有明确数据的权利归属,这甚至是导致交易萎缩的重要原因。

数据权利属性得不到确定,导致数据主体的权利和义务不能明确,这就容易导致数据市场混乱,从而威胁数据行业的安全发展。因此,全面推进数据战略,保障数据产业安全发展,首要任务就是要明确数据的权利归属。

五、提供数据安全立法路径的理论依据

本书通过对现有数据安全立法保障的相关研究成果进行梳理与总结,发现在中国语境下数据安全保障的理论研究还不系统、不够细化。通过改变研究路径能够发现研究我国数据安全立法保障的新的视角,进而从理论上找到一条解决我国数据安全保障的新路径。

---

①吴汉东.无形财产权基本问题研究[M].北京:中国人民大学出版社,2020:567.

　　本书以数据核心业态为切入点,从数据处理流程即数据收集、数据预处理、数据存储、数据处理与分析、数据展示/数据可视化、数据应用等环节分析其安全风险,并探析数据安全风险的发生途径和规律,最后面向数据处理流程内部本身来探寻适合我国数据安全保障的法律路径,这无疑在理论上为数据安全保障的路径选择提供了新的分析途径和面向。

六、推进国家层面对数据安全立法保障制度构建

　　在数据安全的立法保障方面,我国已经进行了积极探索,制定了《数据安全法》。但是,该法缺乏体系化的配套制度。一些部门规章的出台尽管在一定程度上能够保障大数据的健康发展,但这些部门规章也会因为部门的局限性和狭隘性而导致数据法规适用标准的不统一,给实务操作带来了困难。

　　在大数据、人工智能快速发展的今天,数据的采集、处理与分析等技术取得了巨大进步,在该过程中数据安全问题越来越凸显,这就要求国家在制度层面为数据安全及健康发展提供保障。本书从理论上探讨数据安全立法的相关路径,希望从新的视角、新的分析路径来为数据安全体系性立法提供理论思路。

　　另外需要指出的是,地方立法的局限有可能阻碍数据产业的发展,甚至有可能成为地方保护的一种手段。因此需要从国家层面针对数据安全问题制定统一、专门的高层级法律体系。本书以数据内部流程为切入点,分析数据安全风险的发生路径,希望为国家统一立法在理论上找到一条适合中国国情的路径,探讨我国数据安全保障面临的问题和解决之道。

第二章 基于要素配置的数据产权制度体系

第一节 数据资源持有权

一、数据资源本质与特征

数据资源持有权,是指在经营期间,数据控制者基于数据处理授权持有数据资源的权利。按照申卫星教授的观点,数据资源持有权属于数据用益权。[①] 对于此法定概念的理解,我们首先需要对数据资源的本质与特征加以分析。在信息化时代,数据资源已经成为一种重要的资产。数据资源是数据主体和数据控制者通过采集、整理、分析、处理数据等方式,形成有价值的、可为人们所用的数据集合。数据资源区别于传统资源。数据资源具有非物质性、复制成本低、可重复使用、易失性、时效性等特性。[②] 正是由于这些特性,数据资源的归属问题比传统资源更为复杂。传统资源的所有权通常是明确的,但数据资源往往涉及多方共享、使用和传播,使得数据资源的归属问题变得异常模糊。例如,某互联网公司通过用户使用其产品和服务而获得的大量用户数据。这些数据不仅仅为该公司所持有,用户本身也对这些数据享有法定权益。因此,该公司拥有的并非数据资源的所有权,而是基于数据主体的数据处理授权而获得的数据资源持有权。

从数据分类分级角度看,数据资源包括个人数据资源、企业数据资源和公共数据资源。[③] 数据资源持有权主要涉及企业持有的个人数据资源和企

---

①申卫星.数字权利体系再造:迈向隐私、信息与数据的差序格局[J].政法论坛,2022,40(3):89-102.

②李晓东.数据的产权配置与实现路径[J].人民论坛,2022(2):69-71.

③孙敏,徐玲.数字时代个人数据产权体系研究——基于全生命周期的个人数据分类视角[J].宁夏社会科学,2023(2):90-100.

业数据资源这两类私益性数据资源。从数据生命周期角度看,数据资源包括原始数据资源和衍生数据资源。① 在法律上,原始数据资源与衍生数据资源的界分尤为重要。原始数据资源,如用户的基本信息、交易记录等,是用户主体在某个时间点生成的数据,这些数据具有确切的归属者,通常为数据主体。衍生数据资源,如用户画像、消费习惯等,是通过对原始数据资源进行整合、分析和加工形成的,它们的价值通常远高于原始数据资源。

数据资源持有权所涉及的数据资源主要是原始数据资源;这与数据产权中的数据加工使用权相区别,后者更侧重衍生数据资源。对于原始数据资源,数据主体具有明确的权益。但对于衍生数据资源,其产生和价值实现过程中涉及数据处理方的技术和知识投入,因此,数据处理方也具有一定的权益。在这种情况下,法律需要对衍生数据资源的权益进行明确划分和保护。以某金融科技公司为例,该公司通过与银行合作,获取了大量用户的信用卡消费记录(原始数据资源),并基于这些数据分析出了用户的信用等级和消费偏好(衍生数据资源)。这些衍生数据资源对于公司制定风险策略、提供个性化金融服务具有重要价值。在这个过程中,用户对其信用卡消费记录具有明确的权益,但对于衍生数据资源,其权益相对较弱。为了保护用户的隐私权和数据权益,相关法律规定金融科技公司在处理用户数据时需获得用户的授权,并在一定范围内使用这些数据。因此,金融科技公司对衍生数据资源的权益并非所有权,而是基于用户授权获得的持有权。

在实践中,数据资源的持有者应在合法、合规的前提下,充分挖掘数据资源的价值,实现数据资产的增值。同时,法律和监管部门也应加强对数据资源持有权的保护,确保数据主体的合法权益得到充分维护。

二、"经营期间"解析

数据资源持有权,是指在经营期间,数据控制者基于数据处理授权持有数据资源的权利。"经营期间"是指在数据资源持有者从事数据相关业务的时间范围。在这个时间范围内,数据控制者根据数据处理授权,在法律法规允许的范围内,可以对数据资源进行收集、整理、分析、利用等。"经营期间"的起止时间通常与数据处理授权的有效期相一致,具体时间应当在双方签订的协议中明确约定。值得注意的是,在数据资源持有权的背景下,"经营

①高阳.衍生数据作为新型知识产权客体的学理证成[J].社会科学,2022(2):106-115.

期间"的界定应当符合法律法规的要求,遵循合法性、合规性、公平性和诚信原则,以确保数据主体的合法权益得到充分保障。通过对"经营期间"的法律界定,可以更好地理解数据资源持有权在实际业务中的具体运作方式。这有助于规范数据资源持有权的实践,确保数据资源的合理利用,同时保护数据主体的合法权益。

"经营期间"概念限定了数据控制者对数据资源的持有与使用范围。在经营期间内,数据控制者有权根据数据处理授权合法地持有和使用数据资源;而在经营期间结束后,数据控制者应当按照约定和法律法规的要求,对数据资源进行处理,如删除等。当然,"经营期间"概念下的法定或约定授权并不与数据主体的个人信息权益中的删除权相矛盾。① 在经营期间,数据主体仍然可以依法行使个人信息的删除权。以某数据挖掘公司与某电商平台的合作为例。数据挖掘公司为电商平台提供用户行为分析服务,双方签订了为期一年的合作协议。在协议中,电商平台将用户的购物行为数据授权给数据挖掘公司进行处理和分析。这里的经营期间即为合同约定的一年时间。在这一年内,数据挖掘公司有权依据数据处理授权持有和使用电商平台提供的数据资源,分析用户行为、购物习惯等,以帮助电商平台优化商品推荐和营销策略。然而,在经营期结束后,数据挖掘公司应当按照合同约定和法律法规的要求,对所持有的数据资源进行删除处理。

"经营期间"概念有助于明确数据控制者在数据资源持有权背景下的权利和义务。在实际业务中,双方应当在合同或协议中明确约定经营期间的起止时间,并在合法、合规的前提下开展数据相关业务。同时,法律和监管部门也应加强对数据资源持有权及其经营期间的监管,确保数据主体的合法权益得到充分维护。经营期间的合理界定和规范对于平衡数据控制者和数据主体之间的权益具有重要意义。

在实际操作中,数据控制者应遵循以下原则:(1)明确约定:在签订合同或协议时,双方应明确约定经营期间的起止时间,以免引发纠纷。(2)遵守法律法规:数据控制者在经营期间内持有和使用数据资源时,应遵循相关法律法规的要求,尊重数据主体的知情权、选择权和撤销权等。(3)数据安全与隐私保护:数据控制者在经营期间内应采取有效措施,保障数据资源的安全性和数据主体的隐私权益。(4)合理使用:数据控制者应当在经营期间内

---

① 陈爱飞.解释论视域下的区块链个人信息删除权[J].南京社会科学,2022(6):110-120.

合理使用数据资源,避免数据滥用和对数据主体造成不利影响。

三、"持有权"不同于"所有权"

数据产权制度权利分置构建中,采用了"数据资源持有权"概念而非数据资源所有权。"持有权"是指在一定时间范围内,数据控制者基于数据处理授权,有权直接持有数据资源。持有权的实质是一种有限的、受法律法规和合同约定限制的数据资源控制权。与"数据所有权"相比,持有权并未赋予数据控制者对数据资源的完全支配权和永久性权益。[1]

数据资源持有权和数据资源所有权在法律地位和权益上有明显的区别:(1)权利范围:数据资源持有权是一种有限的权益,仅在经营期间内有效;而数据资源所有权是一种无限制的、完全支配的权益,不受经营期限制。以支配和排他为核心的所有权确权模式难以适用于数据保护,占有、使用、收益和处分等权利内容或权能也无法准确描述数据权利。[2] (2)权利性质:数据资源持有权更多体现在对数据资源的动态的获得、管理和保存等方面;数据资源所有权则涉及数据资源的静态的产生、收益和责任等方面。(3)权利归属:数据资源持有权的归属主要取决于数据处理授权;数据资源所有权的归属通常取决于数据的生成主体或法律规定的归属者。[3] 例如,某医疗数据分析公司与医院签订合同,获得对患者医疗数据的处理授权,以便分析患者健康状况并提供个性化的健康建议。医疗数据分析公司具有患者医疗数据的持有权,而非所有权。在经营期间内,医疗数据分析公司可以依据数据处理授权合法地持有和使用患者的医疗数据。然而,该公司并不拥有患者医疗数据的所有权,也无法将数据用于与合同约定无关的用途,如将数据出售给第三方。在经营期间结束后,医疗数据分析公司需要按照合同约定和法律法规的要求,对所持有的数据资源进行删除等处理。(4)权能方面,数据资源持有权包含自主管理权(对数据进行持有、管理和防止侵害的权利)、数据流转权(同意他人获取或转移其所产生数据的权利)、数据持有限制(数据持有或保存期限的问题)。[4]

---

① 唐娥.大数据时代个人数据所有权的归属[J].西部学刊,2023(1):57-61.

② 邓辉.数据"三权分置"的新路径[N].中国社会科学报,2022-09-28(04).

③ 丁晓东.新型数据财产的行为主义保护:基于财产权理论的分析[J].法学杂志,2023,44(2):54-70.

④ 邓辉.数据"三权分置"的新路径[N].中国社会科学报,2022-09-28(04).

在当前数据驱动的社会,数据资源持有权在保护数据主体权益、规范数据控制者行为、推动数据产业发展等方面具有重要意义。在保护数据主体权益方面,数据资源持有权在一定程度上限制了数据控制者对数据资源的使用和处置范围,有助于保护数据主体的隐私和合法权益。在规范数据控制者行为方面,数据资源持有权要求数据控制者在合法、合规的前提下使用和管理数据资源,促使其遵循相关法律法规和道德规范。在推动数据产业发展方面,数据资源持有权的存在有利于创新数据业务模式,为数据交换、共享和价值发现提供了法律依据。

第二节　数据加工使用权

一、数据加工使用权概述

数据加工使用权是指数据控制者在收集或持有数据后,将数据进行编辑、清洗、脱敏等加工以及经营性使用的一种权利。数据加工使用权通常涉及以下几个方面:(1)数据收集:获取和整理原始数据,这可能包括从不同来源收集数据、抓取网络数据或从传感器和设备获取数据。(2)数据清洗:对原始数据进行预处理,包括去除重复项、纠正错误、填补缺失值等。(3)数据转换:将数据转换成易于分析、理解和使用的格式,如将数据转换为结构化数据表格或标准化数据模型。(4)数据分析:运用统计方法、机器学习技术或人工智能算法对数据进行分析,以提取有价值的信息和洞察。(5)数据可视化:将数据分析结果以图形、图表等形式展示,便于理解和交流。(6)数据共享和应用:根据数据的敏感性和隐私要求,将数据或分析结果分享给其他个体、组织或企业,以便进一步利用。[①]

数据加工使用通常受到一定的法律法规约束,如《个人信息保护法》《数据安全法》《知识产权法》《民法典》等。这些法律旨在保护数据拥有者的权益,确保数据的安全和隐私,以及防止数据滥用和侵权行为。在使用数据时,需要遵守相关法律法规,并尊重数据主体的合法权益。

---

①李依怡.论企业数据流通制度的体系构建[J].环球法律评论,2023,45(2):146-159.

二、数据加工权解析

数据加工,是指数据控制者在收集或持有数据后,对数据进行编辑、清洗、脱敏等处理以提高数据质量、减少数据冗余、保护数据隐私的过程。数据加工通常在数据分析、数据挖掘等业务环节中进行,以便为经营性使用提供更有价值的数据。

在理解"数据加工"概念时,需要区分数据控制者自主加工和外包加工。自主加工是指数据控制者依靠自身能力对数据进行加工,包括技术设备、人员及管理等方面的投入,以满足内部业务需求或为外部客户提供加工服务。例如,一家电商公司为优化商品推荐功能,利用自有技术团队对用户购物行为数据进行清洗、整合,以生成个性化的商品推荐列表。外包加工是指数据控制者将数据加工任务委托给第三方专业机构,由第三方负责数据加工过程中的技术设备、人员及管理等方面。例如,一家金融机构为提高信用评分模型的准确性,将客户信用数据提供给一家专业数据分析公司,由该公司负责对数据进行清洗、脱敏、分析等加工。

数据加工权是指数据控制者在收集或持有数据后,依据法律法规及相关合同约定,对数据进行编辑、清洗、脱敏等加工的一种权能。数据加工权的主体通常为数据控制者或经数据控制者授权的第三方机构。数据加工权的行使需遵循合法性、合规性、公平性、诚信原则,保障数据主体的合法权益。例如,某在线教育平台为提高用户体验,对学生学习行为数据进行自主加工,包括学习时长、完成作业情况等。经过数据加工后,该平台能够为学生提供更加精准的学习建议和课程推荐。在此过程中,教育平台作为数据控制者,依据用户授权及相关法律法规,行使数据加工权,合法地对学生学习行为数据进行加工。再例如,某医疗机构为了对病患的病历数据进行分析,提高诊疗效率,将病患数据提供给一家专业的数据分析公司。该数据分析公司在确保数据安全和隐私保护的前提下,对病患数据进行清洗、脱敏和分析等加工。在这个过程中,医疗机构作为数据控制者,授权第三方专业机构行使数据加工权,合法地对病患数据进行加工。

三、数据使用权解析

数据使用,是指数据控制者或数据处理者在合法合规的前提下,利用收集或持有的数据为特定目的提供价值和支持的过程。数据使用可以涵盖多

种场景,如商业决策、科研创新、产品设计等。① 数据加工使用权概念下的
"数据使用"应特指商业性使用,排除消费性使用。商业性使用是指将数据
运用于生产活动,通过数据分析、挖掘、优化等方式为企业创造经济价值和
提升生产效率的过程。② 只有对数据进行商业性使用才有可能促使数据控
制者最大限度地释放数据的经济价值。例如,某汽车制造商通过收集车辆
运行数据,分析驾驶习惯、路况等信息,从而优化汽车的设计、提高安全性
能,实现生产性使用。再例如,某农业企业运用大数据技术对土壤、气候、作
物生长等信息进行分析,指导农业生产,降低资源消耗,提高产量和品质,实
现商业性使用。

　　将数据使用限定在商业性使用范畴,是基于以下几点原因:(1)保护数
据主体权益:限定数据使用范围有助于减少数据滥用,保护数据主体的隐私
和权益。(2)促进产业发展:将数据应用于生产活动可以提高生产效率、降
低成本、创新产品与服务,从而推动产业发展。(3)遵循法律法规:限定数据
使用范围有助于确保数据使用活动遵循法律法规的要求,降低法律风险。

　　数据使用权是指数据控制者或经授权的数据处理者依法、依约对数据
进行使用的权利。数据使用权的行使应遵循合法性、合规性、公平性、诚信
原则,并保障数据主体的合法权益。例如,一家电力公司通过收集用户用电
数据,对电网负荷进行分析与预测,优化电力资源分配,提高供电效率。在
此过程中,电力公司作为数据控制者,依法依约行使数据使用权。再例如,
一家金融机构将客户信用数据提供给一家征信机构,征信机构对数据进行
整合、分析,为金融机构提供信用评分服务。在此过程中,金融机构作为数
据控制者,将数据使用权授权给征信机构,征信机构依法依约行使数据使
用权。

　　数据使用权的主体通常是数据控制者,也可以是数据被授权使用的第
三方。③ 在数据的使用过程中,数据控制者可以对数据进行授权,让其他人
可以使用数据。广义上的数据使用权的范围包括对数据的处理、分析、使用
等方面的权利。处理权是指数据使用者可以对数据进行处理,包括分类、聚

---

　　①文禹衡.数据确权的范式嬗变、概念选择与归属主体[J].东北师大学报(哲学社会科学版),2019
(5):69-78.

　　②朱宝丽.数据产权界定:多维视角与体系建构[J].法学论坛,2019,34(5):78-86.

　　③王颂吉,李怡璇,高伊凡.数据要素的产权界定与收入分配机制[J].福建论坛(人文社会科学版),
2020(12):138-145.

合、统计等操作。分析权是指数据使用者可以对数据进行分析,包括挖掘规律、发现趋势、预测结果等操作。狭义的使用权是指数据使用者可以使用数据进行商业活动、科研、政策制定等活动。

为了保护数据使用权,数据使用者需要遵守相关的法律法规,如《数据安全法》《个人信息保护法》《合同法》《反不正当竞争法》等,保护数据的合法性和合规性。数据使用者需要与数据主体签署合同,明确数据使用范围、使用期限、使用目的等内容,确保数据使用的合法性和合理性。技术保护方面,数据使用权人需要采用技术手段对数据进行保护,例如加密、水印、防盗链等技术,防止数据被不当使用或者盗用。[①] 此外,数据使用者需要遵守数据主体的保密协议,保护数据的隐私性和商业机密。

第三节　数据产品经营权

一、数据产品概述

数据产品,是指通过对海量数据进行分析、加工、建模、利用等方式,生成的具有经济价值和实用性的产品。[②] 数据产品可以包括数据报告、数据可视化、数据分析模型、数据服务等。

数据产品的核心价值在于将庞大的数据资源转化为直观、易于理解、具有实际应用价值的信息。例如,一家电商平台通过对用户行为数据、商品销售数据等进行分析和挖掘,形成销售预测报告、商品推荐算法等数据产品,帮助商家提升销售业绩。

二、一般性数据产品经营权

数据产品经营权,是指数据控制者依法依约对数据产品进行经营、销售、许可等商业活动的权利。数据产品经营权包括制定产品定价、选择销售渠道、授权他人使用等方面的权利。从定价权的视角看,数据控制者根据市场需求、成本结构、竞争环境等因素,自主决定数据产品的销售价格,由数据产品市场的"无形的手"来自主调控产品供需和价格。[③] 定价权是数据产品

---

①包晓丽.数据产权保护的法律路径[J].中国政法大学学报,2021(3):117-127.
②赵磊.数据产权类型化的法律意义[J].中国政法大学学报,2021(3):72-82.
③冯晓青.数据财产化及其法律规制的理论阐释与构建[J].政法论丛,2021(4):81-97.

经营权的重要组成部分,体现了数据控制者对数据产品的支配地位。数据控制者数据产品经营权的行使需符合合法定价的法定义务。数据控制者在行使定价权时应遵循国家法律法规和行业规范,避免涉嫌价格垄断、价格欺诈等违法行为。① 例如,一家天气预报公司通过对气象数据进行分析,开发出针对农业、旅游、交通等行业的定制化天气预报服务。根据各行业用户的需求和付费意愿,制定差异化的定价策略。数据控制者可以通过授权他人使用数据产品的方式,实现产品价值的传递和利润的获取。授权方式可以包括独家授权、非独家授权、有限期授权等。例如,一家航空公司将其航班延误预测模型授权给旅行社,旅行社通过该模型为客户提供更精准的航班信息服务,航空公司则获得授权费用。

需要强调的是,数据控制者与数据产品使用者、合作伙伴之间应签订合同,明确数据产品经营权的行使范围、授权方式、费用等事项,以确保双方权益得到保障。此外,数据产品的知识产权保护主要包括著作权、专利权等。数据控制者应根据数据产品的特点,采取相应的知识产权保护措施,防止他人侵权。对于侵犯数据产品经营权的行为,数据控制者可以依法追究侵权者的法律责任,如:要求停止侵权、赔偿损失等。

三、公共数据产品特许经营权

在数字化转型的背景下,特许经营是一种重要途径,可用于开发和利用公共数据产品,以及拓宽公共基础设施建设的资金来源。它可以有效缓解公共数据产品开发利用的激励难题。② 特许经营获得的收入可用于公共数据的收集、加工、开发利用,以补偿政府部门的成本和额外付出,并调动各部门的积极性。特许经营的预期利益可以吸引有能力和实力的数据产品开发利用主体,同时推动公共数据产品和社会大数据产品的融合应用。③ 此外,特许经营可在保证市场公平竞争原则的前提下,依照不同公共数据产品的安全等级,灵活地筛选适格的数据产品开发利用主体,确保公共数据的开发利用在安全可控的前提下展开。特许经营还有助于调动社会资本的积极性,深度参与公共数据基础设施的建设和维护,以及相关数据技术的更新换

---

① 张素华. 数据产权结构性分置的法律实现[J]. 东方法学,2023(2):73-85.

② 徐玖玖. 利益均衡视角下数据产权的分类分层实现[J]. 法律科学(西北政法大学学报),2023,41(2):67-81.

③ 冯洋. 公共数据授权运营的行政许可属性与制度建构方向[J]. 电子政务,2023(6):77-87.

代,提升数据治理效能。因此,特许经营模式无疑具有可行性。在公共数据的开放利用方面,可以依据《行政许可法》设立许可。①

公共数据的开放利用涉及国家安全、公共安全、经济安全、社会稳定和公民权益保护等问题,直接影响数字经济高质量发展新时代的经济发展效率和社会治理效果。尤其是对于许多涉及个人信息、隐私和商业秘密的公共数据,关系到人身健康和生命财产安全,因此需要设立准入门槛。但是,应采取特殊许可还是一般许可的模式呢?在数字经济时代,传统的命令式管制会阻碍市场竞争和技术进步,限制公共数据的开发利用。一般许可的规制则可能导致监管不足,潜藏数据安全风险。② 综合考虑,设立行政特许更适合实现公共数据开放、安全可控和充分利用的双重目标。一方面,通过赋予特许经营主体类似于行政主体的特殊权利,有利于调动其投入积极性,培育新兴市场,刺激技术创新。另一方面,通过给特许经营人设定类似于行政主体的必要义务,有利于实现对特许经营主体及其活动的监管,防止其从事的公共数据开发利用活动偏离正确轨道,引发安全问题。③ 因此,采用行政特许模式可在实现公共数据开放和利用的同时,确保其安全可控和监管有效,促进数字经济的发展和公共利益的实现。

第四节　数据产权保护

一、健全中国特色数据产权保护制度

由于信息革命的推动,引发了包括价值观念、生产方式、生活方式、社会关系、社会秩序等在内关乎经济社会发展的全要素变革。④ 在数据成为生产要素的情况下,传统法律制度已经无法应对新型数据产权保护的需求。因为传统的人格权保护进路难以回应与数据相关的财产权益,物权保护路径面临着数据权利保护不足的困境,侵权责任法也无力周全地保护数据隐私权益。而代表促进创新发展的知识产权法,则难以全面保护数字经济相关

① 王克稳.论涉企经营许可的立法后评估[J].苏州大学学报(法学版),2023,10(1):84-97.
② 徐继敏.数字法治政府建设背景下《行政许可法》的修改[J].河南社会科学,2022,30(11):20-30.
③ 吴亮.政府数据授权运营治理的法律完善[J].法学论坛,2023,38(1):111-121.
④ 肖峰.科学技术哲学探新[M].广州:华南理工大学出版社,2021:325.

产业及企业作为知识外溢结果的数据权益。[①]　所以,随着数字经济等新领域新业态的发展,加强数据产权保护迫在眉睫。

数字经济时代,保护数据产权已成为共识,需要通过法律的规范、制约以及救济确定其权益范围,以明确数据各主体各自的利益边界。当数据权受到侵害时,会极大削弱数据控制者的竞争优势,为其带来不可估量的损失。同时,对各利益主体的行为自由与利益应在平衡视角下予以保护。法律的建立与运行交织着不同利益的博弈、表达与协调,以最大限度地实现利益平衡。

随着万物互联时代的到来,数据成为驱动财富积累的重要因素。国内外互联网企业对数据权益的竞争日益激烈,所涉及数据权益保护客体也已经从原始数据逐渐蔓延至衍生数据。数据具有巨大的商业价值,国内外都充分重视数据价值,采取了不同的数据权利保护模式:启蒙理念下的欧盟采取了以"统一立法"为主导、"基本权利"为基础和"长臂管辖"为重点的数据保护模式;自由理念下的美国采取"分行业式"为主的分散立法模式、"自由式市场"为核心的治理模式和"改正期制度"为创新的规制模式;平衡理念下的日本采取"不突破现有法律体系"、以"自由流通"为原则并以"契约指导"为中心的数据保护模式。[②]

我国有自己的特殊国情及发展需求,应构建新型的数据权利保护模式与机制,充分把握数据的特有属性和产权制度的发展规律,实现数据资源特性与数据保护模式的高度契合,以及数据有效利用和全面保护的有机统一。要坚持数据安全为先、发展为要,充分考虑数据安全、公共利益保障和个人信息保护。充分尊重数据处理者的创造性劳动和投入,承认和保护数据处理者的合法收益。数据产权保护要有利于数据的流动和交易,能够促进繁荣数据市场,壮大数字产业,促进产业数字化转型,支撑经济高质量发展。

二、完善数据产权保护专项立法

数据具有双重属性。作为产生数据的数据主体对数据享有一定的权利;同时,由于数据服务企业在平时的经营过程中投入了大量的人力、物力、财力,企业对数据也自然享有一定的权益。个人对数据拥有的权利与企业

①戚聿东,杜博,叶胜然.知识产权与技术标准协同驱动数字产业创新:机理与路径[J].中国工业经济,2022(8):5-24.
②余圣琪.数据权利保护的模式与机制研究[D].上海:华东政法大学,2021.

平台对数据拥有的权益需要进行私法上的权衡,这也一直是实务中需要平衡的难题。不能因为保护自然人的权益而无限制扩张自然人对个人数据的权利边界,从而妨碍数据的流动、分享和利用;也不能无视数据企业对其付出成本而合法地收集、存储和利用个人数据的权利。

目前,我国关于数据权利保护的相关规定散见于《网络安全法》《刑法》《民法典》《消费者权益保护法》《儿童个人信息网络保护规定》等法律法规之中,但是立法的深度和可操作性尚显不足。

应制定专门法,重点保障保护企业数据权益,明确企业数据权的财产权利性质、权利义务规范和救济途径。在此基础上,可根据数据产业的动态变化制定对应实施细则,对新情况加以应对。此外,企业数据涉及诸多利益主体,体现在各类法律关系中,可在各部门法中设置相应的支撑性条款,为企业数据权益提供全方位保护。

应构建数据知识产权保护制度。知识产权保护的重要原因之一在于鼓励创新,通过赋予企业以独占性的版权或专利权,鼓励企业进行风险投资,创造新的和有价值的智力成果。[①] 通过合理保护企业相关数据权利,企业可以避免数据收集与数据使用中被竞争对手搭便车的风险,其才会有动力收集更多数据与进行更有价值的分析。数据产权,主要是指数据开发者通过运用算法、模型等方式进行脱敏、分析、加工、整合后形成的系统可读的数据,尤其是衍生数据,显然应用了独创性的加工方式,具有知识产权的属性。如果法律给予更加有力的保护,则可以防止其他企业的侵权行为与越界行为,避免企业因数据公开而处于竞争劣势,这将更有助于企业开放数据和共享数据,从而辐射下游企业与其他相关企业,促使形成产业链。

应结合当前我国社会治理新形势,进行数据产权与安全紧急保障立法。在出现紧急状态需要动用国家紧急权力进行紧急处理时,完善应急立法的相关规定就显得尤为重要。在数据治理领域尤其如此。对此,应结合《个人信息保护法》与《突发事件应对法》《传染病防治法》《突发公共卫生事件应急条例》等已经颁布的法律法规,进行社会应急管理方面的专项立法,确保对在公共健康治理过程中收集、使用、存储、公开的个人基本信息、健康、行程等方面信息数据不受泄露、不当利用等侵害,达到公共健康数据的全生命周期保护。

---

①刘强.人工智能对知识产权制度的理论挑战及回应[J].法学论坛,2019,34(6):95-106.

三、加大数据产权保护行政执法力度与措施

应该设立权责清晰的强监管机关。《数据安全法》第 6 条和第 7 条对数据的监管体制进行了比较详细的规定。确立了中央国家安全领导机构作为负责数据安全工作决策、进行统筹协调的最高监管机构,工业、电信、自然资源、卫生健康、教育、国防科技工业、金融业等行业主管部门对本地区、本部门的数据及数据安全负责,公安机关、国家安全机关、国家网信部门在各自职责范围内承担数据安全和相关监管工作。对于数据重点领域,监管机构各部门之间的权限应该进行清晰合理的划分,在原有基础上加强重点领域及重点部门数据安全的监管。[①]

《数据安全法》第 6 章对侵害数据安全的相关法律责任进行了规定。处罚形式主要包括改正、警告、没收违法所得、吊销许可证或吊销营业执照、处分等。处罚的最高额度,对于企业而言,是 10 倍以下或者 100 万元以下,对个人则是 10 万元以下。《数据安全法》目前的罚款额度对互联网企业而言并不具有威慑力,《网络安全法》规定的最高处罚额度是 100 万元,从司法实践来看,目前的处罚额度基本在 10 万元,这样的数额对企业平台并不具有震慑力。《数据安全法》将处罚的力度进行了 5～10 倍的提高,与此同时增加了暂停相关业务、停业整顿等处罚种类。《数据安全法》中规定的处罚力度对企业而言,并不需要重视建立数据合规体系。为了保护数据权利,需要制定具有威慑力的高额处罚机制,与此同时可以丰富处罚形式,如撤销认证、屏蔽 IP 地址、下架 App 等,也是具有威慑力的处罚形式。

《个人信息保护法》关于罚款等行政处罚机制的规定是最大的亮点。第 62 条对处罚进行了具体的规定,包括改正、暂停、吊销等行政处罚,与此同时对企业处五千万以下或营业额 5% 以下的罚款,对个人最高处 100 万元的罚款,是高额的处罚数值。此条款需要对适用上的问题进行明示。《个人信息保护法》确定了企业的过错推定责任原则,即企业只有证明在处理个人信息的活动过程中没有过错才无须承担损害赔偿责任。赔偿数额按照个人的损失或企业的获利确定,难以确定的按照实际情况确定赔偿数额。企业平台应该重视数据合规体系的建设。相关执法措施也需要对法律条款的适用及

---

①彭德雷,王达坡.数字营商环境国际评价体系与中国法治化实践[J].北京航空航天大学学报(社会科学版):2023(2):1-11.

落实作出综合评判,在保护数据权利的同时促进数据的流动,以完善数据产权体系建设。

四、健全数据产权刑事保护制度框架

从实践来看,行政处罚是保护数据权利的有效手段,行政和解协议则体现了企业与政府之间的柔性执法,体现出比私法、公法进路更加有效的监管路径。[①] 目前,我国数据权利保护存在刑法制裁与其他处罚不衔接的问题,需要完善行政处罚与刑事责任的衔接。数据权利在刑事领域的保护,应基于国家数据主权、企业数据权利以及个人数据权利构建三层法律保护模式。

国家数据主权层面,数据和数据交换中开放性、即时性等特点对数据安全提出了较传统市场要素更高的要求。在数据的流动特别是跨境流动中,数字霸权的隐忧使得国家安全面临着更大挑战,要严格把握网络安全法、数据安全法等法律为数据国家安全划定的红线,用好域外追责、刑事责任打击等规范跨境数据流动的司法武器。

从企业数据权利保护层面来看,主要表现在刑法第 219 条规定的侵犯商业秘密罪和第 185 条第 2 款规定的非法获取计算机信息系统数据罪等。随着平台经济模式的涌现,海量数据背后蕴含着巨大的商业价值。如果未经许可,利用算法或程序软件抓取其他主体的数据,进行价值变现,显然严重侵害了数据所有权人的利益,应当依法予以打击。

从个人数据权利保护层面来看,因为数据所包含用户的使用习惯、生活情况、通信隐私以及其他各种可以识别出个人身份的信息,所以需要法律予以保护。当然,对人格权的保护存在梯度,如果是侵犯少量的个人信息数据,构成民事领域的侵权纠纷;如果侵犯大量的个人信息数据,则构成侵害个人信息罪。

五、建立健全数据权益保护与反垄断平衡机制

数据所创造的巨大经济价值,无疑为数据的属性打下了鲜明的注解,数据作为财产权益自然应受到保护。问题是,置于互联网平台之中的用户数据应该如何进行权益分配与平衡?由此引出了数据在平台垄断中的地位问

---

①谭世贵、陆怡坤.优化营商环境视角下的企业合规问题研究[J].华南师范大学学报(社会科学版),2022(4):135-152.

题。互联网运营商掌握和处理相关数据的能力应纳入反垄断法意义上的确定市场支配地位分析框架,综合考虑垄断协议执行、滥用市场支配地位、经营者中心化等相关的数据因素。[①] 然而,数据归属问题的模糊性可能导致执法者在反垄断执法中对数据采取措施时陷入两难境地。由此可见,数据相关的反垄断问题离不开数据产权的确权及保护。

对于互联网平台而言,人格维度和安全维度的数据权是"绝对排他性"的,而财产维度的数据权是"相对排他性"的。也就是说,对于平台来说,数据的人身权利和安全权利是负担、义务和责任,而不是权利,而财产权益可以由平台和数据源共享。因此,平台经济反垄断执法首先要处理好数据安全和人格权益保护问题,然后从数据财产利用的角度规范平台经济企业的数据利用行为。

结合当前反垄断立法趋势以及传统反垄断法框架,建议构建用户数据权保护反垄断监管的双重路径,为数据权益反垄断治理活动提供明确指导。需要建立健全数据权益保护与反垄断平衡机制,解决数字平台双边市场的相关市场界定以及权衡数据隐私与其他利益之间的关系等问题。

---

①曾田.内容平台版权许可纵向限制的反垄断规制[J].知识产权,2022(10):102-126.

第三章　智能社交媒体算法专利与标准协同

第一节　社交媒体算法专利与标准协同关系概述

智能传播是人工智能技术背景下出现的新型传播现象。新技术在智能传播时代前所未有地影响着新媒体的发展。相较于传统大众传播方式,机器人写作、内容的算法分发、智能广告等智能化信息生产和传播方式促使信息传播流程全面再造,带来了传播主体和认知的双重变化。新技术影响着媒体发展,既可以直接影响传播形态,也可以间接影响传媒业态和媒介生态。在此过程中,媒体、用户与政府产生"权利—权力"博弈,资本和市场力量则起到了推波助澜的作用。① 当前,社交媒体深深地渗透到了人们的日常生活中。截至 2020 年 10 月,全球社交媒体用户总数已超过 40 亿。② 宏观层面的"地球村",正在借助边界可以无限扩展的比特连接,通过谷歌(Google)、微信(Wechat)、脸书(Facebook)、推特(Twitter)、YouTube 等数字平台,突破时空对信息传播的束缚和限制;微观层面,"媒介即讯息"。从大众传播领域扩展至组织传播、人际传播等范围更为广阔、层次更为深入的空间。以上这些社会进步,都离不开算法提供的技术支撑。

算法是智能传播时代的技术重点之一。计算科学将算法界定为对完成某项任务的方法的描述③。智能传播时代社交媒体高度依赖算法技术。可以说,算法技术创新为社会带来了全时空互联状态,本质上改变了社会发展

---

①程明,赵静宜. 论智能传播时代的传播主体与主体认知[J]. 新闻与传播评论,2020,73(1):11-18.

②We Are Social. Social Media Users Pass the 4 Billion Mark as Global Adoption Soars [EB/OL]. (2020-10-20) [2023-01-01]. https://wearesocial. com/blog/2020/10/social-media-users-pass-the-4-billion-mark-as-global-adoption-soars.

③Goffey A. Algorithm[M]//Fuller M. Software Studies:A Lexicon. Cambridge, MA:MIT Press,2008:15.

背景条件①,具有颠覆性潜力②。例如,算法通过大数据构建机器学习模型以及如何高效训练、评估、测试人工智能并解决人工智能应用的问题。③ 算法的出现,无论是以搜索引擎、推荐系统还是社交平台新闻流的形式,都将帮助我们管理数量爆炸的信息④。社交媒体平台正在不断地更新、调整算法,以满足受众的需求。据不完全统计,当前基于算法的个性化内容推送已占整个互联网信息内容分发的 70% 左右,在提供信息个性化定制的同时,对用户的浏览习惯在后台实施行为监测、特征画像和机器学习,并依托差异化算法进行智能推荐。⑤

　　正是因为看重算法技术不可取代的地位,部分头部社交媒体平台开展了激进的专利战略布局。从技术演进与专利申报速率之间的对比来看,社交媒体的算法专利的质量及规模目前可谓引人注目。在 2021 年 3 月 7 日检索到的我国公开及授权 4905 件社交媒体算法发明专利申请中,发现技术关键点集中于存储介质(181)、社交媒体(158)、电子设备(106)、用户界面(86)、社交网络(85)等主题,涵盖了数据、发现、治理、身份验证和修正,以及网络架构和隐私等架构环节。从推动全局技术创新与经济社会可持续发展的角度讲,在算法领域开展专利战略布局,旨在利用合理的激励手段,引导先进技术持有者建立去中心化的互联网社交生态系统。

　　本章站在可持续发展视角,以智能传播时代社交媒体算法专利与标准的协同为主题展开研究。首先,本章分析了智能传播时代,授予社交媒体算法专利权之后,相关权利人接下来的知识产权战略布局可能会对个人、产业竞争者以及社会公共利益造成一定的负面影响。其次,本章提出,智能算法专利技术发展与标准化轨迹呈现正相关性,算法标准应突破技术规范边界向社会治理规范延伸,社交媒体算法技术实现可持续发展的必要条件,是借助社会管理与公共服务标准作为指引。最后,本章从专利与标准协同发展

　　①黄柏恒.大数据时代下新的"个人决定"与"知情同意"[J].哲学分析,2017,8(6):101-111,193-194.
　　②Concil of Europe. Governing the Game Changer-Impacts of artificial intelligence development on human rights, democracy and the rule of law[R]. Helsinki, Finlanda Hall[EB/OL]. (2019-02-26)[2023-01-01]. https://www.coe.int/en/web/freedom-expression/aiconference2019.
　　③全国信息技术标准化技术委员会.中国电子技术标准化研究院.大数据标准化白皮书(2020版)[EB/OL].(2020-09-210)[2023-01-01]. http://www.cesi.cn/images/editor/20200921/20200921083434482.pdf:47.*
　　④卡尔提克·霍桑纳格.算法时代[M].蔡瑜,译.上海:文汇出版社,2020:39.
　　⑤马宁.人工智能、大数据与对外传播的创新发展[J].对外传播,2018(10):7-10,1.

的内涵、本质、宗旨以及愿景四个角度,指出专利与标准协同是社交媒体实现可持续发展的最优解。

第二节　社交媒体算法专利保护在公共利益面前陷入窘境

一、算法能否授予专利权曾受到技术性与社会性双重质疑

智能算法的可专利性问题一度对现行的专利法制度提出了挑战。智能算法对专利法区分抽象思想和具体技术方案来讲是个难题,[1]关于智能算法发明成为可专利性主题的障碍主要集中在法律要件与道德评判两个方面。一是法律要件障碍,即授予人工智能算法专利与"专利排除领域"中的"智力活动的规则和方法"的冲突和矛盾。人工智能算法看似与传统的数学算法一致而应当被视为"智力活动的规则和方法",又或视为"疾病诊断与治疗方法",其认为是对自然规律的反馈进而被排除于可专利主题之外。二是社会公共道德评判障碍,即如果实施算法专利,可能会对当前的社会公共秩序造成不利影响,毕竟人们印象中"理性""中立""客观"的算法决策在复杂情况下面对多元化社会价值判断时,可能会导致"算法歧视""算法黑箱",进而产生妨害公共利益的结果。[2]

然而,事情并非总是一成不变。基于前述所提及的激励创新之考虑,目前各国对智能算法专利授权态度趋于一致。例如在美国 1972 年的 Benson 案中,程序背后的算法尚被视为抽象思想。然而 2014 年美国 Alice 案所采用的"两步法"却成为判断含有算法的技术方案的可专利性的重要一环:第一步,专利权利要求是否指向自然规律、自然现象或者抽象概念;第二步,在第一步成立的条件下,判断该权利要求中的技术特征或者技术特征的组合是否足够"确保"该专利"远远超出"其所涉及的自然规律、自然现象或者抽象概念本身。又如欧洲专利局(EPO)在 2018 年公布的《人工智能与机器学习技术可专利性审查指南》中指出,单纯的算法不是专利权客体,只有在智能算法满足一定的技术特征,同时通过特定的技术手段来解决技术问题时,

---

[1] 孜里米拉·艾尼瓦尔,姚叶.人工智能技术对专利制度的挑战与应对[J].电子知识产权,2020(4):52-61.

[2] 蔡琳.智能算法专利保护的制度探索[J].西北工业大学学报(社会科学版),2019(3):103-111,3.

才能授予专利权。① 中国国家知识产权局在 2020 年修改的《专利审查指南》中指出,如果权利要求中除了算法特征之外,还包含了技术特征,那么该权利要求就整体而言并不是一种智力活动的规则和方法。这可以理解为将"算法"纳入了可专利主题。然而,这很难说不是考虑到对创造者经济利益激励的权益博弈结果。

智能算法技术以获得知识产权作为避免权益受损的屏障,产生诸多悖论。人工智能算法是指一种有限、确定、有效并适合计算机程序所采用的智慧处理器完成特定任务的一系列方法步骤。② 人类思想领域应该保持自由开放,专利法禁止对思想提供专利保护,是为了防止专利权人利用专利法限制他人的思想自由,从而保持专利法保护范围不过于宽广。③ 公众和学术界几乎没有机会接触到算法的创造者和方法,这些算法常常被故意掩盖以保护知识产权。④ 不可否认,自有互联网以来,人们更多的思考是如何借助互联网技术提高效率满足欲望,也对其带来的困扰、妨碍和伤害应对乏力,往往先发展后治理,致使出现乱象和痼疾,已经到了必须认真对待、深入探讨的时候了。

二、当前社交媒体算法专利技术布局存在法律及伦理风险

(一)社交媒体用户受困"信息茧房",遭算法歧视

算法技术在社交媒体中的作用体现为:将此前基于人力的"人找信息"转变成基于自动化运算的"信息找人",高效完成人和信息的匹配。以 Facebook 的 News Feed 算法⑤为例,它是一个持续改进的机器学习系统,通过专利权加持获得了惊人的控制力。Facebook 的专利表明,描述 News Feed 算法的程序模型并不简单。News Feed 算法不仅仅是一个有数千个输入的加权公式,而是一个不断更新的、个性化的机器学习模型,它会根据用

---

① 人民网. 欧盟专利局 EPO 发布 2018 版审查指南[EB/OL].(2018-12-07)[2023-01-01]. http:// ip. people. com. cn/n1/2018/1207/c179663-30448967. html.

② Swinson J. Copyright or Patent or Both:An Algorithmic Approach to Computer Software Protection[J]. Harvad Journal of Law & Technology,1991,5:145-214.

③ Chandler J P. Patent Protection of Computer Programs[J]. Minnesota Intellectual Property Review,2000,1(1):33-78.

④ Tufekci Z. Algorithmic Harms beyond Facebook and Google:Emergent Challenges of Computational Agency[J]. Journal on Telecommunication & High Technology Law,2015(13):203-217.

户的行为、用户所联系的人的行为以及系统判断所属的基于亲和力和个性的子用户组的行为,来更改和更新其输出,从而使得人与人之间的沟通变得越来越简单。① 人工智能针对算法的革命就在于对现有推荐系统的不断优化。一方面,考虑普遍相关性;另一方面,照顾个体差异,使用户有机会接触更多可能感兴趣的内容。②

算法汇集整理推送信息达到了便利高效的功能性目标,但是负面作用不容忽视。第一个负面作用的表现是评估用户经济状况。"一种社交媒体公开数据的用户经济状况画像方法"发明,通过从社交媒体中搜集大量的同一用户的多组公开身份特征属性信息,例如年龄、性别、职业和学历等,利用同一类型收入群体的身份特征属性一致性,挖掘分析用户的经济状况信息。第二个负面作用的表现是探测用户收入水平。例如,Facebook 在研发一种自动探测用户收入水平的系统专利。这项专利设计的是一种算法,有可能帮助 Facebook 提升自己的用户靶向能力,这样它就能够为用户提供更多的相关广告。通过预测用户的社会经济地位,Facebook 能够帮助第三方提供的内容传递给特定用户。第三方能够有效地推广它们的产品或者服务,让在线系统提供更吸引人的用户体验。更进一步地,算法的负面作用还表现为可以深度挖掘、暴露及利用隐性社会关系。"基于社交网络知识图谱的知识推理系统及方法"发明,其核心子算法模块包括频繁行为发现模块、收入水平发现模块、团体关键人物发现模块,模块相连,通过这些模块来发现社交网络知识图谱中需要的隐性关系。

算法推荐模式挑战了用户知情权、价值判断与选择权。算法在社交媒体中的运用使用户接收到的内容是被社交平台筛选过的,一定程度上替用户进行了信息选择,消解了用户的选择权,造成了封闭的"信息茧房"。一些算法推荐的内容过度强化用户偏好,影响了用户对信息内容的自主选择权,加剧"信息茧房"效应。当前社交媒体算法专利布局也有可能产生算法歧视。"算法""编程""大数据"等手段可以提高交易效率、节省中间成本,但也让动态定价机制和过程变得相对隐秘,消费者原有的生活经验、日常法则在

①DeVito M A. From Editors to Algorithms[EB/OL]. (2016-05-01)[2023-01-01]. https://socialmedia. soc. northwestern. edu/wp-content/uploads/2016/05/E2A_DJ_PREPRINT. pdf.

②Kunova M. The Times Employs an AI-powered "Digital Butler" JAMES to Serve Personalised News[EB/OL]. (2019-05-24)[2023-01-01]. https://www. journalism. co. uk/news/the-times-employs-an-ai-powered-digital-butler-james-to-serve-personalised-news/s2/a739273/.

这些操作面前渐渐被打破,传统的交易规则、商业伦理也随之悄然变化。智能传播算法实践证明,所谓的"算法中立"不过是人们对数据和技术的乌托邦想象。算法偏见的治理已经成为数字化社会中无法回避的显性议题。①

(二)社交媒体产业从业者因技术垄断受到排挤

利用算法形成技术垄断态势,不利于公平竞争。在数字产业领域,对市场的操控技术目前为止无法做到有效评估。网络效应的存在可能确实改变整个竞争格局,但是受网络效应影响的市场本身并不一定具有竞争力。尽管网络效应给公司带来很多的竞争优势,但网络效应会在企业争夺市场时带来激烈的影响。② 因为算法的优势在于分发效率,但若用户长期受算法分发信息的裹胁,反而会产生负面影响,从而降低对其他媒体尤其是主流媒体的信任感,影响其价值判断,进而影响其行为选择。

以谷歌公司的智能算法为例,2016 年 8 月,谷歌对 Dropout 算法提出了专利申请。2019 年 6 月,谷歌对 Dropout 算法提出的专利获得授权,将人工智能技术的专利保护问题推向高潮。③ 该专利提供了神经网络的结构图和训练流程图。谷歌在 Dropout 算法专利申请成功后还没有后续动作,该专利目前仍然处于免费状态,但是谷歌对业界的讨论并没有给出正面回应,深度学习开发者、AI 初创企业和 AI 科研机构等都仍旧面临谷歌对 Dropout 算法进行收费或者限制的风险。业界对谷歌申请 Dropout 专利主要存在两种意见。乐观者认为此次不是谷歌第一次进行基础算法的专利申请,并且谷歌没有对算法进行限制或者收费的先例,此次谷歌针对 Dropout 申请专利有较大概率是为了防止在进行技术开发中被其他公司起诉,是一种自我保护行为。悲观者认为谷歌对深度学习底层算法进行专利申请,握住了整个深度学习领域的命脉,所有 Dropout 算法使用者都面临卡脖子风险。④

更进一步讲,授予算法专利权,相当于制造了产业发展的技术鸿沟,致使社交媒体跨平台数据整合受阻。在预算有限的前提下,绝大多数的媒体

①郭小平,秦艺轩.解构智能传播的数据神话:算法偏见的成因与风险治理路径[J].现代传播(中国传媒大学学报),2019,41(9):19-24.

②第七届"知识产权、标准与反垄断法"国际研讨会会议综述(节选)[J].竞争政策研究,2019(1):5-16.

③Soni P. How is the Patent World Responding to the AI Revolution? [EB/OL]. (2019-04-29)[2023-01-01]. https://www. managingip. com/article/b1kbm2p8kcdy4y/how-is-the-patent-world-responding-to-the-ai-revolution.

④郑子亨.谷歌人工智能算法 Dropout 申请专利[N].中国计算机报,2019-07-29(14).

和广告投放方都难以忽视社交媒体平台的算法规则。准备从社交媒体营销中获利的媒体及企业如果只是按部就班地发布内容,很难在社交媒体上获得成功,因为大概只有 10％ 的受众有机会看到他们发布的帖子。Facebook、微博则不约而同地选择了用算法、机器学习来成为用户的信息管家,算法的介入也意味着,媒体不再"直达"订阅者,中间开始横亘着一个"流量分配者",也意味着媒体与受众的"失联"。

2020 年 11 月,国家市场监督管理总局发布的《关于平台经济领域的反垄断指南(征求意见稿)》规定,基于大数据和算法,根据交易相对人的支付能力、消费偏好、使用习惯等,实行差异性交易价格或者其他交易条件;对新老交易相对人实行差异性交易价格或者其他交易条件;实行差异性标准、规则、算法;实行差异性付款条件和交易方式等,都可能被认定为"大数据杀熟"等不正当竞争行为。这看似是对终端用户的保护性规定,然而从产业竞争者发展的视角讲,影响无疑也是巨大的。

(三)社交媒体对算法专利不当利用或导致社会极化撕裂

算法技术是多种技术的组合,其对智能传播时代社交媒体的作用力方向并不是完全同向度的。在最广义上,算法是基于特定的计算将输入数据转换为所需的输出的编码程序。[1] 智能传播以大数据为依托,将机器算法、数据挖掘、传感器等人工智能技术应用于信息的生产与传播,实现新闻生产的智能化与用户体验的个性化。[2] 算法的新闻判断遵循的是数学公式与机器程序,而不是人类编辑即时的主观判断,算法的新闻价值判断更加客观中立。基于大数据运行的算法技术提供了一种更高形式的智慧和知识,能够产生以前不可能有的洞见,带有真理、客观性和准确性的光环。[3] 然而算法的运行机制具有不可见性与不可解释性,被神化为一种强大的规则,通过分类、治理、塑造等对我们的生活产生控制力。[4]

算法专利中的技术目标对社会舆情走向已经具有了评估和引导作用。

---

① Tarleton G. The Relevance of Algorithms[C]// Tarleton G ,Pablo J B , Kirsten A F. Media Technologies. Cambridge, MA: The MIT Press, 2014:167.

② DeVito M A. From Editors to Algorithms [EB/OL]. (2016-05-01) [2023-01-01]. https://socialmedia. soc. northwestern. edu/wp-content/uploads/2016/05/E2A_DJ_PREPRINT.pdf.

③ Carlson M. Automating Judgment? Algorithmic Judgment, News Knowledge, and Journalistic Professionalism[J]. New Media ﹠ Society. 2018,20(5):1755-1772.

④ Ziewitz M. Special Issue Introduction: Governing Algorithms: Myth, Mess, and Methods[J]. Science, Technology, ﹠ Human Values,2016,41(1):3-16.

算法被看作与社会、技术相关的一种话语和知识文化,这涉及在算法结构中,信息如何生产出来、如何浮现在我们面前,以及我们如何来理解这些信息,这些信息是如何被看作合法的,又是如何被赋予公共意义的。① 社交媒体算法专利中,越来越多涉及主观情感考量因素。如在"一种互联网舆情分析方法及系统"发明专利,通过对微博中词语、表情和符号等进行情绪建模,通过情绪指数计算,可在微博中对社会公众热点事件的反应情势进行自动分类和有效监控,从而可有效地进行舆情风险评估,对过激事件进行防控。

　　算法偏见对社会舆论有重大影响。算法是定义明确的问题的通用解决方案。算法以编程语言呈现,并根据它们将已知输入信息元素稳定高效地转换为期望的结果。这最有力地证明了还原性、系统效率和便利性的实证主义价值观主导下算法的巨大作用潜力。② 根据 Gillespie 的说法,算法在技术上具有非人为干预的中立性,因此被认为是公正的。③ 在大众的想象中,算法应当是无偏见的,在摆脱了人为因素干扰之后,最终解决了新闻偏见问题。④ 然而有学者提出,算法虽然代表了一种新的媒体结构,就像旧的新闻体制一样,天然带有一套新的偏见。⑤ 与传统媒体不同的是,这些偏见并没有在互联网社交媒体中得到普遍认可。伴随传播权的下放和公众参与程度的提高、网络社群的聚集、信息体量的增长、社会化媒体的高度市场化等原因,以往深受大众媒体新闻选择原则所影响的议程环境,不仅其主导权受到制衡,而且将受到更多复杂因素的干扰。⑥

　　算法技术利用其可见性放大含有政治因素的话题标签或凭空创建政治话题来设定议程、制造共识。算法技术基于内容的过滤、协同过滤和时序流行度的过滤,向用户推荐有一定政治目的的信息组合,对虚假新闻、仇恨言

---

①Ananny M. Toward an Ethics of Algorithms: Convening, Observation, Probability, and Timeliness[J]. Science, Technology, & Human Values, 2016, 41(1):93-117.

②Galloway A R. Are Some Things Unrepresentable? [J]. Theory Culture & Society Explorations in Critical Social Science, 2012, 28(7/8):85-102.

③Tarleton G. The Relevance of Algorithms[C]// Tarleton G, Pablo J B, Kirsten A F. Media Technologies. Cambridge, MA: The MIT Press, 2014:181.

④Vallone R P, Lee R, Lepper M R. The Hostile Media Phenomenon: Biased Perception and Perceptions of Media Bias in Coverage of the Beirut Massacre[J]. Journal of Personality and Social Psychology, 1985, 49(3): 577-585.

⑤Napoli P M. Automated Media: An Institutional Theory Perspective on Algorithmic Media Production and Consumption[J]. Communication Theory, 2014, 24(3): 340-360.

⑥范红霞,孙金波.大数据时代算法偏见与数字魔咒——兼谈"信息茧房"的破局[J].中国出版,2019(10):60-63.

论的传播起到了助推作用。[1]

第三节　社交媒体算法持续优化需社会
管理与公共服务标准指引

一、智能算法专利技术发展与标准化轨迹呈现正相关性

算法标准化活动始终受到技术牵引。通过标准化，可以分析系统信息的透明性、活跃度、包容性、隐私性、安全性等，同时有助于建立政策制定者和行业之间的互信互认伙伴关系。

信息安全是目前标准化的主要考虑因素。几十年来，与人工智能算法有关的国际标准成功用于信息安全评估和风险管理。关于信息管理的 ISO/IEC 27000 系列就是一个典型的例子，它帮助组织管理其资产的安全性，如财务信息、知识产权、员工信息或第三方委托的信息等。标准有助于建立行业和政策制定者之间的伙伴关系，通过促进共同语言和解决方案来解决监管敏感信息所需的技术。标准还扮演了人工智能法律和法规的补充角色。标准将在编码工程最佳实践中发挥重要作用，以支持人工智能的开发和应用。

当前人们对算法标准化作用的认识，已经由其应保证网络基本安全上升到了促进建立社会信任机制的阶段。[2] 性能（效率性、可靠性）提升是算法标准化的另一个考虑因素，这离不开专利技术的支持。以视频压缩算法为例，由国际电联、国际标准化组织（ISO）和国际电工委员会（IEC）联手协作实现的标准化视频压缩算法，继续推动视频质量取得巨大飞跃。多功能视频编码（VVC）是视频编码界开展全球协作取得的成果，在视频压缩技术方面取得了重大进展。多功能视频编码（VVC）不仅仅是另一种压缩标准。它的多功能性来自将成熟的和新颖的技术元素结合在一起。该设计经过了各种可能的应用案例的严格测试。《信息技术　ASN.1 的一般应用　第 2 部分：快速 Web 服务》（ISO/IEC 24824-2-2006 Information Technology—Generic Applications of ASN.1：Fast Web Services—Part2），规定了支持使用快速

---

①陈昌凤，师文. 个性化新闻推荐算法的技术解读与价值探讨[J]. 中国编辑，2018(10)：9-14.
②Naden C. It's All about Trust[EB/OL]. (2019-11-11)[2023-01-01]. https://www. iso. org/news/ref2452. html.

Web 服务的消息和编码,以及此类服务的描述方法。人工智能是一项复杂的技术,人工智能的标准应该提供透明的工具和一种通用的语言,可以定义风险以及管理风险的方法。

2018 年 7 月,中国首个人工智能深度学习算法标准《人工智能深度学习算法评估规范》正式发布。基于深度学习算法可靠性的内外部影响考虑,结合用户实际的应用场景,标准给出了一套深度学习算法的可靠性评估指标体系,包括:算法功能实现的正确性、代码实现的正确性、目标函数的影响、训练数据的影响、对抗性样本的影响、软件平台依赖的影响和环境数据的影响。其目标是发现深度学习算法中影响算法可靠性的因素,并给出提高算法可靠性的活动建议,从而缩短深度学习算法研发周期,提高深度学习算法的可靠性,最终目的是提高基于深度学习算法开发的软件系统的质量。

二、人们对社交媒体算法专利与标准关系存在认知偏差

标准化是矫正与固化技术未来发展路径的最佳选择之一。标准化与技术发展有互动效应,具体表现为以下两种模式:一是以技术发展促进标准化,二是以标准化促进技术发展。前者技术发展促进标准化的模式是在技术相对成熟后,将技术固化为标准。标准化前技术发展的技术固化不能仅仅记录现有的技术水平,还需要对已有的技术进行分析优化,凝练成高于现有技术水平的标准,然后标准化才能起到固化、升级和指导作用。而后者标准化促进技术发展的模式,可以应用到技术系统的统一化、系列化、模块化设计,合理划分产品的功能模块,确定产品通用组件、系列组件、模块之间的兼容关系,以最小的规格和变化,覆盖最大的产品使用场景和性能要求。

目前媒体算法专利与标准关系认知仍有一定偏差,在社交媒体算法应用领域尤其明显。计算机硬件一旦注入程式运行,就变成了活的机器。[1] 社交媒体平台运作既需要借助技术手段实现基础硬件设备设施的安全稳定与便捷高效,又需要有足够完善的规则体系保障技术进步带来的权益,更需要从本体论角度出发,实现对人的终极关怀。智能算法标准化应用于社交媒体这一细分领域,除了安全、稳定、性能因素之外,还要考虑用户的心理、伦理道德等更多因素。但现在一些算法设计呈现出的人与机器的关系是单向

---

①Newell A. ACM Turing Award Lectures[J]// Computer Science as Empirical Inquiry:Symbols and Search. Communications of the ACM,2007(10). 1145-1283.

的。比如在大数据方面,迷信相关分析,忽略因果分析。应该在算法技术内讲价值伦理,把人之为人的一面当作技术本身来考虑,倡导企业在商业行为中履行社会责任,在创建具有"价值杠杆"①的系统时,用户可以使用这些杠杆来制定设计师认为可以接受和期望的应用程序。与"美德方法"类似,这种方法将设计师和他或她的环境作为分析的主要单位,追踪伦理如何不是从正式标准或广泛的制度模式,而是从技术人员自己的价值观和选择中产生的。②

标准与专利在社交媒体算法演进过程中,专利无疑扮演了先行者的角色,正如前述所说的牵引效应。然而,如果标准的规制力量无法延伸至算法专利所主导的社交媒体应用全局领域,那么就会彻底沦为算法专利技术发展的次级附庸工具,对算法专利化带来的负面影响起不到缓冲作用。当前,算法也在使用所提供的标准中确定什么信息选项与受众和值得了解的"相关"。③ 更进一步来看,标准发挥的作用还应该更大。

三、算法标准应突破技术规范边界向社会治理规范延伸

标准化须顾及除信息安全、性能提升之外更加广阔的社会公共秩序范畴。社会治理是国际标准化组织(ISO)近年来大力推动的一个崭新的工作领域。充分发挥标准在规范社会治理方面的作用,要求我们超越传统的标准化工作领域,重新认识标准化的作用。从规范社会治理的高度看,传统标准化工作领域无一不与规范社会治理密切相关。事实上,技术伦理是由制度化的规范、专业文化、技术能力、社会实践和个人决策等因素综合而成的。④ 任何领域的伦理探究都不是一种需要通过的考验,也不是一种需要拷问的文化,而是一种复杂的社会文化成就。⑤ 它需要预测社会技术系统设

---

①Shilton K. Value Levers:Building Ethics into Design[J]. Science, Technology, and Human Values,2012,38(3):374-397.

②Ananny M. Toward an Ethics of Algorithms:Convening, Observation, Probability, and Timeliness[J]. Science, Technology, & Human Values , 2016, 41(1):93-117.

③Tufekci Z. Algorithmic Harms beyond Facebook and Google:Emergent Challenges of Computational Agency[J]. Journal on Telecommunication & High Technology Law, 2015(13): 203-217.

④本报评论员. 从规范社会治理的高度认识标准化的作用[N]. 中国质量报,2016-09-14(01).

⑤Christians C G, Glasser T L, McQuail D, et al. White. Normative Theories of the Media[M]. Urbana:University of Illinois Press,2009:12.

计、解释、使用、部署和价值的交叉点等前置要素[①]，并构建应有的伦理框架。[②]

技术与社会的影响是双向的。[③] 以往社会公共治理的方式方法是采用法律制度以及社会伦理道德规范。现在信息技术足够发达，可以将其应用于社会管理了。而标准为我们提供了实现这一目标的途径。[④] 功能强大的社交媒体改变了以及正在改变着人们的理解认知系统，重塑了人们价值意识建构的方式与内容。新媒体发展方向最终应该是促进人类的发展，社交媒体应为人的全面自由发展提供条件和环境。

社交媒体的价值正在从内容托管和移除转向推荐算法，用来吸引人们的注意力，这导致人们将注意力聚焦于易引发争议的内容和对话上。有社交媒体平台正开发一个用于社交媒体的开放以及去中心化标准，这意味着平台将致力构建可促进健康对话的开放推荐算法，用户将有权访问和参与更大范围的共同对话组。[⑤]

算法标准应达到或接近技术法规的治理效度，最好的方式是部分内容实现互融。技术法规是政府文件的一种，它规定了产品特性、相关过程和生产方法，包括适用的行政管理规定。技术法规包括：专有的术语、符号和标志、包装、标记的要求，并适用于产品、过程和生产方法。[⑥] 技术法规具有强制性，它和标准是相互依靠、不可分割的两个方面。技术内容通过标准表达，标准借助于法规发挥作用，两者为实现国家政策目标和需求共同发挥作用。[⑦] 在社会管理与公共服务标准研制主体中，政府管理部门可以作为参与

---

①Marres N. The Issues Deserve More Credit：Pragmatist Contributions to the Study of Public Involvement in Controversy[J]. Social Studies of Science，2007，37(5)：759-780.

②Mike Ananny M. Toward an Ethics of Algorithms：Convening，Observation，Probability，and Timeliness[J]. Science，Technology，& Human Values，2016，41(1)：93-117.

③南希·K. 拜厄姆. 交往在云端：数字时代的人际关系[M]. 2版. 董晨宇，唐悦哲，译. 北京：中国人民大学出版社，2020：45.

④Naden C. It's All about Trust[EB/OL].（2019-11-11）[2023-01-01]. https://www.iso.org/news/ref2452.html.

⑤Duffy K. Twitter Still Wants to Create Its Decentralized Social Media System[EB/OL].（2021-02-01）[2023-01-01]. https://www.businessinsider.com/jack-dorsey-twitter-ceo-bluesky-decentralized-social-media-network-bitcoin-2021-2.

⑥陈燕申，赵一新. 标准与技术法规的关系及在国家治理中的作用探讨——来自于美国的法规启示[J]. 中国标准化，2020(9)：221-226.

⑦刘春青. 技术法规与自愿性标准的融合——美国政府高度重视利用标准化成果的启示[J]. 世界标准化与质量管理，2008(10)：16-19.

方,将部分不适宜在技术法规中体现的内容通过民主协商的形式,融合到标准中去,进而有效降低法规及政策执行带来的试错成本。在技术含量高、发展灵活度大的社交媒体领域,标准与技术法规互融,政府以指南性文件的方式进行治理,是比较稳健的方式。

第四节 专利与标准协同作为社交媒体实现可持续发展的解决方案

一、社交媒体算法专利与标准协同的双重含义

社交媒体算法专利与标准协同,包括主体协作与客体互嵌互融双重含义。在智能传播时代,社交媒体算法专利与标准协同发展的本质,既包括专利权人和标准研制者的协作关系与联盟组织建设,也包括专利和标准作为客体的互相嵌合。实践证明,标准化促进技术发展的模式对产业发展的助益通常要大于技术发展促进标准化模式。当然,只要特定领域的标准化与先进有效技术思想发展相一致,那么不论是先标准化还是后标准化,标准化在优化技术发展过程中都是发挥着重要的正向优化作用的。①

社交媒体算法专利与标准协同,是基于权利主体真实意思表达的前端协作活动。从现代哲学到后现代哲学,人类主体性展现出对立与统一、强化与消解的认知矛盾。在现代哲学的理论视野中,有关主体性的探讨在二元对立式的本质主义论述中展开,研究问题聚焦在主体性内涵与主体性表现两个维度②。产业技术标准联盟是企业之间进行对外战略合作的新型组织形式,是知识产权与标准结合的重要载体。互联网颠覆了传统制造业生态链,未来企业之间的竞争,关键在于建立跨界商业生态竞合关系。③ 其中,专利与标准是促进企业之间携手构建"创新生态系统"的一前一后两个实际抓手。

专利与标准需要实现互嵌互融,促成社交媒体基础性算法规则的这一技术语言的统一。从发生学上来讲,标准规范首先是因应科学和技术发展的需要而产生的,治理社会的功用较弱,而专利制度作为法律制度的一种,

---

①麦绿波.标准化学——标准化的科学理论[M].北京:科学出版社,2017:30.
②埃德蒙德·胡塞尔.生活世界现象学[M].倪梁康,张廷国,译.上海:上海译文出版社,2005:199.
③喻晓马,程宇宁,喻卫东.互联网生态:重构商业规则[M].北京:中国人民大学出版社,2016:2-3.

其调整权利与义务的规范性作用的意味要重很多。标准的规范性仍只存在于科学和技术层面上,也就是说标准属于单纯的技术规范。① 技术是对现象的有目的编程,是在概念和物理形态中将有目的需求与可开发现象连接起来的过程。技术的最基本结构,包含一个用来执行基本功能的主集成和一套支持这一集成的次集成。技术在常规发展时期主要是外围组合体的不断改良,只有主要组合体发生变革时,技术才会出现革命性变化,而主要组合体的变革需要基本原理的更新。②

二、社交媒体算法专利与标准协同应对智能传播所需

算法目前被赋予了新的社会意义并不是简单地加速商业、新闻、金融或其他领域的发展——它们是一种同时具有社会性和技术性的知识话语和文化,构建了信息的产生、呈现、理解,被视为合法的以及被赋予公共意义的方式。③ 算法只在人与人之间的关系中才具有道德意义,算法代码的"黑匣子"④呈现于人的交往行为中并无直接意义。⑤ 社交媒体算法专利与标准协同是标准必要专利制度应对智能传播之所需。

标准必要专利制度为社交媒体算法专利与标准协同提供了良好的规则蓝本。必要专利,是指在标准中无其他非专利技术可以代替的专利,必要专利往往体现为发明专利。具体来说,该专利技术必须与标准所适用的某种产品或生产方法有直接联系,然而由于技术路线的单一性,导致必要专利技术在该技术标准领域处于不可或缺的地位,没有其他非专利技术能够将其替代,只有认定为必要专利的技术才能纳入技术标准。⑥ 标准化组织对待专利的态度经历了由排斥到接受的转变。国际标准化组织早期的总体态度是

---

①柳经纬.标准的规范性与规范效力——基于标准著作权保护问题的视角[J].法学,2014(8):98-104.

②布莱恩·阿瑟(Brian Arthur).技术的本质[M].杭州:浙江人民出版社,2014:53.

③Striphas T. Algorithmic Culture[J]. European Journal of Cultural Studies,2015,18(4/5):395-412.

④Pinch T J, Bijker W E. The Social Construction of Facts and Artefacts:Or How the Sociology of Science and the Sociology of Technology Might Benefit Each Other[J]. Social Studies of Science 1984,14(3):399-441.

⑤Ananny M. Toward an Ethics of Algorithms:Convening, Observation, Probability, and Timeliness[J]. Science, Technology, & Human Values , 2016,41(1):93-117.

⑥Anthony S F. Antitrust and Intellectual Property Law:From Adversaries to Partners[J]. AIPLA Quarterly Journal, 2000, 28(1):3-28.

建议在技术标准中使用非专利技术,这么做的理由是如果标准中所包含的技术为专利权所覆盖,那么就不可避免地涉及诸多与标准适用无关的额外问题,包括授权许可谈判、技术价值评估、费用支付方式、侵权风险、专利无效风险等。①

但是,随着高技术产业特别是信息技术产业的发展,技术密集导致了专利密集,标准化组织及企业在制修订标准时越来越难以在标准文本中回避专利技术。基于此,各标准化组织对将专利纳入标准的态度逐步转变,最终允许将必要的专利纳入标准。例如,根据国际标准化组织 ISO/IEC 的专利政策,如果技术考虑是合理的,国际标准可以包括专利和类似权利,这在原则上是可以接受的。⑭ 欧洲标准化委员会(CEN)和欧洲电工标准化委员会(CENELEC)的知识产权政策原则上不因技术原因反对在标准中使用专利。⑮ 根据美国国家标准协会的《基本要求:美国国家标准公正程序要求》,如果从技术上证明标准的制修订将牵涉专利技术的话,那么原则上,标准提案不排除在其起草中包含相关专利。⑯

三、专利与标准协同应促成缔结智能传播时代新型社会契约

在现代社会,系统性的创新活动已经由以往的封闭模式无可争议地进入了开放模式。② 打破原有组织边界,与创新网络互动的直接目的,是提高创新效率。③ 为避免在开放过程中内部知识泄露削弱创新收益的风险问题,企业会将创新成果知识产权化并强化对知识产权的创造、运用和组织能力。④ 社交媒体平台改变了内容生产和传播的方式,同时出现了谣言和虚假新闻的泛滥,社会言论分化的问题;推荐算法提升了内容分发的效率,同时造成了信息获取过窄、内容低俗化的现象,这些都是互联网技术在带给我们便利之外出现的新的问题和新的挑战。面对谣言、虚假新闻等问题,世界各大互联网平台各自均有所行动,把平台治理和社会责任放到一个很重要的位置看待。例如,Facebook 通过智能算法对虚假新闻造谣网站进行识别,对

---

①董颖.数字空间的反共用问题[J].电子知识产权,2001,(12):38-40.

②Chesbrough H. Open Innovation: The New Imperative for Creating and Profiting from Technology [M]. Boston:Harvard Business School Publishing Corporation, 2003:1-3.

③Barney J. Firm Resources and Competitive Advantage[J]. Journal of Management, 1991, 17(1):99-120.

④潘李鹏."开放驱动,还是技术决定?"——开放度、技术水平对知识产权能力与企业成长的调节作用研究[J].浙江社会科学,2016(10):81-87,157.

内容用"disputed flags"方式进行标注。[1] 谷歌为打击假新闻,重写搜索排名算法,把具备误导性、虚假和令人反感的文章进行排名降级等。[2] 这些做法值得借鉴与推广。

然而需要强调的是,社交媒体维护信息真实、自由而高效传播的状态仅靠各自为战并不能真正解决问题,而是需要进一步深度合作。专利和标准协同,旨在弥合社交媒体运营者之间及其与普通用户关系的裂隙。平台算法通过量化评估和工具理性,使内容生产者让渡自身的主体性和创造性,以进入平台所主导的注意力经济逻辑之中。社交媒体间顺利进行"技术对话"的基本要求就是统一的技术标准,而通行于全世界的标准并非一蹴而就,其生命力的本源,在于开放、兼容,以及持续改进,标准化战略深入推进需要开放式合作创新。[3]

对智能算法的认识,要超越单纯的传播内容探讨,建立将算法作为社会领域支配性力量来理解的宏观思维框架。[4] 当今智能算法不仅仅是为了服务受众,而是意欲建立虚拟社交社区;不再是吸引注意力,而是使内容更具对话性;它的最终目的是用更坦白的方法参与用户的社交活动。算法社会结构转型的特殊性在于,所有围绕算法进行的协作都是社会再现,未来的方向掌握在每一个积极的主体手中。[5] 个性化信息是算法赋予的,但是信息中附加的价值观却具有社会共性。因此,纠正某些算法推荐运行主体——网络平台的价值观偏误是亟待解决的重点问题,引导社交媒体正视技术的不足、把社会责任意识贯穿于运营活动的全过程确有必要。

四、社交媒体算法专利与标准协同须着眼于完善全球一体化社会公共治理

社交媒体需要全球化社会公共治理理念介入。从算法对社交媒体产业发展的影响来看,技术决定论是正确的,除非存在一种比现存技术作用更深

---

①Lyons T. Replacing Disputed Flags with Related Articles[EB/OL]. (2017-12-20)[2023-01-01]. https://about. fb. com/news/2017/12/news-feed-fyi-updates-in-our-fight-against-misinformation/.

②Calfas J. Google Is Changing Its Search Algorithm to Combat Fake News[EB/OL]. (2017-04-25)[2023-01-01]. https://fortune. com/2017/04/25/google-search-algorithm-fake-news/.

③安佰生. 标准化中的知识产权问题:认知、制度与策略[J]. 科技进步与对策,2012,29(5):101-103.

④翟秀凤. 创意劳动抑或算法规训?——探析智能化传播对网络内容生产者的影响[J]. 新闻记者,2019(10):4-11.

⑤方师师."算法要向善"选择背后的伦理博弈[J]. 青年记者,2020(36):4-5.

远的公共控制理论。[①] 全球化促推建立的"全球公私伙伴关系"和"跨国政策网络",使全球和区域范围内的治理政策与以民族国家为中心的治理政策并存。[②] 公共政策不再是国家的"囚徒",而是延伸到由国际机构扮演主要角色的全球公共空间,治理不仅是政府的主场,而且演变成企业、非政府组织、国际机构等组成的跨国社会网络的战略互动。[③]

开放式引入更多的利益相关方参与规则的制定和流程的设置,再也不是锦上添花,不是表面文章,而是必由之路。[④] 算法推荐之外必须有正向价值导向,推荐算法中增加权威媒体的权重,同时对热门传播内容加入人工审核,可以解决推荐算法带来的问题。第四次工业革命将催生系统性变革,但它能够在多大程度上产生持续性影响是我们必须正视和回答的问题。[⑤] 否则,科学技术创新和作用的逻辑将会断裂。由此我们认为,社交媒体算法技术规范应与全球社会责任建立起紧密关联关系。

①Heilbroner R L. Do Machines Make History? [J]. Technology and Culture,2009(8):97-106.

②Stone D. Global Public Policy,Transnational Policy Communities and their Networks[J]. The Policy Studies Journal,2008(1):19-38.

③Pérez B A. The Study of Public Administration in Times of Global Interpenetration:A Historical Rationale for a Theoretical Model[J]. Journal of Public Administration Research and Theory,1997(7):615-638.

④方兴东.社交媒体治理需突破"囚徒困境"[J].新闻战线,2018(9):123.

⑤施瓦布.第四次工业革命[M].北京:中信出版社,2016:11.

第四章　算法时代垄断协议制度挑战与解释

第一节　垄断协议制度概述

一、基本概念的厘清

提高商品价格是经营者为了实现利润最大化而通常采用的手段,但商品价格受到市场竞争的限制。为了消除市场竞争的影响,经营者之间可能会出现超竞争价格均衡的情况。在竞争市场中,这种均衡通常通过经营者之间的价格(或产量)垄断协议来实现。

垄断协议是指排除、限制竞争的协议、决议或者其他协同行为,除法定例外情形外,被明文禁止;[①]其中,协议或者决定可以是书面、口头等形式,而其他协同行为是指经营者之间虽未明确订立协议或者决定,但实质上存在协调一致的行为。[②]

但是,在寡占市场中,除了垄断协议外,超竞争价格均衡也可能是经营者独立决策的结果。由于寡占市场中,经营者在制定价格和产量时相互依存,每个经营者会将其他竞争者可能采取的应对措施作为自身理性决策的参考因素,从而导致在缺少垄断协议的情况下,仍形成超竞争价格均衡,此即合法的默示合谋。垄断协议与默示合谋的区别在于:前者是经营者通过协议、决议或协同行为进行相互沟通和意思联络而达成商品定价[③];后者则是经营者在利益最大化的目标下,预测其他竞争者可能采取的价格策略后,

---

①《反垄断法》第 13 条和第 15 条。

②《禁止垄断协议暂行规定》(2019)第 5 条。

③ Garrod L, Olczak M. Explicit vs Tacit Collusion:The Effects of Firm Numbers and Asymmetries [J]. International Journal of Industrial Organization,2018,56(1):1-25.

作出的独立的商业判断,并不存在相互沟通或意思联络。①

需要强调的是,经营者之间为实现超竞争价格而采取的任何形式的协调或协议被统称为合谋。② 分为明示合谋和默示合谋。从经济学的角度来看,明示合谋与默示合谋均会在寡占市场中通过协调而取代竞争,从而导致超竞争价格的出现,两者区别仅在于:前者是经营者通过明示协议维持的反竞争行为,后者则是经营者通过相互依存而非明示协议实施的反竞争协调方式。相较于垄断协议制度将经营者之间是否存在垄断协议这一合谋形式作为违法性的认定标准,经济学并不强调合谋的达成形式,而仅关注合谋的市场结果——超竞争价格。

二、寡占协同理论

面对寡占市场中的超竞争价格,现行垄断协议制度以人类对信息收集与分析能力的有限性为假定前提,认定经营者无法在竞争市场中对市场变化作出迅速反应,法律措施主要关注如何阻止经营者之间垄断协议的达成与背叛惩罚机制的实施,例如对经营者约定的针对背叛行为的惩罚约定不予执行,或者通过宽恕政策,破坏竞争者之间的信任。在众多手段中,垄断协议制度最为主要的措施是禁止经营者之间达成阻碍竞争的垄断协议。垄断协议制度的这一解决思路同佐治亚·斯蒂格勒的寡占协同理论思路类似。

斯蒂格勒对寡占协同(即合谋)的出现提出了三项前提性条件。③ 一是经营者之间对商品价格、商品质量或数量等决策内容达成合意,从而促使经营者之间放弃竞争,达成对所有竞争者均有利的超竞争价格。二是由于寡占市场中参与约定的经营者,存在违反约定的动机,以低于约定的价格出售产品,追求获得更大利润,因此需要经营者能够迅速发现其他竞争者的偏离行为,否则将无法维持寡占协同的稳定性。三是对偏离行为应存在相应可靠的惩罚机制,对偏离行为产生有效的阻碍作用。在斯蒂格勒的研究基础

---

① Turner D F. The Definition of Agreement under the Sherman Act[J]. Harvard Law Review, 1962,75(4):655-706.

② Organisation for Economic Cooperation and Development (OECD). Algorithms and Collusion: Competition Policy in the Digital Age[EB/OL]. (2017-09-14)[2023-01-01]. http://www.oecd.org/competition/algorithms-collusion-competition-policy-in-the-digital-age.htm.

③ Stigler G J. A Theory of Oligopoly[J]. Journal of Political Economy, 1964,72(1):44-61.

上，经济学学者提出了第四项前提，即应存在较高的市场准入门槛，否则将导致潜在竞争者轻易进入市场，打破寡占经营者所达成的超竞争约定。

寡占市场中，一旦经营者采用了偏离手段，降低商品价格扩大销售量，将对其他经营者的销售量产生较大影响，导致其他经营者将很容易发现这一偏离行为，进而采取惩罚措施作为回应。因此，经营者的商业决策（如商品价格或产量）虽然属于其自身的独立判断，但在作出该判断之前，势必需要考量其他竞争对手对该商业决策的预期反应，从而形成了相互依存的关系。[1]由此可见，寡占性市场结构是默示合谋存在的客观前提。

三、默示合谋

（一）特纳与波斯纳的理论之争

默示合谋本身并非法律概念，多为经济学学者用来描述经营者在寡占市场中，经其独立的价格决策所导致的超竞争价格均衡。我国法院将这一现象称为跟随行为，而欧美法院称其为"有意识的平行行为"[2]或"平行行为"。[3]

无论是通过明示合谋或是独立商业决策下的默示合谋，最终结果均可能出现商品价格的超竞争价格均衡。尽管构建寡占理论的博弈论对经营者采取的是明示还是默示的方式并未加以区分。[4]法学学者对默示合谋是否违法，却存在着不同的看法。

关于寡占市场中合谋行为违法性的讨论，源于特纳与波斯纳对美国谢尔曼法第1条适用范围的争论。[5]美国《谢尔曼法案》第1条中规定，限制交易或商业活动的合同、联合或通谋均属违法。特纳在其1962年发表的论文中认为[6]，在寡占市场中，每个经营者在制定价格与产量以实现利益最大化

①Turner D F. The Definition of Agreement under the Sherman Act[J]. Harvard Law Review, 1962,75(4):655-706.

②Brooke Group Ltd. v. Brown & Williamson Tobacco Corp. , 509 U. S. 209 (1993).

③Joint Cases 89/85 Ect, Ahlström Oy v. Commission (Wood Pulp II) [1993] E. C. R. II-1307.

④Hovenkamp H. Federal Antitrust Policy：The Law of Competition and Its Practice[M]. Saint Paul, MN：West Group, 2011:179-182.

⑤Hovenkamp H. Federal Antitrust Policy：The Law of Competition and Its Practice[M]. Saint Paul, MN：West Group, 2011:ch. 4; Posner R A. Oligopolistic Pricing Suits, the Sherman Act, and Economic Welfare：A Reply to Professor Markovits[J]. Stanford Law Review, 1976, 28(5):903-914.

⑥Turner D F. The Definition of Agreement under the Sherman Act[J]. Harvard Law Review, 1962, 75(4):655-706.

时,都应预估到其他竞争者对其自身计划的应对。寡占市场中的依存行为是经营者不可避免的理性行为,而超竞争价格的出现亦是市场结构所导致的。因此,《谢尔曼法案》第 1 条所规定的价格协议无法予以适用。与之相对,波斯纳则认为两者均属于《谢尔曼法案》第 1 条所禁止的协议①,因为经营者在两种情况下均存在意思联络或者相互理解,尽管寡占性依存在外观上并不符合沟通的形式要件。明示合谋与默示合谋之间的区别仅在于证据而已,相较于明示合谋通过明示的证据即可证明,默示合谋则需要通过经济性证据。尽管波斯纳随后改变了他的看法②,但卡佩罗则在波斯纳观点的基础之上,对寡占市场中的合谋予以进一步分析。按照他的观点,应该将寡占企业的行为分为独立行为、依存行为与明示约定,而依存行为属于《谢尔曼法案》第 1 条的适用范围。③

(二)司法裁判

从司法判决的角度来看,特纳所主张的默示合谋合法的观点被我国法院采纳。④ 协议和决议所需要的明确的证据在现实中并不多见,更多的是需要通过间接证据证明的协同行为。寡占市场中的经营者即使达成价格垄断协议,通常也不会采取签订协议等明示方式,从而导致原告无法有效证明垄断协议的存在。经营者可能会主张其定价行为仅是基于对竞争者的预估而作出的独立的决策判断,竞争者此时的依存行为并不属于《反垄断法》第 13 条第 2 款所禁止的垄断协议。

在具体案件中,若仅存在超竞争的寡占性价格这一客观事实,却没有其他间接证据证明协同行为的存在,则法院将会依照特纳所主张的观点,认为默示合谋本身并不违法。例如,在上海海基业高科技有限公司等与安徽省工商行政管理局等二审行政判决书中⑤,法院判定,"跟随行为,是指市场主体根据竞争对手的市场行为,在特定竞争条件下为适应竞争环境的变化,后续采取的相同或者相似的策略性应对措施。在一个相对稳定的市场环境

---

① Posner R A. Antitrust Law[M]. Chicago:The University of Chicago Press,2001:94.

② Posner R A. Review of Kaplow, Competition Policy and Price Fixing[J]. Antitrust Law Journal,2014,79(2):761-768.

③ Kaplow L. Competition Policy and Price Fixing[M]. Princeton:Princeton University Press,2013:276-285.

④ 北京市第二中级人民法院行政判决书(2018)京 02 行终 82 号。

⑤ 北京市第二中级人民法院行政判决书(2018)京 02 行终 82 号。

中,占主导地位的市场主体往往会应经营环境的变化率先采取主动性市场行为,而其他市场主体基于稳定竞争环境的需要以及自身利益最大化考量,也随之采取相同或者相似的市场行为,这种表面看似相同或相似的行为实际上属于跟随行为,是正常市场竞争过程的自然反映,亦不宜将其纳入《中华人民共和国反垄断法》范畴进行规制。"

对于默示合谋合法性的理解,欧盟法院的相关判例给我们提供了更多的分析范本。《欧盟运行条约》第 101 条第 1 款规定,经营者之间的协议、决议或协同行为,若其目的或结果将阻碍、限制或干扰市场竞争,则属违法。面对默示合谋,欧洲法院与欧盟委员会均认为该行为本身并不构成《欧盟运行条约》第 101 条第 1 款中的协同行为而被禁止。在 Dyestuffs 一案中,欧盟法院判定,尽管平行行为(即默示合谋)本身并非协同行为,但是其可能是证明协同行为的重要证据。[1] 欧洲法院在随后的 Woodpulp II 一案中则强调,只有在协同行为是发生平行行为唯一的合理解释时,方可推定存在违反第 101 条的协同行为。[2]

四、协同行为:垄断协议和默示合谋界分难题

垄断协议和默示合谋界分的法律确认,远不是问题的终点,而更类似于举证难题的开端。现实商业活动中,在明确的协议、决议与默示合谋之间,存在着灰色地带,即当寡占市场中出现超竞争价格时,没有形式上明确的证据证明协议和决议的存在,但经营者所采取的亦并非合法的默示合谋,而是在经营者之间可能存在协同行为,用以提高合谋结果的可能性。

我国《禁止垄断协议暂行规定》(2019)第 6 条规定"其他协同行为"——实质上存在协调一致的行为——的考量因素主要包括一致性市场行为、意思联络或者信息交流、对一致性市场行为的合理解释以及相关市场的市场结构、竞争状况、市场变化等情况。《禁止垄断协议暂行规定》(2019)第 6 条的规定与《反价格垄断规定》(2010)中的相关规定类似。在上海海基业高科技有限公司等与安徽省工商行政管理局等二审行政判决书中[3],法院在《禁止垄断协议暂行规定》第 6 条的基础上,将协同行为的认定标准和考量因素

---

[1] Case 48/69,ICI v. Commission (Dyestuffs) [1972] E. C. R. 619.

[2] Cases C-89/85 etc A Ahlström Oy v Commission [1993] ECR I-1307,[1993] E. C. R. I-1307,para. 71.

[3] 北京市第二中级人民法院行政判决书(2018)京 02 行终 82 号。

概括为五点,并进行了进一步解释。第一,"是否符合达成垄断协议行为的主体要件",即垄断协议系在两个或者两个以上有竞争关系的经营者之间达成。第二,"客观上经营者之间是否存在一致性市场行为",法院认为,相互竞争的市场主体同时或者相继作出相同的市场行为,是协同行为的基本外在特征。

经营者之间的外在市场行为表现出相同性,是发现协同行为的基本前提和初步证据。认定一致性市场行为,应当注意以下基本条件:一是行为的同时性,二是行为的相同性。其中,"相同"应当作广义理解,既包括完全相同,也包括基本相同或者相似。三是"主观上经营者之间是否进行过意思联络或者信息交流"。法院认为,协同行为与协议、决定的区别之一在于行为人之间合意形成的过程及形式不同,而任何合意的形成,必然依赖一定形式的意思联络。四是被告"经营者能否对一致性行为作出合理解释",例如该一致性行为是否属于默示合谋。五是"相关市场的结构情况、竞争状况、市场变化情况、行业情况"等市场因素。

我国《反垄断法》下的协同行为概念与欧美法下的协同行为、默示协议、附加因素和辅助行为概念,除在举证责任配置上存在较大差异外,并无本质性区别。具体而言,从定义上看,协同行为概念与默示协议概念[1]并无本质性差异,均指涉经营者之间虽未明确订立协议或者决定,但实质上存在协调一致的行为;从目的上看,这些概念均为了界定与合法的默示合谋相区别的、未明确订立协议或者决定的垄断协议;从构成要件上看,这些概念均强调信息交流或者意思联络这一主观要件、与信息交流相一致的外部市场行为这一客观要件以及市场因素要件;从功能上看,附加因素概念和辅助行为概念作为证据,用以间接证明协调一致的行为(即协同行为或默示协议)的存在。因此,欧美法中对这些概念的理解与司法适用对解释和分析我国《反垄断法》中的协同行为构成要件具有重要的借鉴意义。

欧盟法院在 T-Mobile 一案中[2],就很好地概括了我国上述认定协同行为的考量因素:平行行为的独立性要件并不剥夺经营者回应其竞争对手的现有或预期行为的权利,但是,如果经营者之间的任何直接或间接的接触,

[1]Bell Atlantic Corp. v. Twombly, 550 U. S. 544 (2007).
[2]Case C-8/08, T-Mobile Netherlands Bv, Kpn Mobile Nv, Orange Nederland Nv and Vodafone Libertel Nv v. Raad Van Bestuurvan De Nederlandse Mededingingsautoriteit〔2009〕E. C. R. I-4529, para. 33.

可能影响其实际或潜在竞争者在市场上的行为,或向他们披露其关于自身行为的决定或意图,如果这种接触的目的或效果是创造不符合有关市场正常条件的竞争条件,同时考虑到所提供的产品或服务的性质、所涉企业的规模和数量以及该市场的规模,那么这种接触将为法律所严格禁止。

就美国法而言,威廉姆·裴矩在总结美国司法判例的基础上主张默示协议包含两部分,即竞争者通过信息交流以传递实施协调一致的行为(即协同行为)的意图,以及竞争者的外在行为与信息交流内容一致,但无须就协调一致的行为作出明确承诺。① 此外,此种信息交流须缺乏竞争效率上的合法性理由。如何证明默示协议的存在,从而与合法的默示合谋相区别,促使美国法院不得不通过"附加因素"证据加以间接证明。附加因素是指"仅与协同行为相一致的证据,即协同行为范畴的证据,而非独立行为范畴的证据"。② 附加因素作为间接证据,主要涉及两个方面,即"被告的行为与其经济利益相悖,并且存在签订默示协议的动机"。③ 其背后的法律逻辑在于在特定的市场条件下,若不存在默示协议,则平行行为不太可能出现,因而若出现平行行为,则可间接推断存在默示协议。附加因素就是证明这特定的市场条件的环境性证据。

除了附加因素外,美国还使用辅助行为这一概念,指寡占市场中,介于明示协议与默示合谋之间,有助于降低市场不确定性以及更为有效地协调彼此行为的企业行为。在大多数的情况下,美国将辅助行为视作附加因素的一种子概念,作为垄断协议存在的间接证据。其背后的法理逻辑在于辅助行为是使得市场条件变得更易于协调的可避免的行为。若非为了促进竞争,经营者不会实施此种行为,除非作为间接的信息交流的媒介,以相互释放实施协调一致的行为的意图信号。辅助行为包括两种类型:信息交流和激励管理。④ 信息交流通过降低关于竞争者行为和意图的不确定性来促进协调,例如分享关于实际销售量和成本的信息可能会帮助竞争者判断降价

①Page W. Tacit Agreement Under Section 1 of the Sherman Act[J]. Antitrust Law Journal,2017,81:593-639.

②Page W. Communication and Concerted Action[J]. Loyola University Chicago Law Journal,2007,38(1):405-460.

③Petruzzi's Iga Supermarkets, Inc. v. Darling-Delaware Co., 998 F. 2d 1224, 1242 (3rd Cir. 1993).

④Page W. Tacit Agreement Under Section 1 of the Sherman Act[J]. Antitrust Law Journal,2017,81:593-639.

是否意味着背叛;而激励管理改变企业回报结构,从而影响降价动机,例如企业公布其价格不会高于竞争者的最低价,这意味着其释放了支持协调的即时价格匹配信息。

第二节 算法时代垄断协议制度面临的挑战

一、算法促使垄断协议更易达成

算法技术的广泛应用可能导致采用算法定价的经营者之间更容易实现超竞争价格的均衡,这是因为算法克服了人类行为模式下合谋达成所需要的前提条件。[1] 依照前述寡占协同理论的观点,超竞争价格均衡实现的第一项前提,是寡占经营者之间就价格相关信息达成共识。通过算法,人类拥有了以往无可比拟的信息收集与分析能力,甚至在产品之间存在差异的市场中,仍可以有效解决协同问题。经营者利用算法可以不间断地收集信息,而无需经营者之间主动交流信息或达成共识,同时借助强大的分析能力,对市场的变化迅速作出调整,促使新的寡占协调可以在短时间内完成。算法毫无偏好的特性,使得决策更为理性,脱离了人类的内疚厌恶,促使寡占合作更为稳定。[2]

寡占协同理论的第二项前提,是经营者能够快速发现其他竞争者的偏离行为。对于人类而言,只有在经营者数量较少、市场集中度高的寡占市场中,人类才能在一定时间内,通过销售量较大程度上的变化而意识到偏离行为的出现。但由于算法强大的信息收集和分析能力,可以通过销售量上细微的变化,敏锐地发现价格偏离,大大降低了时间间隔。[3]

寡占协同理论的第三项前提,是针对经营者的偏离行为应存在有效的惩罚机制。现行法律对经营者之间的此类约定不予执行,同时通过减免罚金等形式,破坏经营者之间的信任。但算法却可以促使威胁机制有效实现,

---

[1] Organisation for Economic Cooperation and Development(OECD). Algorithms and Collusion: Competition Policy in the Digital Age[EB/OL]. (2017-09-14)[2023-01-01]. https://www.oecd.org/daf/competition/Algorithms-and-colllusion-competition-policy-in-the-digital-age.pdf:7.

[2] Mehra S K. Antitrust and the Robo-Seller Competition in the Time of Algorithms[J]. Minnesota Law Review. 2016,100:1323-1375.

[3] Ezrachi A and Stucke M E. Artificial Intelligence & Collusion: When Computers Inhibit Competition[J]. University of Illinois Law Review,2017,5:1775-1810.

通过程序的编入，直接执行惩罚机制，降低经营者偏离行为的动机，促进寡占经营者之间的信任。①

寡占协同的第四项前提，为高市场进入障碍。因为算法可以迅速而准确地获取市场新进入者的价格等相关信息，并及时调整价格作为回应，从而降低潜在竞争者进入市场的动力，迫使小型企业亦放弃进入市场，此时的算法本身便是小型企业进入市场的障碍。此外，算法软件、数据挖掘以及算法物理基础设施的高额成本，也将是小企业进入相关市场的障碍。②

需要指出的是，目前关于机器学习算法之间能否达成垄断协议，在学术界上仍存在争论。从现有的实证研究来看，算法相对简单、参数较少、条件被限定，实现垄断协议的可能性更高。③ 而作为达成垄断协议的手段——沟通，能否在算法之间发生，目前的研究仍处在初期阶段。现有实证研究表明，能够产生沟通的多为同一算法④，或是算法本身具有特殊的旨在实现沟通的设计。⑤

二、算法工具论受到挑战

传统观点将计算机软件视为使用者的工具⑥，而既有垄断协议制度对算法也秉持着这一立法思路。使用算法时，从目标的设置、信息的输入、分析软件的编程，都体现了人类对算法的控制。因此，将算法作为使用者实现自身意图的工具显得顺理成章。但算法科技的高速发展却导致将算法作为工具的观点逐渐显现出局限性。

首先，随着算法技术的不断发展，机器学习算法（尤其是深度学习算法）的运行在一定程度上摆脱了使用者的控制，在实现使用者设定目标的同时，会产生不为使用者所能预测和控制的其他结果。从技术层面上看，无论是

①Mehra S K. Antitrust and the Robo-Seller Competition in the Time of Algorithms[J]. Minnesota Law Review. 2016,100:1323-1375.

②Radinsky K. Data Monopolists Like Google Are Threatening the Economy[EBOL]. (2015-03-02)[2023-01-05]. https://hbr.org/2015/03/data-monopolists-like-google-arethreatening-the-economy.

③Leibo J Z, Zambaldi V, Lanctot M, Marecki J and Graepel T. Multi-Agent Reinforcement Learning in Sequential Social Dilemmas arXiv e-prints[EB/OL]. (2017-02-10)[2023-01-06]. https://arxiv.org/pdf/1702.03037.pdf.

④Sukhbaatar S, Szlam A and Fergus R. Learning Multiagent Communication with Backpropagation[EB/OL]. (2016-05-25)[2023-01-05]. https://arxiv.org/pdf/1605.07736.pdf.

⑤Crandall, J. W., Oudah, M., Tennom et al. Cooperating with machines[J]. Nature Communication, 2018, 233(9):1-12. Samuel Barrett, Avi Rosenfeld, Sarit Kraus, & Peter Ston, Making Friends on the Fly: Cooperating with New Teammates[J]. Artificial Intelligence, 2017,242(1):132-171.

⑥Sommer J H. Against Cyberlaw[J]. Berkeley Technology Law Journal,2000,15(3):1145-1232.

传统机器学习算法还是深度学习算法,都存在着人类无法准确了解与预测的元素——黑盒。① 虽然人类对黑盒并非全然无知,在弱黑盒的情况下,人类可以事后通过对人工智能的输出进行逆向工程,以确定人工智能所考虑的变量的重要性,进而对算法如何决策,进行有限且不精确的预测。② 但面对强黑盒,人类很难解释:(1)人工智能的决策或预测流程;(2)对人工智能决策具有重要意义的信息的选择机制;以及(3)人工智能按照重要性对变量处理的排序。③ 对于使用者和设计者而言,黑盒的运行如同他人的思考一样,无法对其加以准确推知。有学者将算法层面中打开黑盒的难度比喻成在神经科学中厘清人类大脑网络。④ 黑盒的存在势必导致使用者在使用机器学习算法时,无法有效控制由此产生的全部结果,也很难通过事后逆向推论(至少在强黑盒的情况下)来认定使用者的主观意图。

其次,我国立法者在制定《反垄断法》时,以人类行为作为模板,由于人类行为受到其自身理性与能力的限制,因此立法者在制定法律条文时,通常不会设想人类无法实现的情况。然而,算法强大的信息收集、分析能力,却可能促使超出人类能力范畴的客观事实的发生,而大数据时代亦促使这一假设变得更为可能。⑤ 以垄断协议制度的核心概念"信息"为例,达成垄断协议的决策以掌握相关必需的信息为前提。人类对信息的收集能力相对有限,这也是建立在大数据基础上的算法技术超越人类能力的原因。人类有限的分析能力,导致面对众多参数的选择以及分析处理,无法作出准确的决策,即使作出了决策,往往因为决策过程过长,导致相关信息丧失了时效性,从而影响决策的效果。与之相对,计算机强大的信息收集、存储能力,为迅速而准确作出决策提供了必备条件。⑥ 算法可以在既有数据基础上,不间断对信息予以及时更新。借助于存储能力的不断提高,所收集的信息在理论

①Bathaee Y. The Artificial Intelligence Black Box and the Failure of Intent and Causation[J]. Harvard Journal of Law & Technology,2018,31(2):889-938.

②Bathaee Y. The Artificial Intelligence Black Box and the Failure of Intent and Causation[J]. Harvard Journal of Law & Technology,2018,31(2):889-938.

③Bathaee Y. The Artificial Intelligence Black Box and the Failure of Intent and Causation[J]. Harvard Journal of Law & Technology,2018,31(2):889-938.

④Castelvecchi D. Can We Open the Black Box of AI? [J]. Nature, 2016,538:20-23.

⑤Heaton J. Iran Goodfellow, Yoshua Bengio, and Aaron Courville: Deep Learning[J]. Genet Program Evolvable Machines, 2018,19:305-307.

⑥Ezrachi A,Stucke M E. Artificial Intelligence & Collusion: When Computers Inhibit Competition [J]. University of Illinois Law Review, 2017,5:1775-1810.

上不存在任何存储能力上的界限。[①]同时,算法借助其强大的信息分析以及迅速反应能力,将可能促使人类获悉以前难以获得的信息,并予以缜密的客观分析。

三、算法使法律概念的既有解释出现问题

算法时代来临之前,依照主体行为而推断其意图的基本原则并无不妥,但机器学习算法,尤其是深度学习的使用,却动摇了这一以人类行为规则作为基础的立法模式,使得垄断协议制度的一些核心法律概念的传统解释,在适用于算法时出现困难。困难之处在于,一些既有法律概念和假定与数字世界的运行方式不匹配,而这些法律概念和假定是为人类互动而设计的。

目前对(非法的)垄断协议的法律规制方面,主要关注经营者为了协调而使用的信息交流手段。当信息交流手段革新时,信息交流概念以及其上位概念——协同行为概念——的传统解释可能不再有效覆盖对消费者福利有害的行为。如上文所述,信息交流的传统解释是指经营者之间的直接或间接的接触,例如分享关于实际销售量和成本的信息,而机器学习算法可以毫无间断收集信息,而无需经营者之间主动交流信息,造成既有解释的适用困境。

此外,达成垄断协议需要意思联络,而在深度学习算法的场景中,深度学习算法自主达成协调,并没有字面意义上的经营者之间的"意思联络",它的决策基于给定的输入,包括其他人的预期和实际反应,这突破了垄断协议制度对"意思联络"概念的传统理解。

第三节　垄断协议制度的再解释

一、算法工具论、算法类型和算法证明力

(一)算法工具论

解释论的前提是算法工具论。面对机器学习算法对垄断协议制度的冲击,本书主张将算法作为经营者的工具,算法合法性的判断仍回到现有的制度框架。

---

① Ezrachi A ,Stucke M E. Artificial Intelligence & Collusion: When Computers Inhibit Competition [J]. University of Illinois Law Review, 2017,5:1775-1810.

首先,法律条文中通常使用"人"这一概念作为主体的名称,并以自然人作为"人"的原型,当然这并不意味着两者外延完全重合。立法者基于现实需要的考虑,同样会将客观世界中的非人类实体拟制为法律上的人,作为主体加以规定(如《反垄断法》所规定的经营者)。就客观世界在法律主体认定上的影响,从法律本体论的角度来看,存在着两种对立的观点:法律中的"人"应是法律本身的创设,并不存在于法律体系之外,抑或是法律本身并不创设主体,而仅能确定哪些社会性事实符合其需要。[①] 是否将客观世界中的非人类作为法律上的主体,立者考量更多的是实践需求而非概念。算法能否被赋予主体性,实质上是在既有的人类社会秩序中对算法的未来角色予以定位,主要衡量依据是算法本身的物理特性以及调整算法同人类之间关系的社会性需求。在可预见的未来,算法独立于人类的物理特性以及与人类之间的社会关系的复杂程度远尚未达到需要立法拟制算法的主体性的程度。

其次,算法工具属性,源于哲学理论中对主体道德性的强调,借以将人同其他事物加以区别,从而引发伦理学中对人这一概念的讨论,强调在法律与道德层面上,人是应受尊重的主体。[②] 从伦理学角度来看,人作为主体的根本原因在于其有能力产生主观意图。康德将理性作为人的构成要素[③],洛克认为人是自身在不同时间和环境下能够思考的事物,而只有同思考无法分割的意识才能实现这一情况,这对人而言是不可缺少的。[④]

最后,机器学习算法的物理属性导致经营者的控制减弱,针对合谋违法性的判断,应根据机器学习算法的具体运行机制加以具体分析。若机器学习算法因人为因素的干预而在一定程度上具有可控性,经营者可以予以事先判断,则是实现其合谋意图的工具,反之,若经营者对算法运行无法产生任何影响,最终结果不具可预测性,甚至同经营者最初的使用目的无关,无法从机器学习算法中推导出经营者存在合谋意图,只能认定相关行为是垄断协议制度所允许的默示合谋,而应通过其他法律制度、技术性或者市场性

---

①Chopra S, White L F. A Legal Theory for Autonomous Artificial Agents[M]. Ann Arbor, MI: University of Michigan Press, 2011:153.

②Chopra S, White L F. A Legal Theory for Autonomous Artificial Agents[M]. Ann Arbor, MI: University of Michigan Press, 2011:171.

③Kant I. Groundwork of the Metaphysics of Morals[M]. Cambridge: Cambridge University Press, 2012:1-13.

④Locke J. An Essay Concerning Human Understanding[M]. Oxford:Clarendon Press,1975.

制度对其予以调整。[①]

（二）算法类型

为了法律解释需要,将算法简单区分为非机器学习算法、简单机器学习算法和深度学习算法。同非机器学习算法相比,机器学习算法赋予计算机在没有明确编程的情形下学习的能力。其中,简单机器学习算法如逻辑回归对给定数据的表示方式具有较强的依赖性,因为这一算法可以学习信息(或称"特征")与不同结果之间的关联性,但却无法决定如何提取这些特征。

对此解决之道则是利用机器学习在发现特征与结果之间关联性之外,发现表示方式本身,这就是机器学习中的表示学习算法。[②] 由于用来表示数据的变量众多,因此学习如何解构这些变量便成为最大的挑战,而深度学习算法则被用来解决这一问题,使得计算机可以通过较为简单的概念构建复杂的概念,通过简单的表示来表达较为复杂的表示,从而实现对数据的准确表示。[③]

（三）算法证明力

算法自身无法直接证明经营者具有达成超竞争价格的主观意图。虽然经济学家和立法者对默示合谋采取了不同的态度,但均承认默示合谋在寡占市场中可能导致超竞争价格均衡,无论经营者是否使用算法。这就意味着,法院和反垄断法监管机关无法证明在寡占性市场中,算法定价与超竞争价格的出现之间存在必然联系,进而无法通过算法定价本身证明寡占经营者具有达成超竞争价格协议的主观意图。

这一结论同样可以从算法技术性特征方面得出,有别于其他算法可以根据算法程序的设计,逆向推出经营者之间是否存在合谋意图或作为间接证据,机器学习算法因为黑盒的存在,导致无法直接推导出机器学习算法的运行结果——超竞争价格均衡同经营者主观意图之间的逻辑联系。此外,基于前述算法实现合谋的技术层面的不确定性,即使经营者通过使用机器学习算法达成了超竞争价格均衡,亦不能直接认定使用算法的经营者可以

---

①Organisation for Economic Cooperation and Development（OECD）. Algorithms and Collusion：Competition Policy in the Digital Age［EB/OL］.（2017-09-14）［2023-01-01］. www. oecd. org/competition/algorithms-collusion-competition-policy-in-the-digital-age. htm.

②Heaton J. Ian Goodfellow, Yoshua Bengio, and Aaron Courville：Deep Learning[J]. Genet Program Evolvable Machines，2018,19；305-307.

③Heaton J. Ian Goodfellow, Yoshua Bengio, and Aaron Courville：Deep learning[J]. Genet Program Evolvable Machines，2018,19；305-307.

预见均衡的发生。

二、算法合谋解释规则

反垄断法的立法者采用了包括自然人和企业在内的"经营者"(如我国《反垄断法》)或"人"这一概念。同时,通过代理理论,将企业通过代理人(包括董事、高管、员工、控股股东等)而实施的行为视为企业自身的行为。基于这一理论,经营者"代理人"之间达成的垄断协议被视为经营者之间的垄断协议,而相应的法律后果亦应由经营者来承担。对经营者垄断协议的判定以合谋意图为构成要件,即无合谋意图则无垄断协议。鉴于意图属于内在意思,难以直接认定,需要借由外在行为方可证明。垄断协议制度及其司法实践基于这一立法模式,将违法的垄断协议与合法的默示合谋予以二分。在具体案件中,垄断协议制度的司法适用借助观察经营者的外在行为来判断是否存在合谋意图。这些外在行为可以是明示的协议、决议,也可以是协同行为。至于具体的实现方式,是经营者之间的直接沟通,或是通过特定的程序设计将算法作为合谋工具,在所不惜。

算法时代,算法具有多重功能,而其中很多功能能够增进消费者福利,例如提高市场透明度、增进效率、提高产品质量以及降低成本,所以需要在算法促进合谋的功能与促进竞争、增进消费者福利的效果之间寻求平衡,而我国现行垄断协议制度的基本框架基本能够满足此需求。依据《反垄断法》第 13 条和第 15 条,禁止经营者通过算法技术,达成固定或者变更商品价格的垄断协议,除非经营者能够证明算法技术能够提高产品质量、降低成本、增进效率,并且垄断协议不会严重限制相关市场的竞争,且能够使消费者分享由此产生的利益。针对通过算法技术形成的价格垄断协议,根据《禁止垄断协议暂行规定》(2019)第 6 条有关协同行为构成要件,进一步界分违法的价格垄断协议和合法的默示合谋。但是,由于算法促使垄断协议更易达成,经营者在证明算法技术不会严重限制竞争方面,则较传统情形更为困难。

就论证流程而言,算法或是作为既有垄断协议的实施工具(如非机器学习算法),进而直接违反反垄断法禁止性规定,或是经营者将其垄断协议的意图以编码的形式置入算法程序中(如简单机器学习算法),通过算法信息交互模式推导合谋意图,进而认定构成协同行为,又或是虽然程序中无法直接推断出经营者的垄断协议意图(如深度学习算法),但根据其对算法软件与数据等参数的选择,可作为证明垄断协议存在的间接证据。若上述客观行为均不存在,则应进一步判断经营者是否存在违背自身利益的情况,例如特定算法的使用是否是可避免的,或者是否是促进竞争所必需的。若无法判定存在利益冲突,则应认定经营者主观上不存在合谋意图,经营者亦因缺少垄断协议的主观意图而不应受到反垄断法的惩罚。具体而言,应考虑以下几方面因素。

一是看是否存在协议执行算法。协议执行算法是经营者在达成垄断协议之后,为了执行垄断协议而开发并采用的算法。由于在使用该算法前,经营者之间已有签订协议、达成决议或者实施协同行为,因此,可以直接适用现行垄断协议相关规定。

二是通过算法信息交互模式推导合谋意图。工具作为主体实现目的方式,受到主体的控制,仅是主体在自身物理躯体无法完成任务时,作为躯体的延展。工具自身无法产生主观意识,法律条文若以主观意图作为违法构成要件,基于工具被主体控制的属性,可以通过考察工具的具体设计、使用方法、使用范畴等方面推导出主体的主观意图。作为工具的算法不具主体属性,自然不可能存在主观性合谋意图,应依据算法的具体信息交互模式,推导出经营者是否具有合谋意图。例如,信号算法是通过发送和接收信号,实现垄断协议的达成。[1] 经营者在向其他经营者不间断地发送信号的同时,亦持续性监测其他竞争对手的信号,直至所有经营者由此达成协议,确定价格。这一算法作为经营者使用的工具,体现了经营者实现价格垄断协议的主观意图,故而违反了垄断协议禁止性规定。再例如,跟随性算法中,市场领导者的算法先预测并设定一个合谋价格,随后,该定价算法收集其他竞争者的市场定价,对其他经营者的价格偏离行为采取价格惩罚,以打击或者威慑不愿合谋的竞争者。[2] 市场领导者的算法设计中包括价格战这一惩罚机制,这也是寡占协同理论主张超竞争价格形成的前提之一。可以认为,惩罚机制的存在意味着市场领导者具有订立价格垄断协议的意图,从而适用垄断协议制度的规定。值得注意的是跟随者的情形。在寡占市场中,其他经营者跟随价格领导者的行为,通常被视为是对市场客观情况的合理回

---

①Organisation for Economic Cooperation and Development (OECD). Algorithms and Collusion: Competition Policy in the Digital Age[EB/OL]. (2017-09-14)[2023-01-01]. www. oecd. org/competition/algorithms-collusion-competition-policy-in-the-digital-age. htm.

②Organisation for Economic Cooperation and Development (OECD). Algorithms and Collusion: Competition Policy in the Digital Age[EB/OL]. (2017-09-14)[2023-01-01]. www. oecd. org/competition/algorithms-collusion-competition-policy-in-the-digital-age. htm.

应——默示合谋,使得使用该定价算法的跟随者不能直接被认定为违反反垄断法,而需要借由其他间接证据加以确认是否存在垄断协议。

三是观察是否存在作为间接证据的技术性要素,特别是相似数据和相似算法程序。经营者在使用机器学习算法进行定价时,需要输入大量的相关信息,并经过算法软件的计算而获得利润最大化的价格。算法定价的流程主要包括信息输入、分析以及最后决策的作出,其中信息包括内部的企业信息与外部的市场信息,这些信息可以由经营者提供,或者通过算法在市场中自行收集,尤其是对实时数据的获取,利用这些信息,算法根据其自身被设置的程序,自行得出商品价格。[①] 在此过程中,输入的信息与算法软件的选择对结果至关重要。相似的数据与相似的算法程序将很可能导致相近的结果,即合谋结果的出现。例如,在使用算法时,由于从零开始训练具有较大的难度。[②] 深度网络神经需要大量的标签训练数据,同时对计算机的运算以及存储资源要求较高,否则训练过程将极其漫长。此外,由于存在过度拟合与聚合的问题,需要进行重复性的调整,以确保神经各层的速度相似。为了节省这一过程,目前被公认的方法则是选择预训练,作为交换学习的基础。[③] 依照上述技术性流程,当出现稳定的超竞争价格时,若监管者发现经营者所使用的原始数据或预训练存在较强的相似性,则有理由怀疑经营者之间存在达成垄断协议的故意。当然,数据或预训练等技术性要素的相似性不能作为直接证据,因为存在数据的购买源于同一数据供应商或是使用的算法软件源于同一开源供应商的情况。

四是判断不同经营者在使用算法时,是否存在违背自身利益的情况。若存在更好的算法软件、数据源、案例分析等要素,而经营者却选择较差的相近的要素,或者采取的方式使得其他经营者更容易观察其算法与数据,或是锁定算法而不去改变等情况,则可作为间接证据认定经营者之间存在垄断协议。

---

① Verdugo C G. Horizontal Restraint Regulations in the EU and the US in the Era of Algorithmic Tacit Collusion[J]. Journal of Law and Jurisprudence, 2018, 7(1):114-141.

② Erhan D, Manzagol P-A, Bengio Y, Bengio S, et al. The Difficulty of Training Deep Architectures and the Effect of Unsupervised Pre-Training[J]. Journal of Machine Learning Research-Proceedings Track, 2009, 5(1):153-160.

③ Razavian A S, Azizpour H, Sullivan J, et al. CNN Features Off-the-shelf: An Astounding Baseline for Recognition[J]. Computer Vision and Pattern Recognition Workshops (CVPRW), IEEE, 2014:512-519.

第五章　NFT 数字藏品交易的侵权法律问题

第一节　NFT 数字藏品侵权法律问题概述

互联网源于 1969 年美国国防部委托开发的 ARPANET，是政府主导的由物理线路和通信协议组成的互联网络系统。20 世纪 90 年代，商业化 Web1.0 启动，本质上是带有可点击的超链接和基本网页的文件和应用平台，可以看成是传统报刊电子化，用户只是单向度服务接受者，对作品的创造、控制、管理、收益等权益均归服务者。随着智能移动终端和 App 的普及，在 21 世纪中期 Web2.0 时代开启。基于平台的移动互联网服务成为主流，具体表现为社交网络、O2O 服务、手机游戏、短视频、应用分发和互联网金融等。用户在平台上提供内容、贡献数据，但数据由平台汇总、受平台控制，产生了诸多用户数据、行为及活动的信息孤岛。

目前 Web2.0 正处于鼎盛繁荣时期，推动着"桌面互联网—移动互联网—智能互联网"的飞跃式发展进程。在 2008 年比特币白皮书[①]发布后，Web3.0 应运而生。Web3.0 最早由以太坊联合创始人、Polkadot 创始人 Gavin Wood 在 2014 年一篇关于《去中心化互联网将带来的突破》博文中提出，是一组包容性协议，复刻了 Web1.0 去中心化基础架构，结合了 Web2.0 交互体验，以用户为中心，利用区块链分布式账本技术，发证方、持证方和验证方之间可以端到端地传递信息，允许人们在不需要第三方主机的情况下存储和交换有价值的信息。

非同质通证(Non-Fungible Token, NFT)兴起是 Web3.0 引人注目的创新。自业界实践观之，广义上的非同质通证包括基于任意技术路线形成

[①] Nakamoto S. Bitcoin：A Peer-to-Peer Electronic Cash System[EB/OL].（2008-01-01）[2023-01-08]，https://bitcoin.org/en/bitcoin-paper.

的带有特殊可追溯标记的区块链数字通证,其技术路线可以是染色币(Colored Coins)或基于 ERC-721、ERC-1155 等标准的以太坊智能合约;狭义上的非同质通证则仅指基于以太坊智能合约及相关标准形成的带有特殊可追溯标记的数字通证。NFT 可以用来标记特定数字内容的区块链上的元数据,其与存储在网络中某个位置的某个数字文件具有唯一的且永恒不变的指向性。NFT 能够映射到特定资产,包括数字资产如游戏皮肤、装备、虚拟地块等,甚至实体资产,理论上可以做到"万物皆可 NFT"。

就目前技术和市场环境来看,最适合通过 NFT 发行、交易的标的物是"数字作品"。NFT 记录数字作品文件的数据特征,还可以与区块链上的智能合约相关联记录初始发行者、发行日期及每一次流转的相关信息,与数字作品存在唯一绑定关系。NFT 的不可改变性和标识性使其具有可证明的稀有性,成为基于独特身份认证的价值载体。NFT 本身不能直接转变为画面等可感知形式。然而当一件数字作品复制件以 NFT 形式存在于交易平台上时,就被特定化为一个具体的"数字商品",呈现一定的投资和收藏价值属性。NFT 技术的应用迅速激起了艺术收藏市场及文化娱乐行业的热情:美国艺术家 Mike Winkelmann 的数字艺术品"Everyday:The First 5000 Days"以近 7000 万美元价格成交;一条 5 个英文单词的推特卖出 290 万美元;一个表情包卖出 58 万美元。这一系列不可思议的事件将 NFT 引入了社会公众视野。当下的 NFT 数字作品交易市场已经非常庞大,仅 OpenSea 一家 2021 年的总交易量就达到了 140 亿美元。NFT 还被视为"元宇宙"基础性技术,被寄予无限憧憬与想象空间。①

本书结合近年来全球范围内发生的典型案例,以 NFT 数字作品版权面临的若干关键问题为中心展开论述。本书认为,从目前出现的 NFT 版权侵权纠纷来看,NFT 对现有版权秩序的冲击是系统性的,版权制度需要依据利益平衡的理论思想,进行重新审视与改革。NFT 数字作品作者拥有信息网络传播权,权利穷竭原则对 NFT 作品版权难以适用,创作者将作品 NFT 化的激励机制很大程度上取决于其有权持续获得转售收益。NFT 数字作品铸造者、NFT 数字作品服务平台在避免版权侵权及责任认定方面应承担相对更重的法律义务,NFT 版权侵权救济途径与以往版权侵权(包括 Web2.0 及之前的互联网侵权)相比也掺杂了更多技术性要素。因此,应审

①苏宇.非同质通证的法律性质与风险治理[J].东方法学,2022(2):58-69.

慎对待 NFT 数字作品版权侵权问题,做好 NFT 数字作品知识产权风险治理。

第二节　元宇宙引发的著作权问题

一、在元宇宙场域下如何看待 NFT 作品著作权

元宇宙作为互联网应用形态和社会组织新型形态概念,打破了空间的有限性和时间的线性,实现了货币、环境和时间等信息从异度空间到同度异构空间的映射。在虚实交互的元宇宙世界中,数字资产的价值交换成为迫切需要,非同质化代币的 DeFi 生态,能够为元宇宙提供一整套高效的金融系统。元宇宙的经济可持续性和增值性发展将主要来自数字资产确权、流转和交易的全过程,而在此过程中,非同质化代币所构建的经济价值生态和运行体系可以实现在异度空间中的经济互通价值。同时,通过"代币—非同质化代币—资金"的货币转换和价值交易体系,在完善数字资产管理的同时,在一定程度上完成虚实交互的经济运作闭环。

NFT 的物理本质是机器生成的一组数据。此类数据"实质上是一组权利束,它并非一项简单的物权、知识产权或某一种新型财产性权利,而是一种涉及多个主体的权利集合"。① NFT 数字作品只有在元宇宙的场域下才能展现其真正的价值。或者说,数字作品如果只在非元宇宙场域中谈,那么它充其量不过是电子作品的改良版本,关于电子作品的现行法可以解决大部分疑惑。在可预见的未来,我们的生活元宇宙化,在元宇宙场域中的作品均是基于区块链技术的 NFT 数字作品。在那样的 Web3.0 时代,版权法的核心制度就应顺应 NFT 数字作品的技术特征进行全面改革,而不是以特例性的思路忽略大规模修法的必要性。

NFT 数字作品可以视为元宇宙产业的发展起点。在现行法律框架下,由于没有有形载体,元宇宙场景下所有交易均会被统一划入信息网络传播行为,这就意味着元宇宙下购买者的二次销售行为仍然处于著作权人专有权利的控制下。而这一点与目前行业力图培养的"元宇宙是虚拟现实的心智"存在一定的偏差,与用户已经习惯的现实交易环境也有着巨大的差异。

---

①李晓宇.智能数字化下机器生成数据权益的法律属性[J].北方法学,2021,15(2):44-53.

对于元宇宙环境下的此类行为,可能需要通过默示许可来解决,但考虑到知识产权以明示许可为原则、默示许可为例外的特点,是否以及如何适用默示许可,有待进一步讨论。

二、NFT 数字作品知识产权风险治理

大量 NFT 数字作品通过竞价拍卖的方式进行市场交易,伪造产品、市场定价机制存在信息不对称等现象引发大量市场交易治理纠纷,投机性的资本流转和买卖交易在诱发欺诈案件的同时,也会引起非同质化代币市场的泡沫危机,对未来市场发展带来折损和价值理念的冲击。在全球范围内,NFT 的实体商品属性难以界定,且在未来的元宇宙中作为底层支撑的非同质化代币商品同样难以被定性,缺乏全社会在经济层面的统一共识。NFT 引发的法律风险及治理挑战,需要通过法治的方式加以解决。

NFT 健康发展的基石是共识与监管。截至目前,NFT 的发行、使用和交易等仍然需要借助整个数字通证的法律架构,必要的分化和分流仍然有待探索,这都不利于对 NFT 实现精准监管或治理。[①] NFT 热潮引发的公众关注和学术探讨,为不同区块链生态系统提供了共同发展期望。最初,以太坊的非同质化代币交易为行业提供了标准范式,诱发大量相关技术项目产生,但从 NBA Top Shot 等项目开始,市场交易已经向同领域、同类别其他数字资产方向发展,衍生了基于相同技术机制的多个区块链生态系统。

与传统的艺术品交易不同,虽然 NFT 艺术作品有实现完全溯源的可能性,但仍旧存在未知可能下作品被他人另行铸造以及 NFT 与作品分割后权益受到侵害的情况。由于缺乏同行业市场法律监管,NFT 在不同公链上可能存在相同的交易表现,随着公链和铸造产品的数量不断增加、种类不断丰富,在行业整体运行中形成统一的价值评判和鉴别标准成为迫切需要解决的难点。在经济可持续发展的社会共识下,如何实现 NFT 运行总体生态系统,继而约束无限制的自由市场,鼓励加密艺术家、加密收藏家加入,是实现 NFT 可持续发展的关键。

鉴于目前没有针对 NFT 交易平台作出专门立法,因而司法判决无疑将成为企业运营此类业务的重要指引。NFT 交易平台可能需要重新审视自

---

① Marinotti J. Tangibility as Technology[J]. Georgia State University Law Review, 2021, 37(3) 671-738.

身当前的业务模式。NFT 交易平台应提示购买者藏品交易涉及 IP 转让或许可：数字藏品交易的性质限于数字商品本身的财产权转移。若平台希望购买者与发行者间达成数字藏品相关的版权交易，需在平台规则、交易规则等处明示约定，或另行签订版权转让或许可协议。NFT 交易平台应提示并明确藏品使用方式的限制：由于数字藏品不被视为原件，购买者并不当然有权在线下公开展览其所购买的藏品。为避免纠纷，平台需要及时提示用户这类使用方式的限制。NFT 交易平台收费模式与审查机制应匹配。对于希望收取佣金的平台，除基本的网络检索、侵权比对外，亦需要提高侵权风险的审查标准，并严格要求发行方提供完整的授权文件、权利证明等，而不可采用一般视频、图片等内容发布平台的标准。

在审查 NFT 作品时，可采取的措施包括但不限于要求提供底稿、原件、合法出版物、著作权登记证书、认证机构出具的证明等初步证据证明其为著作权或有关权益的权利人；同时平台应构建相应的侵权预防机制，必要时要求铸造用户提供必要的保证。NFT 交易平台应建立侵权作品处理机制。数字藏品被认定为侵权的情况下，平台可能需要销毁该藏品。为减少平台与用户的争议，平台应事前通过用户协议、平台规则等方式提示用户数字藏品的交易风险。同时，为能够及时向用户或权利人作出退款或赔偿，平台可在与发行方的协议中明确约定此类纠纷的具体处置方式和平台的处置权限，从而使平台可以代为处理侵权纠纷，减小对权利人和购买者的影响。

第三节　NFT 数字作品侵权对现有版权秩序的冲击与回应的必要性

一、NFT 数字作品侵权形式及典型案例

从法学角度来看信息革命，现有的法律制度面临着日益频繁的挑战，其中首当其冲的便是版权法。[1] NFT 数字作品版权侵权呈高发态势，除了侵权成本低的原因之外，主要是高额侵权收益激励的因素。目前 NFT 数字作品是一个新兴事物，其市场价值并不完全遵循成熟的线下实体市场中"成本定价"逻辑，而是靠"共识"达成。一个 NFT 数字作品也许在创作上很简单，

---

[1] Aplin T. Copyright Law in the Digital Society[M]. Oxford：Hart Publishing, 2005：3-5.

但却可能因为在买方市场达成某种共识从而获得非常高的定价,一旦出现高溢价的情况,就相当于是给予了潜在侵权者激励,促使其对原创作品作出版权侵权行为。就目前已经产生的 NFT 版权纠纷案例来看,主要分为直接剽窃、二次创作与超授权范围使用三种类型。

直接剽窃的做法,通常是把知名的人物、绘画、动漫等形象抄袭过来,铸造成 NFT 上链发行,某些情况下可能是把多个不同的版权客体叠加拼接在一起,也可能把一个二维平面作品通过技术处理成三维的 3D 版本。直接剽窃的做法是最直接的版权侵权方式。深圳奇策迭出文化创意有限公司(Shenzhen Golden Idea Cultural and Creative Co., Ltd.)诉杭州原与宙科技有限公司(Hangzhou Bigverse Technology Co., Ltd.)案①是由于被告侵害原告作品信息网络传播权(the right of information network dissemination)引发的,此项权利与 WIPO Copyright Treaty(WCT)中"向公众传播的权利"(Right of Communication to the Public)一致。在此案中,法院重点审理了 NFT 数字作品铸造和交易的法律性质,被告运营的互联网平台的属性及责任认定,以及 NFT 数字作品侵权的民事责任承担等争议焦点。此案在对 NFT 交易流程、商业模式进行充分考察的基础上,探索了诸多与 NFT 数字作品有关的法律问题,明确了 NFT 数字产品及其交易法律性质,对用户、网络平台、NFT 发行方、著作权人等相关方的权利义务作出了明确判断,厘清了 NFT 交易平台的注意义务、法律责任,肯定了通过断开链接并将上链后的 NFT 信息地址打入黑洞等措施,最大限度实现停止侵权内容传播的效果。

二次创作版权侵权情况更加普遍,一般是对知名知识产权形象做一些处理,但整体风格以及标志性的设计部分仍然较为接近,毕竟只有"近似"才能"共享"到流量和热度。爱马仕案就是一个典型的案例。2021 年年初,Mason Rothschild 与艺术家 Eric Ramirez 合作发布了"Baby Birkin"NFT 手袋作品并以 23500 美元的价格售出。2021 年 12 月,Mason Rothschild 再次推出 100 个"MetaBirkins"系列 NFT 手袋作品,并在全球最大的 NFT 交易平台 OpenSea 上进行发售。爱马仕公司随后对此表示不满并指控"MetaBirkins"NFT 系列侵犯其知识产权。受到爱马仕公司的指控后,

---

① 深圳奇策迭出文化创意有限公司诉杭州原与宙科技有限公司案.杭州互联网法院民事判决书(2022)浙 0192 民初 1008 号.

OpenSea 将"MetaBirkins"系列从平台撤除,而 Mason Rothschild 则表示自己有艺术创作的自由,并继续在虚拟社区平台 Discord 和 NFT 交易平台 Rarible 上推销这些产品。2022 年 1 月,爱马仕公司正式向纽约联邦法院提出对 Mason Rothschild 的诉讼。爱马仕公司在起诉书中请求法院判决 Mason Rothschild 停止"MetaBirkins"NFT 系列创作活动并支付赔偿金,包括其违规出售 NFT 产品所得。

超授权范围使用,指的是数字藏品发行方确实跟版权方有一定的合作,但合作范围并没有包括将版权以数字藏品 NFT 的方式发行,因此发行方超出了授权范围铸造和发行 NFT,这些藏品理论上也是侵权的。实践中这种情况并不罕见,诸多知名知识产权客体都可能已经有过授权合作,这些合作在达成的时候还没有数字藏品概念,因此合作协议中也没有明确约定,而数字藏品出现之后,合作方就有可能以市场为导向进行相关作品的 NFT 化,这就引起了新类型的版权纠纷。这类行为的典型案例,是 MIRAMAX 公司就"拍卖 NFT 剧本"一事起诉 Quentin Tarantino,称其与一家 NFT 公司合作,将以 NFT 形式出售 1994 年上映的《低俗小说》电影中的七个"独家场景"。这些 NFT 作品将呈现原始手写剧本和独家定制评论,可能价值数百万美元。MIRAMAX 公司认为:Quentin Tarantino 在 1993 年授予并转让了他对《低俗小说》的几乎所有权利给 MIRAMAX,其中也包括他打算出售该 NFT 作品所需的权利。然而将部分剧本内容转化为 NFT 形式不属于"印刷出版物"或"剧本出版"的权利表现方式,原告才是拥有出售"低俗小说"NFT 的唯一权利人。Quentin Tarantino 则认为:这份合同明确允许他保留"剧本出版"的权利,涵盖了出售"数字化的电影剧本"的权利。一般来说,发生侵权行为必须满足三个条件:第一,侵权人未经授权利用作者的一项专有权利;第二,NFT 和原始艺术品之间存在关联关系;第三,这部作品作为一个整体,或者说是其中的一部分,被复制。很难看出 NFT 如何满足这些要求,这显然是未来的争论点。[①]

二、NFT 数字作品对现有版权制度的冲击

NFT 作为区块链技术的一个新兴应用场景,不仅解决了数字作品作为商品时的可流通性和稀缺性,而且能够解决交易主体之间的信任与安全顾

---

①Guadamuz A. Non-fungible Tokens（NFTs）and Copyright［EB/OL］.（2021-04-01）［2023-01-09］,https://www.wipo.int/wipo_magazine/en/2021/04/article_0007.html.

虑，构建全新的交易诚信体系。代币化模式的出现，能够为艺术家主张创作者身份和创作时间提供有力证明，这在一定程度上能够对抄袭起到抑制作用。① 随着区块链技术市场潜能的发挥，它对数字环境下的版权带来了变革性的影响，②能够使著作权人在实现作品经济价值方面有更大的主动性、便捷性和可持续性。然而有学者指出，NFT 的出现也引发了与版权相关的法律问题，包括：谁有权将先前存在的受版权保护的作品 NFT 化，如何实施版权保护，以及这些权利可以在多大程度上转让等。③

首先，NFT 数字作品牵涉权利归属问题。一般来说，NFT 领域抄袭分两步：第一步是将数字作品未经授权上传到某个平台上，第二步是将“抄袭”的作品铸造成 NFT 上链发行。如果说铸造 NFT 数字作品的过程是以技术的方式生成权利凭证和“起草”交易合同的过程，那么把一个侵权的作品铸造成 NFT 数字作品，本质上就是以技术的方式生成了一个带有“瑕疵”的权利凭证和起草了一个带有权利瑕疵的“合同”。因此，如果原作品版权人发现自己的作品未经授权即以 NFT 方式发行了，其主张权利的方式也同样应该两线并举：一是针对作品的信息网络传播，要求删除有关侵权链接；同时，也要针对侵权作品对应的 NFT，要求“销毁”这个带有瑕疵的“权利凭证”和“交易合同”以避免侵权损害结果进一步扩大。但是销毁 NFT 数字作品可能引发另外一个后果，就是买家已经实际买到的 NFT 被销毁了，这会引发虚拟财产权属合法性问题。

其次，NFT 数字作品交易技术性强、牵涉利益面广。从 NFT 数字作品交易采用的是区块链和智能合约技术。NFT 作为区块链技术下的一个新兴应用场景，不仅解决了数字作品作为商品时的可流通性和稀缺性，而且能够解决交易主体之间的信任缺乏和安全顾虑，构建了一种全新的网络交易诚信体系。而智能合约作为承载交易双方合意的载体，每一次交易因智能合约中已嵌入了“自动执行”代码将自动触发完成。因此，如果 NFT 数字作

①Clark B, Burtsall R. Crypto-Pie in the Sky? How Blockchain Technology is Impacting Intellectual Property Law[J]. Stanford Journal of Blockchain Law&Policy, 2019,2(2):252-262.

②Bodó B, Gervais D and Quintais J P. Blockchain and Smart Contracts: The Missing Link in Copyright Licensing? [J]. International Journal of Law and Information Technology, 2018, 26(4):311-336.

③Carroll R. NFTs: The Latest Technology Challenging Copyright Law's Relevance Within a Decentralized System[J]. Fordham Intellectual Pr dham Intellectual Property, Media and Enter, Media and Entertainment Law tainment Law Journal, 2022,32(4):979-1009.

品存在权利瑕疵,不仅将破坏交易主体以及 NFT 交易平台业已建立的信任机制,而且将严重损害交易秩序的确定性以及交易相对人和著作权人的合法权益。同时,因整个交易是通过智能合约由代码自动执行,交易次数将无法人为控制。一旦 NFT 数字作品被制定为侵权作品,往往会损害多个交易相对方的合法利益,导致交易双方纠纷频发,动摇 NFT 商业模式下的信任生态。

最后,NFT 数字作品服务平台的法律责任尤为值得关注。NFT 数字作品服务平台表面上与电商交易平台类似,但业务流程上还是有区别的。比如在铸造 NFT 过程中,平台会收取 GAS 费,尽管这个费用被认为是维护上链交易所需要的,但各家平台的定价不同,所使用的区块链也不同,那么这笔费用是否属于必要的技术支出还是构成了平台的盈利,需要在个案中给予关注,因为这影响到平台的注意义务甚至可能构成共同侵权。再有就是平台可能通过智能合约或者网站条款等方式收取交易佣金,如果明显超出了技术服务费的范畴,恐怕也会成为担责的理由,尤其是二级市场多次交易的情况下,平台多次收取佣金,这可以认为平台实质性参与了交易。在事前注意义务方面,国外平台已经逐渐设置 NFT 铸造发行门槛,并且推出版权检测等功能,力争在 NFT 作品上链前先行判断和预防侵权风险,国内平台也有个别在做,但整体上还没有形成体系,特别是 UGC 模式下的交易平台,对发行方的准入门槛较低,一旦出现抄袭,那么很可能因在准入、事前注意义务方面的工作不到位而承担连带责任。特别是考虑到,NFT 一旦上链难以销毁和回收,而且越来越多平台支持将 NFT 通过电子钱包转移到海外的二级市场交易,届时侵权行为将更加难以控制。

三、版权制度改革与现实回应的必要性

如果技术变革具有戏剧性和变革性,影响社会生活的任何领域,那么也包括它对法律的影响。既定的法律框架不能保证可持续性。当法律和技术之间存在脱节时,法律遇到的挑战更加复杂。[①] 现有法律对技术造成的损害或产生的争端作出反应的能力变得特别重要。平衡精神是知识产权法律价值二元取向的内在要求。20 世纪 90 年代,美国学者 Patterson 和 Lindberg

---

①Brownsword R. Rights, Regulation and the Technological Revolution[M]. Oxford:Oxford University Press,2008:ch. 6.

在他们的著述中将著作权法描述为"协调创造者、传播者、使用者权利的平衡法"。[①] 以大数据和机器智能为基础的信息互联网时代是一个令人敬畏的时代,但"密算体系"及区块链衍生品将构建人类未来的新架构。[②] 前述提及,技术创新对当前版权权利人、服务平台、社会公众的权益均产生了巨大的冲击,那么法律需要回应相关的冲击。

从监管与治理方面来讲,"颠覆性"的技术创新,引发法律和监管秩序的破坏,构成了对法律、监管,以及为破坏性技术创造一个适当的监管环境的挑战。NFT 的物理本质是机器生成的一组数据,而此类应用广泛的机器生成数据"实质上是一组权利束,它并非一项简单的物权、知识产权或某一种新型财产性权利,而是一种涉及多个主体的权利集合"。[③] NFT 数字作品的意义只有在元宇宙的场域下才能证成 Web3.0 时代,或者说,数字作品如果只是在非元宇宙场域下来谈,只能是电子作品 NFT2.0 版本的延伸,关于电子作品的现行法扩大解释即可解决。但是这是与 NFT 数字作品的技术特征相冲突的。放在元宇宙的场域下,可以具象化理解我们的批判性分析的合理性和背后的法理支撑。在可预见的未来,我们的生活元宇宙化,在元宇宙场域中的作品均是基于区块链技术的 NFT 数字作品,只有在这样的背景下,才能证成 Web3.0 时代的到来。Web3.0 时代下版权法的有关核心制度就应顺应 NFT 数字作品的技术特征而调整,而不是以特例性的思路忽略修法必要性。

NFT 数字作品可以视为元宇宙发展初期应重点关注的对象。在现行法律框架下,由于没有有形载体,元宇宙场景下所有交易均会被统一划入信息网络传播行为,这就意味着元宇宙下购买者的二次销售行为都仍然处于著作权人专有权利的控制下。而这一点与目前行业力图培养的"元宇宙是虚拟现实的心智"存在一定的偏差,与用户已经习惯的现实交易环境也有着巨大的差异。对于元宇宙环境下的此类行为,笔者认为可能需要通过默示许可来解决,但考虑到知识产权以明示许可为原则、默示许可为例外的特点,是否以及如何适用默示许可,有待进一步讨论。

---

①Patterson L R and Lindberg S W. The Nature of Copyright: A Law of Users' Rights[M]. Athens: University of Georgia Press, 1991:1-5.

②乔治·吉尔德. 后 Google 时代:大数据的没落与区块链的崛起[M]. 北京:现代出版社,2018:28-57.

③李晓宇. 智能数字化下机器生成数据权益的法律属性[J]. 北方法学,2021,15(2):44-53.

第四节　NFT 数字作品铸造与交易法律性质

一、NFT 数字作品作者拥有信息网络传播权

关于版权法的一个重要观点是,尽管其部分目的是保护作者,但其所产生的控制力从来都不是完美的。版权法的目的不是明确授予"控制权",而是为创作者提供对智力成果使用的一系列权利。[①] 自互联网诞生以来,理论和实务界一直在努力解决数字世界中知识产权权益保护的范围和方式问题。[②] NFT 数字作品交易涉及创作、铸造、展示、出售等环节[③],包含对该数字作品的复制、出售和信息网络传播三方面行为。[④]

在 NFT 交易模式下,每个数字文件均有唯一的标记,一部数字作品的每一个复制件均被一串独一无二的元数据所指代,产生"唯一性"和"稀缺性"等效果,因此当一件数字作品复制件以 NFT 形式存在于交易平台上时,就被特定化为一个具体的"数字商品",NFT 交易实质上是"数字商品"所有权转移,并呈现一定的投资和收藏价值属性。"数字商品"是以数据代码形式存在于虚拟空间且具备财产性的现实事物的模拟物,其具有虚拟性、依附性、行使方式的特殊性,但也具备一定的独立性、特定性和支配性。对于数字作品而言,当其复制件存储于网络空间,通过一个 NFT 唯一指向而成为一件可流通的商品时,就产生了一项受法律保护的财产权益。NFT 数字作品持有人对其所享有的权利包括排他性占有、使用、处分、收益等。NFT 交易模式本质上属于以数字化内容为对象的买卖关系,购买者所获得的是一项财产权益,并非对一项数字财产的使用许可,亦非对一项知识产权的转让或许可授权。虽然 NFT 数字作品交易对象是作为"数字商品"的数字作品本身,交易产生的法律效果亦表现为所有权转移。但因发行权的核心特征

---

①Ginsburg J C. Copyright and Control Over New Technologies of Dissemination[J]. Columbia Law Review,2001,101:1613-1647.

②Adler A. Why Art Does Not Need Copyright[J]. The George Washington Law Review,2018,86(2):313-375.

③Conti R,Schmidt J. What Is An NFT? Non-Fungible Tokens Explained[EB/OL]. (2022-04-08)[2023-01-09],https://www.forbes.com/advisor/investing/cryptocurrency/nft-non-fungible-token.

④Vijayakumaran A. NFTs and Copyright Quandary [J]. Journal of Intellectual Property,Information Technology and E-Commerce Law,2021,12 (5):402-414.

在于作品原件或复制件的所有权转让,即当前著作权法中的发行限定为有形载体上的作品原件或复制件的所有权转让或赠与,故未经权利人许可将NFT 数字作品在第三方交易平台的出售行为,尚无法落入发行权所控制范畴。

中国《著作权法》中的信息网络传播权来源于世界知识产权组织版权公约中"向公众传播的权利"。最初,为在促进作品传播的同时保护著作权人的合法权益,《伯尔尼公约》分别为部分文学和艺术作品的作者赋予控制其作品被表演与传播的权利:针对戏剧、戏剧音乐作品和音乐作品的现场公开表演权和机械表演权、针对文学作品的现场公开朗诵权和机械朗诵权;针对由文学和艺术作品改编的电影作品的公开放映权和有线公开传播权。然而这些权利作为控制作品传播的权利体系却是不完整的。自 20 世纪 90 年代初开始兴起的互联网传播超越了《伯尔尼公约》规定的各项传播权。在欧盟代表团建议的基础上,经过缔约国广泛讨论,WCT 最终以"伞型权利"的形式赋予所有作品的作者控制通过有线或无线方式向公众传播其作品的权利,以弥补《伯尔尼公约》关于作品传播权分散且不周延等缺陷。① 虽然WCT 第 8 条后半段并未明确界定向公众提供权的适用范围,然而在当前阶段它显然主要是指互联网环境下向公众提供作品的行为,如欧盟专家认为,第 8 条后半段规定的就是"在线"向公众提供作品权的最低标准。② 这也是我们将"发行"NFT 数字作品称之为行使"信息网络传播权"的原因。

二、NFT 数字作品版权不适用权利穷竭原则

信息网络传播权不同于传统的著作权制度中的发行权,两个权利区别的关键点在于知识产权权利是否用尽。知识产权法中的权利用尽原则是解决同一个客体之上知识产权与物权相冲突的黄金法则,旨在避免知识产权专有权利的行使影响到物权的合法行使。③ 在著作权领域,权利用尽原则主

---

①Reinbothe J, Lewinski S. The WIPO Treaties on Copyright: A Commentary on the WCT, the WPPT, and the BTAP[M]. 2nd ed. Oxford:Oxford University Press,2015:paras. 7. 8. 1-7. 8. 9;刘银良. 信息网络传播权及其与广播权的界限[J].法学研究,2017,39(6):97-114.

②Reinbothe J, Lewinski S. The WIPO Treaties on Copyright: A Commentary on the WCT, the WPPT, and the BTAP[M]. 2nd ed. Oxford:Oxford University Press,2015:para. 7. 8. 10;刘银良. 信息网络传播权及其与广播权的界限[J].法学研究,2017,39(6):97-114.

③Perzanowski A, Schultz J. Reconciling Intellectual and Personal Property[J]. 90 Notre Dame Law Review, 2015, 90(3):1211-1264.

要适用于发行权权利限制,被称为"发行权一次用尽原则"或"首次销售原则",该原则主要目的是防止他人出售作品的非法复制件,而非限制合法售出的作品原件或复制件的使用、处置权利。当作品原件或者复制件经著作权人许可,首次向公众销售后,著作权人无权控制该特定原件或者复制件的再次销售。这个原则适用于以有形载体形式存在的作品时没有什么争议,因为"权利用尽"原则的适用基础是作品与其有形载体之间的不可分性,通过对作品有形载体的使用权利作出规制具有现实可操作性。

20世纪末,各国在修改著作权法律制度以适应信息技术时代时,曾有权利用尽原则应否扩展适用于网络环境的讨论,但当时认为还为时过早。[1] 在电子书、数字音乐和软件二次交易商业模式出现并引发法律纠纷之后,这一讨论更加热烈。[2] 当NFT最初流行时,加密社区放大了另一个问题:NFT的买家是否获得对基础作品的任何专有权。这一般来讲很难获得肯定回答。相反,创作者保留对创造性作品的复制和分发的控制权,就像创作者在制作NFT之前所做的那样。因此,当一个人购买受版权保护的NFT作品时,版权持有人保留专有权。这与一个人购买实物艺术品没有什么不同;艺术家仍然保留复制、准备衍生作品、分发副本和公开展示艺术品的专属权利。[3] 也就是说,数字经济时代,网络改变了作品的传播方式,公众不需要通过转移有形载体就可以获得作品的复制件。这一过程与传统的传播途径根本区别是不会导致作品有形载体在物理意义上的转移。

NFT交易模式下,从著作权人手中合法获得NFT数字作品的受让人,不必上传该数字作品即可在同一交易平台或者其他合作交易平台将其转售。而NFT数字作品具有稀缺性及交易安全性,如果NFT数字作品可以无成本、无数量限制地复制,即便是合法取得NFT数字作品复制件的主体,其潜在的可供后续传播的文件数量也难以控制,这有违发行权制度设立的本意。既然交易相对人在选定的时间和地点获得NFT数字作品,属于典型的信息网络传播行为。而这种以信息网络途径传播作品属于信息流动,并

---

① Working Group on Intellectual Property Rights of the US: Intellectual Property and the National Information Infrastructure: The Report of the Working Group on Intellectual Property Rights[EB/OL]. (2011-10-06)[2023-01-11]. https://www.eff.org/files/filenode/DMCA/ntia_dmca_white_paper.pdf.

② Sganga C. A Plea for Digital Exhaustion in EU Copyright Law, Journal of Intellectual Property [J]. Information Technology and Electronic Commerce Law, 2018(9):211-239.

③ 17 U.S.C. §106.

不导致作品有形载体所有权或占有权的转移,不受发行权控制,缺乏适用"权利用尽"的前提。

杭州互联网法院的判决,与欧盟法院关于电子书知识产权权利是否用尽方面判决立场一致。2019 年欧盟法院在 Tom Kabinet 案①中认为,在线下载提供电子书(数字音乐作品、有声读物等数字作品)的行为,属于"向公众传播",而不属于转移作品所有权的"发行"行为,不适用"权利用尽"制度。Tom Kabinet 案确立了未经著作权人事先同意而在二级市场上出售电子书构成侵权,该判决的影响不仅体现在数字图书方面,也触及以数字形式呈现的音乐、游戏、电影等版权客体传播问题。

事实上,在欧盟法院对 Tom Kabinet 案判决之后,即使 NFT 本身是数字作品的代表,也很难提出数字权利用尽的论点。这是因为在软件的特定标的物之外,欧盟的发行权似乎只适用于有形物品,然而在 Info Soc 指令第3 条"向公众传播的权利"适用于受保护内容的在线传播。考虑到 NFT 是指向作品的元数据,数字权利用尽的论点似乎站不住脚。如上所述,NFT 的卖家也可以为标记化作品设定自己的许可协议,这在基于收藏或策划的市场中经常发生。然而,从版权的角度来看,这些协议在用尽发行权方面的相关性有限。正是由于对 NFT 数字作品铸造、交易的法律性质进行了明确界定,所以接下来讨论侵犯 NFT 数字作品相关权益就有了法律基础。

三、NFT 数字作品原创者有权获得转售收益

NFT 数字作品铸造,是把数字作品通过技术转换,生成与之对应的"非同质通证",然后将其部署到区块链用于跟买家进行交易的过程。这个过程涉及的一个关键环节就是在 NFT 中部署智能合约。目前 NFT 智能合约,一般是通过编程设置 NFT 在交易过程中需要向版权方(发行方)支付的版税以及向平台支付的佣金,这种在流转过程中自动实现利益分配的智能合约正是 NFT 的重大进步。以往传统版权交易,作者一旦将自己的作品售出,就失去了对作品后续流转过程的控制,如果作品后来在若干次转手过程中增值了,跟创作者也没有什么关系,这导致创作者只能尽量提高第一次交易时的价格。艺术品需要市场"共识",共识形成有滞后时间,而 NFT 智能合

---

①Nederlands Uitgeversverbond v. Tom Kabinet Internet BV (C-263/18) EU:C:2019:1111;[2020] 2 C. M. L. R. 20.

约则解决了这个问题,不论数字作品售出后交易了多少次,版权人都能在交易中获得收益,由智能合约自动执行完成,版权方不需要花费额外成本监督和跟踪,由此创作者很可能会对这种模式的交易有较高参与度与积极性,更愿意创作出高质量的作品。可以说,NFT 在法律上是"权利凭证＋智能合约"的集合体,铸造 NFT 的过程就是以技术的方式生成权利凭证和"起草"交易合同的过程。

NFT 和区块链使拥有稀缺的数字物品成为可能。传播原创作品的选择主要取决于版权持有人。[①] 在 Leatherman Tool Group, v. Cooper Industries, Inc. 案中,[②]美国第九巡回上诉法院指出,即使公共政策有利于信息进入公共领域,但并没有创造出公众获得私人信息的权利。[③] 同样,将创造性作品作为 NFT 传播或限制其进入数字领域的决定取决于版权持有人。作为一种社会规范,这种决定和从作品中获得的相关利润应该属于艺术家。如果版权保护不扩展到这种使用行为,任何希望利用 NFT 淘金热的人都可以复制艺术家的作品并以高价出售。而且,对稀缺 NFT 作品的需求可能会导致侵权者剥夺原创者未来获利的机会。

第五节　NFT 数字作品铸造者责任

NFT 在交易平台上的铸造过程分为三个步骤。铸造者在平台进行注册登录后,首先将数字作品文件上传至 NFT 交易平台,并填写作品名称、作者等相关基础信息;接着设定该 NFT 的交易条件,如限量份数等;然后选择交易的底层智能合约,确定后续交易的规则。铸造者完成上述三步操作并向平台支付铸造费用后,NFT 便完成了铸造并被写入区块链上的智能合约中,交易平台上的潜在买家即可以查看 NFT 及相关介绍信息、通过数字钱包支付对价和服务费并成为区块链系统公开显示的 NFT 数字作品所有者。

由于缺乏明确法律约束,NFT 的现有技术并非完全可以保证创作者的版权得到尊重,如没有人可以阻止第一手卖方将同一个 NFT 放在不同的区

---

① Nimmer R T. Breaking Barriers: The Relation Between Contract and Intellectual Property Law [J]. Berkeley Technology Law Journal, 1998, 13: 827-889.

② 131 F. 3d 1011, 1014-15 (Fed. Cir. 1997).

③ Nimmer R T. Breaking Barriers: The Relation Between Contract and Intellectual Property Law [J]. Berkeley Technology Law Journal, 1998, 13: 827-889.

块链上进行重复销售。另一方面,尽管 NFT 技术可以保证在没有持有者许可的情况下,任何人不能复制或转让 NFT,但是无法控制谁是第一个将作品制成 NFT 的人。在制作 NFT 数字作品时,NFT 不会自动证明卖方是作品原创者。即使 NFT 的真实性受到保护,也可以说,伪造已经发生,这导致了假冒 NFT 的不当转让或销售。DMCA 保护在线服务提供商免受版权侵权责任,除非版权所有人实际通知侵权材料。如果发出此类通知,则服务提供商必须迅速"下架"侵权材料。例如 2021 年,最早的加密技术之一的创造者幼虫实验室向 NFT 平台提交了一份下载请求,要求其在线展示假冒的加密朋克作品。[①]

NFT 可能因其元数据的深度而有所不同。该元数据通常包含指向标记化作品的链接。从制作 NFT 的用户的角度来看,主要问题是,他们这样做是不是根据 InfoSoc 指令第 3(1)条,即通过元数据中的链接,向公众传达相关作品。InfoSoc 指令第 3(1)条的专有权适用于远距离通信,涵盖在线使用,不受用尽限制。[②]"提供"一语适用于交互式"按需"使用(如上传),但不要求公众接收或访问作品。欧洲法院有大量关于向公众传播的权利和概念的判例法,因为这些判例法出现在不同的指令中,包括其在线适用性。[③] 正如欧洲法院判例法所确认的,从 Svensson 案(C-466/12)[④]到 VG Bild Kunst 案(C-392/19)[⑤],未经权利人许可向受保护内容发布超链接(任何类型)符合向公众传播概念的法律要求,并触发了 InfoSoc 指令第 3 条中排他性权利的应用。[⑥]

当然,只有在发布链接的人不是相关作品权利持有人的情况下,发布此类链接才会产生责任。换言之,责任问题主要出现在数字对象造币的用户

---

①Chinlund G J, Gordon K S. What Are the Copyright Implications of NFTs? [EB/OL]. (2021-10-29)[2023-01-11], https://today. westlaw. com/Document/I0d18524e38c611ecbea4f0dc9fb69570/View/FullText. html? transitionType=Default&contextData=(sc. Default)&VR=3. 0&RS=cblt1. 0

②Coditel SA v Cine Vog Films (C-62/79) EU:C:1980:84; Coditel SA v Cine Vog Films SA (C-262/81) EU:C:1982:334; [1983] 1 C. M. L. R. 49.

③Quintais J P. Untangling the Hyperlinking Web: In Search of the Online Right of Communication to the Public[J]. Journal of World Intellectual Property, 2018,21(5-6):385-420.

④Svensson v Retriever Sverige AB (C-466/12) EU:C:2014:76.

⑤VG Bild-Kunst v Stiftung Preussischer Kulturbesitz (C-392/19) EU:C:2021:181; [2021] E. C. D. R. 9.

⑥Frosio G. It's All Linked: How Communication to the Public Affects Internet Architecture[J]. Computer Law & Security Review,2020,37:105-410.

身上,因为他们没有有效的版权主张。但这里还有一个重要的法律挑战,在对 NFT 本身的法律主张和相关艺术品的法律地位之间可能缺乏同步性。[1]换言之,在某些情况下,可能有人既是 NFT 的合法买受人,也侵犯了相关作品的相关公共利益。这实际上是进入了法律的灰色地带。[2]

通过 NFT 发行数字作品,在流转过程中,后续各轮交易都可能存在版税给到发行方,如果这个作品存在侵权,则这些版税理论上都应该属于"侵权所得",所以应当审查 NFT 对应的智能合约,看是否存在此种情形。另外一个关键性的问题是,NFT 的发行目前主流形态虽然是数字藏品,剥离了版权授权,但仍然区分是独版还是多版发行,后者是一个作品对应多份数字藏品 NFT,在具体案件中应予以查明,包括发行方式以及对应的交易量、二级市场交易情况等。

第六节　NFT 数字作品服务平台法律地位及责任认定

一、NFT 服务平台应予准确定性

NFT 交易平台法律责任是一个非常值得关注的问题。NFT 交易平台外观上与电商交易平台接近,但业务流程上还是有一些区别的,比如在铸造 NFT 过程中平台会收取 GAS 费,尽管这个费用被认为是维护上链交易所需要的"燃料费",但各家平台的定价不同,所使用的区块链也不同,那么这笔费用是否属于必要的技术支出还是构成了平台的盈利需要在个案中给予关注,因为这影响到平台的注意义务甚至可能构成共同侵权。再有就是平台可能通过智能合约或者网站条款等方式收取交易佣金,部分平台佣金比例不低,如果明显超出了技术服务费的范畴,恐怕也会成为担责的理由,尤其是二级市场多次交易的情况下,平台可能多次收取佣金,这种情况可以认为平台实质性地参与了交易。

---

[1]Bodó B, Gervais D and Quintais J P. Blockchain and Smart Contracts: The Missing Link in Copyright Licensing? [J]. International Journal of Law and Information Technology, 2018, 26(4):311-336.

[2]Guadamuz A. The Treachery of Images: Non-fungible Tokens and Copyright[J]. Journal of Intellectual Property Law & Practice,2021,16(12):1367-1385.

在事前注意义务方面,国外平台已经逐渐设置了 NFT 铸造发行门槛,并且推出版权检测等功能,要求在 NFT 作品上链前先行判断和预防侵权风险。国内平台也有个别在做,但整体上还没有形成体系,特别是 UGC 模式下的交易平台,对发行方的准入门槛较低,一旦出现抄袭等侵权行为,那么很可能因为在准入、事前注意义务(避风港)方面的工作不到位而承担连带责任。特别是考虑到,NFT 一旦上链难以销毁和回收,而且越来越多平台支持将 NFT 通过电子钱包转移到海外的二级市场交易,届时侵权行为将更加难以控制,很可能法院基于上述与传统平台的不同,要求 NFT 平台承担更高的事前注意义务。明知和应知过错方面值得多说一点的是,不可否认,部分平台上存在一定的炒作问题,如果平台不及时介入,放任甚至通过一些鼓励措施让侵权 NFT 借助炒作广为流传,在权利人有证据的情况下,恐怕也会成为对平台不利的因素。

关于 NFT 服务平台的性质认定,可以参照欧盟相关指令①中在线内容分享服务提供者的概念。NFT 服务平台是网络服务提供者而非内容提供者,应该对内容上传者负有更高的注意义务。NFT 服务平台从事 NFT 数字作品展示、交易等经营行为,因此会不可避免地存储受著作权保护的作品。为了实现对相关作品向公众的传播,相关平台需要事先获得著作权者的授权。按照中国法律规定,网络服务提供者一般提供包括自动接入、自动传输、信息存储空间、搜索、链接、文件分享技术等网络服务。从涉案平台提供的交易模式和服务内容来看,其系专门提供 NFT 数字作品交易服务平台,交易的 NFT 数字作品由平台注册用户提供,且不存在与他人以分工合作等方式参与 NFT 数字作品交易,故此平台属于网络服务平台而非内容提供平台。

二、NFT 服务平台实质审查义务

中国"胖虎案"涉案平台服务协议中关于知识产权的规定如下:⋯⋯知识产权⋯⋯(5)NFTCN 平台不承担对用户上传的内容是否具有著作权或著作权人的授权进行审核的义务。如果第三方提出关于著作权的异议,NFTCN 平台有权根据实际情况删除相关的内容,且有权追究用户的法律责

---

① Directive on Copyright in the Digital Single Market[EB/OL]. (2019-05-17)[2023-01-12]. https://eur-lex.europa.eu/eli/dir/2019/790/oj.

任。（6）若出现任何第三方侵犯 NFTCN 平台用户相关权利的情况，NFTCN 平台有权利但无义务对用户发布的内容进行审核，有权对侵权信息进行处理。[①]

上述用户协议内容值得商榷，它最大限度地弱化了平台的责任。所以，法院进一步分析，纠正了 NFT 服务平台应承担的责任范围和类型：涉案《胖虎打疫苗》作品铸造后，右下角带有"不二马大叔"的微博水印，普通网络用户可以判断该作品直接复制于"不二马大叔"微博，被控账号在"艺术家介绍"一栏直接表明艺术家为"不二马大叔"，可见被控侵权信息较为明显。然而涉案平台对此没有进行任何审查，履行必要的注意义务，既没有要求注册用户提供其系涉案《胖虎打疫苗》作品权利人的初步证据，也没有审查第三方注册用户与涉案作品上署名的"不二马大叔"之间的关系，更没有要求注册用户证明两者具有同一性或者作出合理解释。因此，被控平台对被控侵权事实主观上构成应知，存在过错，应承担责任。由此，法院通过判决明确了 NFT 平台的注意义务，否定了平台推脱责任的服务协议内容，扩大了平台的责任边界。NFT 数字作品交易随着互联网技术的发展而出现；与区块链、智能合约等技术高度融合，是网络空间数字商品交易模式的创新。[②] 它意味着全新的商业模式，会给创作者和收藏家们利用数字技术和 Web3.0 时代的互联网带来前所未有的机会。[③]

平台应当建立一套知识产权审查机制，对平台上交易的 NFT 作品的著作权做初步审查，如审查申请 NFT 铸造的用户是否提供了涉及著作权底稿、原件、合法出版物、著作权登记证书、认证机构出具的证明等初步证据证明其为著作权、与著作权有关权益的权利人。当然，这种审查应当是基于网络服务提供者具有的善良管理者义务角度进行评价的，并且应赋予网络服务提供者一定的自主决策权和审查空间，可以在法律规定的框架内，根据自身审查需要、知识产权权利类型、产业发展等实际情况等因素，对具体要求进行明确和细化。从判断标准来看，应当采用"一般可能性"标准。也就是说，该初步证据应当排除明显不能证明是版权权利人的证据具有使得一般

[①] https://www.nftcn.com.cn/pc/#/Notice_deta_user_f.

[②] Vasan K, Janosov M and Barabási A L. Quantifying NFT-driven Networks in Crypto Art[J]. Scientific Reports, 2022, 12(1):2769-2781.

[③] Tonya M. Evans, Cryptokitties, Cryptography, and Copyright[J]. AIPLA Quarterly Journal, 2019, 47(2):219-266.

理性人相信存在权利的可能性即可。同时,平台理应构建相应的侵权预防机制,形成有效的筛查与甄别体系,必要时可要求铸造用户提供担保机制,最大限度防止 NFT 数字作品存在瑕疵。

三、NFT 服务平台责任边界判定

NFT 数字作品交易系伴随着互联网技术发展并结合区块链、智能合约技术衍生而出的网络空间"数字商品"交易模式创新。对于提供 NFT 数字作品交易服务的网络平台,应从三方面确立评判 NFT 交易平台责任边界的标准:NFT 数字作品交易模式、平台控制能力以及营利模式。

从 NFT 数字作品交易模式来看,NFT 交易模式下产生的法律效果是财产权的转移。NFT 数字作品的铸造者(出售者)应当是作品原件或复制件的原始权利人。根据著作权法的相关规定,作品原件或复制件作为物被转让时,所有权发生转移,但作品所包含的著作权并未发生改变。而 NFT 交易模式下,NFT 数字作品交易涉及对作品的复制和信息网络传播,因此,NFT 数字作品的铸造者(出售者)不仅应当是作品复制件的所有者,而且应当是该数字作品的著作权人或授权人,否则将侵害他人著作权。对此,平台作为专门为 NFT 数字作品交易提供服务的平台知道也应当知道,且理应采取合理措施防止侵权发生,事前审查 NFT 数字作品来源的合法性和真实性,以及确认 NFT 铸造者拥有适当权利或许可来从事这一行为。[1]

从平台控制能力和参与程度来看,所有 NFT 交易模式下形成的数据均保存于平台中,特别是用户上传作品后至完成 NFT"铸造"前,均是由平台控制整个流程以及所有内容。[2] 在 NFT 数字作品铸造流程方面,一般是用户按照平台要求,完成上传作品并提交后即进入平台审核环节,只有审核通过才能上架,最终作为 NFT 数字作品在涉案平台上进行交易。另外,每个用户每次提交平台的 NFT 作品均为单个作品,涉案平台审查的对象并不是海量的数据内容。故此,NFT 服务平台对其上交易的 NFT 数字作品具有较强控制能力,也具备相应审核能力和条件,亦并没有额外增加其控制成本。

从 NFT 服务平台的营利模式来看,其不同于电子商务平台和提供存

① Zhou H. Research on the Duty of Care of Live Broadcasting Platforms from the Perspective of Intellectual Property[J]. International Journal of Law and Society,2022,5(1):28-34.
② Nadini M, Alessandretti L, Di Giacinto F, et al. Mapping the NFT Revolution: Market Trends, Trade Networks, and Visual Features[J]. Science Report,2021,(11):209-211.

储、链接服务等网络服务平台，系直接从NFT数字作品获得利益。NFT服务平台不但在铸造时收取作品铸造费用，而且在每次作品交易成功后收取一定比例的佣金及铸造费用。根据《最高人民法院关于审理侵害信息网络传播权民事纠纷案件适用法律若干问题的规定》第11条规定：网络服务提供者从网络用户提供的作品、表演、录音录像制品中直接获得经济利益的，人民法院应当认定其对该网络用户侵害信息网络传播权的行为负有较高的注意义务。虽然原与宙公司在网络服务协议中明确约定注册用户不得侵害他人知识产权，但其在用户上传作品前并未做任何实质性权利审查，且NFT服务平台的审查范围仅限于在"全国作品登记信息公示系统"中查询是否有拟铸造的作品登记信息，并不包含线下有形作品以及互联网上公开发表、传播的作品，具有明显的局限性。因此，NFT服务平台未履行相应注意义务，应承担法律责任。

结合前述NFT交易平台的责任边界判断，如果其未尽到相应注意义务，则其援引"避风港原则"的抗辩将不会得到法院支持。"中立"作为"避风港"的前置要件在《世界知识产权组织版权条约》的缔约中被激烈讨论过。国内法层面，各缔约国均对"中立"要件进行了明确的规定，并通过司法判例的解释形成了具体的规则，无论《欧盟电子商务指令》（E-Commerce Directive）中为了调和成员国国内立法的原则性规定，还是《美国数字千年版权法》（Digital Millennium Copyright Act）中遵循判例逐步确立的规则，只有当平台的活动"纯粹是技术性、自动性和被动性"时，安全港抗辩才适用。[1]中国《信息网络传播权保护条例》第20—23条中也规定了"中立"前置要件。NFT交易平台需要建立一整套知识产权审查机制。对平台上交易的NFT作品著作权进行审查，如审查申请NFT铸造的用户是否提供了涉及著作权底稿、原件、合法出版物、著作权登记证书、认证机构出具的证明等初步证据证明其为著作权、与著作权有关权益的权利人。这种审查应当是基于网络服务提供者具有的善良管理者义务角度进行的评价，并且应赋予网络服务提供者一定的自主决策权和审查空间，可以在法律规定框架内，根据自身需要、知识产权权利类型、产业发展等因素，对具体要求进行明确和细化。虽

---

[1]European Commission. Hosting Intermediary Services and Illegal Content Online An Analysis of the Scope of Article 14 Ecd in Light of Developments in the Online Service Landscape：Final Report［EB/OL］. (2019-01-29)［2023-01-12］. https://op. europa. eu/en/publication-detail/-/publication/7779caca-2537-11e9-8d04-01aa75ed71a1/language-en/format-PDF/source-102267632.

然我国《电子商务法》《民法典》没有规定技术中立条款,但是可以借鉴欧盟判例和我国《信息网络传播权保护条例》,通过司法解释将保持技术中立的服务提供者推定为不具有"知道"侵权行为可能性。司法实践中,欧盟、美国仅要求网络服务提供者处于中立地位,不"控制"用户行为即有资格进入"避风港",而在对侵权行为进行了"控制"情况下还能以没有获取"经济利益"进行抗辩。[1] 而在中国司法实践中,网络服务提供者的"选择、编辑、修改、推荐"行为,可能直接被判定为"知道"并承担责任。[2]

四、NFT 服务平台责任类型判定

在侵权行为的类型上,NFT 数字作品交易平台属于帮助侵权。根据《最高人民法院关于审理侵害信息网络传播权民事纠纷案件适用法律若干问题的规定》第 7 条第 3 款规定:网络服务提供者明知或者应知网络用户利用网络服务侵害信息网络传播权,未采取删除、屏蔽、断开链接等必要措施,或者提供技术支持等帮助行为的,人民法院应当认定其构成帮助侵权行为。在上传被控侵权作品的用户构成侵权的前提下,被控平台作为新型网络服务提供者未能尽到审查义务,且知道也应当知道网络用户侵害信息网络传播权却未能及时采取有效制止侵权的必要措施,存在主观过错,故应当承担相应的帮助侵权责任。

我国对"间接侵权"一直有零星规定,比如《计算机软件保护条例》第 30 条,"软件的复制品持有人不知道也没有合理理由应当知道该软件是侵权复制品的,不承担赔偿责任;但是,应当停止使用、销毁该侵权复制品"之规定;但未形成体系。司法实践中也鲜少论及。美国著作权法中针对间接侵权责任分配问题,广泛使用"替代责任"规则,即要求间接侵权行为人"对侵权行为具有监控能力"与"从侵权行为中直接获得经济利益"两个要件。该原则由 1963 年 Shapiro 案[3]正式确立。该案法官认为:Green Company 拥有对其店铺销售的唱片和其雇员的行为进行监督的能力,而且其从承租人销售盗版唱片的总收入中获得了一定的报酬,Green Company 和承租人的行为有

---

① Corbis Corp. v. Amazon. Com, Inc., 351 F. Supp. 2d 1090(2004); Viacom Intern., Inc. v. You Tube, Inc., 676 F. 3d 19(2th Cir. 2012).

② 上海市一中院民事判决书(2007)沪一中民五(知)初字第 129 号。

③ Shapiro v. Thompson, 394 U. S. 618 (1969).

直接的经济利益方面的联系,故应承担责任。相关原则后来在 Napster 案①中被适用于网络服务提供主体的间接侵权责任承担,法院认为:基于 Napster 有能力对文件目录进行监督及有能力监控侵权行为,并且 Napster 可以从广告中获利,Napster 应当为用户的侵权行为承担替代责任。欧盟法院 YouTube 与 Cyando 案②的判决与平台责任最为相关。在该判决中,法院认定,YouTube 等服务提供商原则上不对其用户上传造成的版权侵权行为承担直接责任。分析的关键在于"沟通行为"要求,尤其是存在"故意干预"的行为。如果平台运营商尽管对通过其平台提供的非法内容有一般性或建设性的了解,但不采取适当的技术措施以可信和有效地应对此类侵权行为,则存在故意干预。③

五、NFT 服务平台责任承担方式

对于 NFT 数字作品版权侵权的救济,可以采取从交易平台中删除、屏蔽等方式。NFT 数字作品具有无形性,属于智力成果,只能通过载体得以表现,比如通过电子形式展示等;而通过 NFT 交易平台铸造的结果是形成 NFT 数字商品,故也可以把 NFT 数字商品看作 NFT 数字作品的展示方式之一。在"胖虎案"中,依据法院查明的案件事实可知:"NFTCN 平台服务协议"中,关于"平台使用规则"表述如下:"若用户在购买过程中,发现作品存在包括但不限于侵权、涉黄、涉政、实物描述不符、品牌造假,应当向平台反馈下架,明知作品存在问题仍然进行购买的,平台无法协助处理。"④这是不合理的,因为每一个 NFT 都是独一无二的,一个 NFT 与另一个 NFT 不可相互交换,一个 NFT 也不能拆分为若干个子单位,这即为 NFT"非同质化"的内涵。NFT 交易实质上是"数字商品"财产权转移。进而法院在判决中倾向于认为,NFT 数字作品及其交易的相关数据均保存于区块链服务器中,通常而言,该区块链节点之间无法形成共识而无法删除,故 NFT 平台可将该侵权 NFT 数字作品在区块链上予以断开并打入地址黑洞以达到停止

---

① A&M Records, Inc. v. Napster, Inc., 239 F. 3d 1004, 1027 (9th Cir. 2001).

② Joined cases Peterson v Google LLC; Elsevier Inc v Cyando AG (C-682/18; C-683/18) EU:C:2020:586; [2020] E. C. D. R. 16; EU:C:2021:503; [2021] E. C. D. R. 13.

③ Peterson v Google LLC; Elsevier Inc v Cyando AG [2020] E. C. D. R. 16; [2021] E. C. D. R. 13 at [84].

④ https://www.nftcn.com.cn/pc/#/Notice_deta_user_f.

侵权的法律效果。

　　然而这一责任承担形式值得商榷。将所有 NFT 数字商品打入地址黑洞进行删除的方式于法无据。"胖虎案"中,法院认可被告将 NFT 数字作品打入地址黑洞,是基于对信息网络传播权的保护而作出的救济。既然权利主体对 NFT 数字作品拥有的是完整的财产权,那么权利主体购买并持有未经授权的 NFT 数字作品,与购买并持有盗版书在性质上并无二致。众所周知,NFT 所基于的区块链系统之所以无法篡改,正是因为区块链技术去中心化的设计,即没有一个拥有更高级权限的管理者可以任意改动区块链记载的相关数据。如果 NFT 数字作品已经出售给众多买家,区块链平台在技术逻辑上是无法将全部涉案 NFT 打入地址黑洞的。要想达到这样的效果,就需要全部买家的配合,而单纯的买家很有可能难以被认定为侵权人,只有在买家出售其持有的 NFT 数字作品时才可能侵权。因此,想要实现将全部涉案 NFT 打入地址黑洞是有困难的。

　　在明确了责任承担之后,纠纷解决的最后一个关键问题就是确定侵权损害赔偿数额。由于被控 NFT 作品的每一次交易均不可篡改地被记录在区块链上、全程可溯源,保证了作品交易的可追溯性、安全性、透明性以及买卖双方身份的真实性,每一次的交易费用均可以记录在区块链上,所以 NFT 数字作品交易中的侵权获利通常而言是可以查明的。根据我国《著作权法》第 54 条规定:侵犯著作权或者与著作权有关的权利的,侵权人应当按照权利人因此受到的实际损失或者侵权人违法所得给予赔偿;权利人的实际损失或者侵权人的违法所得难以计算的,可以参照该权利使用费给予赔偿。赔偿数额还应当包括权利人为制止侵权行为所支付的合理开支。

第六章 平台算法数据备案与商业秘密保护

第一节 平台算法数据备案与商业秘密保护概述

随着互联网、云计算、人工智能等技术的迅猛发展,数据已成为市场中的基础资源与核心竞争优势,围绕数据诞生了全新的商业模式与经济形态。企业等市场主体已经注意到并开始聚合海量用户信息而形成独有数据资源,开发、挖掘商业数据背后所反映出的市场信息,利用数据更好地进行市场预测、产品优化、营销分析等智慧决策。商业数据已成为企业获取市场竞争优势、抢占市场份额的战略性资源。

在当前数字经济时代,面对数据市场的激烈竞争与商业数据作为资产要素的开发利用现状,我国在制度层面出台了若干有关商业数据权益保护的具体规范,积极回应数据要素方面的产权保护需求,指导数据要素市场培育与数据产业的未来发展。《推动知识产权高质量发展年度工作指引(2022)》明确提出了"加快数据产权、人工智能产出物知识产权保护制度研究论证,适应新领域、新业态发展需要"的工作任务。因此,如何在既有法律框架下实现商业数据权益保护,制定新领域新业态的知识产权保护规则,俨然成为当前数字经济时代下的关键问题。

企业数据在利益形态上,表现为对所持有数据的自我控制,这种事实控制所含法律利益本质上体现为信息自由。基于此,对企业数据的保护应当以维护其对数据控制为基础。① 近年来中央和地方相继出台的各种法律政策,将企业数据提升到事关数字发展战略和智慧管理体系建设的新高度,并对数据产权的界定和数据要素市场培育提出了实际要求,明确统筹数据开

---

① 梅夏英.企业数据权益原论:从财产到控制[J].中外法学,2021,33(5):1188-1207.

发利用,加快建立数据资源产权等基础制度和标准规范。① 数据权益保护难题的产生并非源自信息内容本身,而是技术致使信息高度集中的应对问题。

从经济学视角看,对企业数据财产利益提供法律保护的正当性基础在于,由于信息生产的高成本、复制的低成本、非排他性占有特点,如果在完全自由市场条件下会存在信息利用的搭便车和外部性问题,从而导致信息生产的市场失灵,故有必要建立产权保护恢复市场运行,从而实现创新资源配置的最优。在传统物理世界中,信息主要通过纸质书本等有形载体进行传播,一旦公开传播或载体转移信息将不胫而走成为社会共识,创造者将失去对信息的控制,故而需要设立法定的知识产权排除他人未经许可对信息的传播和利用行为,在信息由全社会共享的前提下,由创造者独占信息的商业化利益。

基于商业数据和知识产权客体的共通性,本书从知识产权视角,通过检视中国社交媒体平台数据算法的产权法理基础、梳理现有制度缺陷,试图探索构建一条与社交媒体平台数据算法独特属性相适应的法律治理路径。各国从自身国家安全、社会公益以及个人权利保护等角度出发,越来越重视数据安全问题。但现实情况是各主体出于各自的利益诉求和安全关切,对数据安全的认知与要求并不一致,企业与用户之间,国家与企业之间,国家与国家之间,都可能会出现利益冲突。如何平衡数据安全与发展的关系,找到政策的合理区间,既能促进数字经济的发展,又能满足各方安全诉求,成为各国数据算法法律政策制定者们的最大挑战。

第二节 社交媒体平台算法数据归于商业秘密的问题

一、公开透明原则与社交媒体平台算法数据权益保护的冲突

开放创新需要数据信息共享与透明化。20 世纪 60 年代,在计算机科学领域,对作为开发者主力的研究者和企业工程师而言,免费发布、交换程序源代码是相当常见的行为;获取、阅读并尝试修改他人免费发布的源代码,

① 2021 年 3 月,第十三届全国人民代表大会第四次会议批准并发布《中华人民共和国国民经济和社会发展第十四个五年规划和 2035 年远景目标纲要》。

则是理解算法和计算机最为主要的途径之一,两者都是算法历史上影响深远的黑客文化(Hacker Culture)组成部分。[①] 20 世纪 80 年代起,自由软件基金会以及通用公共授权(General Public License)机制先后建立,开源规范体系逐渐成形。[②]

透明、公平、不作恶、可问责与隐私是全球范围内有关数据算法的文件中对基本伦理原则的表述。[③] 不过,在数据算法领域实现公开透明并非完美无缺,因为透明着重于技术的公开,但技术创新的自组织性使得原创者有时也无法对技术本身进行充分掌控。即使公开数据源代码和逻辑群组,一般公众和技术能力有限的监管机构也有可能无法理解其具体含义。同时,透明是实质意义上的信息公开,如同证券法中的干扰性披露,如果不对公开的内容进行具体规定,而仅要求算法提供者提供尽可能多的信息,那么形式多样的信息会使披露结果陷入模糊混沌状态,其最终结果是导致另一种形式的黑箱。

算法被看作与社会、技术相关的一种话语和知识文化,这涉及在算法结构中,信息如何生产出来、如何浮现在我们面前,以及我们如何来理解这些信息,这些信息是如何被看作合法的,又是如何被赋予公共意义的。[④] 数据作为生产要素与企业的数据处理活动密不可分,而企业进行数据处理的同时也在积累数据资源。为推动数字经济发展,要"加快建立数据资源产权"等基础性制度。例如工信部于 2020 年 5 月发布的《关于工业大数据发展的指导意见》明确提出:企业普遍反映,因数据权属界定不清、规则不明、难以定价等基础性问题没有得到解决,跨企业、跨行业的数据共享流通难以开展。法学界虽有部分论者认为企业数据权只需非常有限的特殊财产权利,如大数据集合的公开传播权。[⑤] 但是,更有影响力的观点倾向于体系建构,即先打下完整财产权利基础,再演绎数据访问、许可、转让、修改、清除等具

---

①Swalwell M. 1980s Home Coding:The Art of Amateur Programming[J]. Aotearoa Digital Arts New Media Reader,2008(3):192-201.

②McGowan D. Legal Implications of Open-Source Software[J]. University of Illinois Law Review,2001(1):241-270.

③Jobin A,Ienca M and Vayena E. The Global Landscape of AI Ethics Guidelines[J]. Nature Machine Intelligence,2019(9):389-399.

④Ananny M. Toward an Ethics of Algorithms:Convening, Observation, Probability, and Timeliness[J].Science,Technology,& Human Values ,January 2016,41(1):93-117.

⑤崔国斌. 大数据有限排他权的基础理论[J].法学研究,2019(5):10-20.

体权能。[①]

从商业秘密的定义来看,商业秘密是指不为公众所知悉(秘密性)、具有商业价值(价值性)并经权利人采取相应保密措施(保密性)的技术信息、经营信息等商业信息。对于商业数据而言,能够反映商业经营实际状况、指导企业参与市场经营活动,属于商业信息范畴。在秘密性方面,未被公开的商业数据集合不为公众所知悉;在价值性方面,商业数据能够带来竞争优势,具有较强的经济价值;在保密性方面,企业通过身份识别、数字加密等技术措施对商业数据实施事实上的控制,阻止其他企业对商业数据的获取与访问。因此,具有商业价值、未公开且采取保密措施的商业数据可以作为商业秘密受法律保护。商业秘密保护路径的真正困境在于因反对公开而造成的数据垄断。商业秘密保护制度间接鼓励企业对自身商业数据的垄断与隐藏,导致市面上可供获取的数据资源有限,不仅阻碍其他企业的数据挖掘与利用活动,而且不利于数据产业的繁荣发展。

数字经济时代,商业秘密的垄断本质也同样有违数据产业的良好运行。一方面,商业数据保护以数据具备秘密性特征为前提,而保持秘密状态需要极高的交易与管控成本。在静态方面,为保持数据的自我封锁状态,企业需要开发并采取数字加密、身份识别等技术措施,存在一定的成本投入。在动态方面,为防止数据向公共领域的泄露,企业对用户提供商业数据时需要另行签署保密协议,大幅提高了交易成本。另一方面,商业秘密保护不利于实现商业数据的经济价值。数字经济时代的最大特点是共享,即数据只有通过使用与分享,才能释放其经济效用,发挥作为生产要素的核心市场价值。商业秘密保护制度恰恰与之相悖,强调封闭而非开放,着眼于垄断而非共享。

算法和数据作为平台经济乃至数字经济主体的核心生产工具,承担着优化各类数据要素配置的重要功能,是数字经济发展的核心。对数据算法的治理会对市场主体产生深远影响。对于经营主体来说,由于数据算法备案的目的是形式登记、以备审查,因此其对需要备案的数据算法信息都需进行严格自查。然而,对于开发者、使用者以及服务提供者来说,数据是其核心竞争力和商业机密,进行备案公示可能会在一定程度上会限制其改进、优

---

①Ritter J, Mayer A. Regulating Data as Property:A New Construct for Moving Forward[J]. Duke Law & Technology Review,2017(16):220-277.

化、创新意愿。因此,对经营者主体来讲,算法数据备案的影响具有两面性,如何加以平衡,拿捏好备案的内容与程序要求,是优化和提升算法数据备案的关键。

二、国际组织及欧美中对算法数据作为商业秘密的规范设计

(一)国际公约

在多边国际公约中,除巴黎公约、世界贸易组织的有关协定从原则上涉及反不正当竞争法之外,尚没有专门规治算法数据的公约。《保护工业产权巴黎公约》(1967 斯德哥尔摩文本)第 10 条之 2“不正当竞争”的规定,被认为是商业秘密保护的国际法渊源。世界贸易组织的《与贸易有关的知识产权协议》(Agreement on Trade-RelatedAspects of Intellectual Property Right,简称 TRIPS 协议)是第一个将商业秘密作为一个独立的类别列入知识产权保护范围的国际性立法文件,但是协议里面并没有提到“商业秘密”这个术语,它只提到“未披露过的信息”。协议第 39 条对未披露的信息的保护作出了独立规定。其中尤其强调了如何保护向政府主管部门提供的商业秘密。如果一些采用新化学成分的药品或农业上使用的化工品,如果想在政府主管部门获得进入市场的许可证,就必须把有关商业秘密的数据提供给政府主管部门。反过来,如果政府主管部门不担负替他们保密的义务,则开发出这些新产品的人的智力成果就可能从专有领域不合理地流入公有领域了。而这一点在世界贸易组织的 TRIPS 协议中作了专门规定。尤其突出有关化工品秘密数据的保护。

按照国际法基本原理,国际公约协定规定的往往是成员国的权利义务,而很少直接赋权于成员国中的成员。国家安全之类的重大问题往往不易在面上达成协议,且有滞后性,所以网络数据权益与国家安全方面,能紧跟现实的国际法律文本自然就不会一下子涌现,不论在国际公约还是在区域公约中都是这样。

区域贸易协定中,相关的内容也是间接规定的。例如 RCEP 第八章“服务贸易”附件一“金融服务”第 9 条“信息转移与信息处理”第 3 款规定:第 2 款中的任何规定并不阻止一缔约方的监管机构出于监管或审慎原因可要求其领土内的金融服务提供者遵守与数据管理、存储和系统维护、保留在其领土内的记录副本相关的法律法规,只要此类要求不被用作规避一缔约方在本协定项下之承诺或义务的手段。这与内国法领域,企业掌握的算法、数据

等,只要不涉及国家运行关键领域,不涉及跨境,执法部门在日常监管而非专案执法中,用例外条款介入并获取企业算法数据商业秘密的理由实不充分。

(二)欧盟

2020年12月,欧盟委员会(European Commission)发布《数字服务法(草案)》(Digital Service Act)和《数字市场法(草案)》(Digital Markets Act)两项草案均涉及对算法的监管。作为人工智能的核心要素,算法监管已成为各国应对人工智能挑战的关键一环。2021年4月,欧盟发布制定关于人工智能的统一规则(Artificial Intelligence Act),即《人工智能法案》,特别规定了人工智能算法的备案义务,根据《人工智能法案》第51条,高风险人工智能应用在投放市场或投入使用之前,其提供者或其授权代表应将该应用在欧盟数据库中备案,且登记信息需向公众开放。《人工智能法案》对备案的内涵、程序和意义均语焉不详。

数据信息处理者在进行智能决策时,应当遵循公平透明原则,保证用户受到公平对待,不受歧视。《数字服务法(草案)》对中介服务机构、广告发布者、大型互联网平台等利用算法向用户推送内容等操作都提出了公平透明的要求,并要求相应的服务条款中说明信息提供的限制及审核信息的方法。例如,《数字服务法(草案)》第12条第1项规定:中介服务提供者应在其条款和条件中包括有关服务接收者提供的信息对其使用服务施加的任何限制的信息。该信息应包括用于内容审核目的任何政策、程序、措施和工具的信息,包括算法决策和人工审核,并应以清晰明确的语言列出,以易于访问的格式公开提供。

(三)美国

美国各州法均对具有秘密性、价值性、采取保密措施的信息给予商业秘密保护,排除他人未经许可获取、使用、披露其秘密信息的行为。在2016年之前,美国商业秘密主要通过各州法进行保护,对跨州案件当事人必须分别提起诉讼,但对计算机入侵行为却可以在联邦法院统一主张和诉讼。在此背景下,《计算机欺诈与滥用法》成为网络环境下商业秘密保护的替代性和扩张性机制[1],也在目前大数据保护法律实践中发挥着主要的作用。2016年,美国国会正式通过了《2016年商业秘密保护法案》(DTSA),赋予联邦法院对侵犯商业秘密案件的管辖权,统一法律标准和加强商业秘密保护。在大数据保护中,对网络上完全公开可访问的数据,无法满足秘密性、保密性要件,一般难以获得商业秘密保护;对大部分用户以及设备生成数据,企业一般都通过技术措施加以控制而排除他人的任意访问和获取,其可以满足秘密性、保密性要件。理论上,针对他人未经授权获取、利用和披露其数据的行为,企业可以主张商业秘密保护。

2020年和2021年,美国联邦贸易委员会(FTC)发布《人工智能和算法运用》(Using Artificial Intelligence and Algorithms)和《你的公司运用人工智能:以真实、公正、平等为目标》(Aiming for Truth,Fairness,and Equity in Your Company's Use of AI)两份解释性规则,在《公平信贷报告法》《平等信贷机会法》以及1914年《联邦贸易委员会法》的基础上,指出企业不能在使用自动化工具方面欺骗消费者;在收集敏感个人信息时,充分告知;如果自第三方数据经纪商处收集数据,并在此基础上作出自动化决定,应用算法者可能需要告知消费者与前述"负面决策"相关的访问或获解释的权利;引入独立监督。2022年7月,美国通过了《美国数据隐私和保护法》(American Data Privacy and Protection Act),将涉及的企业划分为不同的规模确定其义务,根据与数据的不同关系,将企业区分为"第三方""数据收集第三方"或者"数据服务提供商",大型数据持有方可能承担较重的合规义务,小企业的合规义务可能会放松。

(四)中国

中国《民法典》将商业秘密归于知识产权当中,但商业秘密一直被认为不是一种权利,而只是一种法益。从各国的比较来看,不管是德国的《反不正当竞争法》还是美国的《侵权法重述》,都没有将商业秘密上升到权利的高度。TRIPS协议也没有用"权利"这一词语,措辞也与商标权、专利权迥异。商业秘密虽然只是一项法益,较诸法律承认的权利保护有所薄弱,但是商业秘密在禁止非竞争对手使用商业数据方面的保护比《反不正当竞争法》一般

---

[1] Manion P J. Two Steps Forward, One Step Back: The Defend Trade Secrets Act of 2016 and Why the Computer Fraud and Abuse Act of 1984 Still Matters for Trade Secret Misappropriation[J]. Journal of Legislation, 2017, 43(2): 289-305.

条款保护有天然的优势。在法律层面,《数据安全法》第 28 条"开展数据处理活动以及研究开发数据新技术,应当有利于促进经济社会发展,增进人民福祉,符合社会公德和伦理"构成了企业数据治理的原则性条款。《个人信息保护法》第 24 条"自动化决策"条款和第 55 条"个人信息保护影响评估"条款共同塑造了企业数据治理的基本架构。在此基础上,《电子商务法》第 18 条、《网络信息内容生态治理规定》第 12 条、《网络音视频信息服务管理规定》第 10 条和第 11 条、《数据安全管理办法(征求意见稿)》第 23 条和第 24 条、《关于规范金融机构资产管理业务的指导意见》第 23 条分别就商品服务个性化展示、信息内容个性化推荐、信息内容深度伪造、信息内容算法合成、智能投顾等事宜,既赋予了个人自主选择权和拒绝权,又对算法应用者苛以安全评估、算法备案、明确标识等义务。在中国首例算法作为商业秘密进行保护的案件——"深圳市智某信息技术有限公司与光某蜗牛(深圳)智能有限公司侵犯商业秘密纠纷案"中,法院认为:算法技术模型选择及权重排序,权利人采取了相应保密措施,并能为权利人带来商业收益和可保持竞争优势,可以作为商业秘密保护,如果经过"接触"途径、实质性相同判断,并排除合法来源抗辩,那么就可以认定第三方构成侵权。

中国逐步建立了治理机制健全、监管体系完善、算法生态规范的算法安全综合治理格局。2021 年 12 月,《互联网信息服务算法推荐管理规定》出台,这份专项治理文件是中国在算法治理道路上的里程碑。在中国语境下,详细规定了算法备案制度,其与算法安全评估、算法检查共同构成了我国算法监管体系。《算法规定》第 24 条要求,具有舆论属性或者社会动员能力的算法推荐服务提供者应当在提供服务之日起 100 个工作日内,通过"互联网信息服务算法备案系统"填报服务提供者名称、服务形式、应用领域、算法类型、算法自评估报告、拟公示内容等信息,履行备案手续。作为首个互联网信息服务领域算法推荐规章制度,与算法安全评估、算法检查共同构成了中国算法监管制度体系。2022 年 3 月 1 日,与《算法规定》配套的"互联网信息服务算法备案系统"[①]正式上线运行。2022 年 8 月,24 家算法推荐服务企业对 30 种算法进行了必要信息备案活动。[②] 这是中国首次算法备案。这一举措意味着,算法备案规定真正落地,夯实了算法治理的基座,更标志着算法

[①]https://beian.cac.gov.cn.

[②]国家互联网信息办公室.关于发布互联网信息服务算法备案信息的公告(2022)[EB/OL].(2022-08-12)[2023-01-12]http://www.cac.gov.cn/2022-08/12/c_1661927474338504.htm.

治理正在向审慎与分类分级的方向推进。

三、社交媒体平台算法数据商业秘密与国家安全的关联

商业数据发挥着一定的社会公共职能,承载着国家安全、国民健康等广泛的社会公共利益诉求。虽然商业数据本质上属于私有财产范畴,但相关数据也可以直接或间接地反映出国家军事、水土、经济等领域的关键信息,与国家安全紧密相连。特别是在新冠疫情期间,涉及药品疫苗信息的商业数据关系国民健康,承载着较强的社会公共利益。如果政府部门基于公共利益目的需要获取相关数据,该商业数据持有者就具有一定的强制公开义务。因此,商业数据之上存在财产利益、人格权益与社会公共利益的利益交叠,需要借助更为精细化的制度安排与产权配置,协调不同主体之间的利益诉求,实现数据产业发展的利益平衡。

然而,算法偏见对社会舆论有重大影响。算法以编程语言呈现,并根据它们将已知输入信息元素稳定高效地转换为期望的结果。这最有力地证明了还原性、系统效率和便利性的实证主义价值观主导下算法的巨大作用潜力。[1] 算法在技术上具有非人为干预的中立性,因此被认为是公正的。[2] 然而有学者提出,算法虽然代表了一种新的媒体结构,就像旧的新闻体制一样,因此有一套新的偏见。[3] 算法技术利用其可见性放大含有政治因素的话题标签或凭空创建政治话题来设定议程、制造共识。算法技术基于内容的过滤、协同过滤和时序流行度的过滤,向用户推荐有一定政治目的信息组合,对虚假新闻、仇恨言论的传播起到了助推作用。[4]

互联网平台企业拥有海量数据,随着这些企业在境外上市,不可避免地存在着跨境数据流动问题,因而面临着数据出境当中涉及的国家网络安全审查问题。位置信息、移动轨迹、时间节点这些数据要素形成的动态数据都足以形成对国家安全的重大影响。一个人的信息也许不算什么,但是当精准的数据收集变成海量的时候,互联网信息服务提供者可以利用各种算法,

①Galloway A R. Are Some Things Unrepresentable? [J]. Theory Culture & Society Explorations in Critical Social Science, 2012, 28(7/8):85-102.

②Tarleton G. The Relevance of Algorithms[C] // Tarleton G, PabloJ J B, Kirsten A F. Media Technologies. Cambridge: The MIT Press, 2014:181.

③Napoli P M. Automated Media: An Institutional Theory Perspective on Algorithmic Media Production and Consumption[J]. Communication Theory,2014, 24(3): 340-360.

④陈昌凤,师文. 个性化新闻推荐算法的技术解读与价值探讨[J]. 中国编辑,2018(10):9-14.

通过关联分析、融合分析等方法,挖掘出这些表面信息背后隐含着的情报。这些聚合在一起的数据所蕴含的各类信息如果被滥用,就有可能产生国家安全风险。

数据安全不仅是一个技术问题,同时还涉及法律秩序、社会公共利益、道德伦理等多个方面的问题。进一步地,如果数据背后代表了个人,就有个人权益的概念;如果数据背后代表的是组织,就涉及知识产权、商业秘密;如果数据背后代表了行业或者国家,就有数据的主权和国家安全概念交织在里面。企业需要盘点自己的算法数据资源,认真考虑在数据使用的过程中可能牵扯到哪些相关联的利益。

第三节　社交媒体平台算法数据商业秘密权益边界

一、社交媒体平台数据不存在市场自由与国家安全二律背反

并不存在统一的数据算法规制路径。就数据处理商而言,算法数据备案是其实现其履行透明义务的重要途径,通过向监管机构的信息披露,降低了因算法本身的复杂性质、算法的技术难度、算法服务提供者的刻意隐瞒等原因引发的不利影响。[①] 就主管部门而言,算法数据备案可使其初步了解当前各领域使用算法数据的基本情况,对其可能造成的危害进行事先预防,或出台相应政策、规定规范企业经营活动,或提高、改善其监管能力。就执法机关而言,在企业运用算法数据活动造成了损害后果时,其可以利用算法数据备案固定归责点和第一手证据、明确责任主体。[②] 据此,以事前监管为重点的算法数据备案和以事后监管为目标的算法数据不当运用问责相辅相成,共同铸就了覆盖事前、事中、事后各个环节的全面监管机制,从而在最小化风险和潜在损害以保障民众的基本权利的同时,避免过度监管抑制产业创新发展。[③]

---

①张凌寒.网络平台监管的算法问责制构建研究[J].东方法学,2021(3):34-35.

②戚聿东,蔡呈伟,张兴刚.数字平台智能算法的反竞争效应研究[J].山东大学学报(哲学社会科学版),2021(2):76-86.

③European Commission. White Paper on Artificial Intelligence—A European Approach to Excellence and Trust[R]. Brussels:European Commission,2020.

　　数据虽不具有利用方面的对立性,但有形承载的数据与抽象的信息或思想有所不同:组织化的力量通过物理(如封闭管理的数据中心)、技术(数据加密)、商业模式(数据交换服务)、劳动合同(劳动合同中的保密条款)甚至社会规范(互联网早期被认可的 robots 协议)等机制控制数据获取,远比禁锢信息流动更为可行。① 法律同样也为企业加强数据控制提供了支持;即使对其所控制数据并无"产权",企业仍要依法采取各类网络和数据安全措施,而这类措施不但旨在应对黑客,客观上也对其他经营者形成限制。近期中国典型事例如电商平台基于数据合规理由对消费者订单信息做加密处理,可能使平台商家难以使用相关数据做二次运营。②

　　因此,不能认为缺失财产权利的企业数据市场就处于"无法无天"的"自然状态";企业数据界权,要回答的问题其实是法律还应为企业对数据获取的实际控制建构何种额外法律关系。霍菲尔德在辨析"财产"一词时指出,其既指称实物又指称法律规范,但两者是两回事。③ 数字经济中,一个企业客观上控制特定数据资源,可以但不必然要求其与其他主体间存在财产权通常对应的一系列法律关系,例如持有企业享有要求其他企业非经授权不得获取的请求权。法律是否应当建立此类或其他法律关系,需要考虑如此界权是否符合数据价值逻辑和分配公正的要求。甚至,法律可进一步明确,获取企业享有要求持有企业不得采取技术措施阻止其爬取数据的请求权,而持有企业对应背负不阻挠的义务。此种界权的典型示例,便是著名案件 HiQ Lab v. LinkedIn 中美国法院对 LinkedIn 公司发出停止阻挠 HiQ 使用爬虫的禁令。④ 这无疑是对 LinkedIn 公司通过技术控制数据的釜底抽薪。

二、社交媒体平台算法数据商业秘密权利边界在于可持续运营之保障

　　随着信息传播的移动化、社交化、智能化发展,作为私营企业的社交媒体平台凭借资本和技术联姻,通过垄断海量用户数据,越来越广泛地涉入社会公共服务,在网络言论和内容管理中掌握生杀大权。借助赋权模式,这些以私营

---

①Rubinfeld D L, Gal M S. Access Barriers to Big Data[J]. Arizona Law Review,2017,59:339-382.

②原瑞阳.个保法、数安法生效在即,阿里加密用户信息[EB/OL].(2021-08-21)[2023-01-12].https://www.caixin.com/2021-08-21/101758209.html.

③Hohfeld W N. Some Fundamental Legal Conceptions as Applied in Judicial Reasoning[J]. Yale Law Journal,1913,23(1):21-25.

④HiQ Labs,Inc. v. LinkedIn Corp,938F. 3d 985(Cir. 2019).

企业身份发展起来的超级网络社交平台,承担网络信息内容管理的主体责任,在对网络内容审核、过滤、删帖、封禁中往往突破企业正常的权利边界,成为公民言论的实际审查者。学界逐渐达成共识,网络空间言论自由开始从传统的"个人—政府"的二元关系转向"个人—企业—政府"三角关系,言论自由的"基础设施"已从传统空间转向数字平台,甚至认为控制了言论自由的"基础设施"就控制了言论自由的未来。在"平台为王"的时代,亟须对言论自由权利保护中政府与个人、公权力与私权利之间关系进行重新审视和定位。

公权力的介入,体现了伴随着商业实践的不断发展以及法学研究的与时俱进,现代人的法律观念已经发生显著的变化,就是法律由"个人本位"向"社会本位"的变化。知识产权强调对社会公益的保护,当侵权行为已经严重到同时损害了社会公共利益,扰乱了市场经济秩序的时候,在私权领域,引入公权力机构来对某些权利进行保护,或者提供另一种方式来强化该权利的确定性,同时维护社会公共利益,已然成为普遍接受的观点。例如在发生大规模的盗版、商标假冒的情况下,公安机关或者其他行政机关的执法活动,在法理上就有合理性。

商业秘密备案制度通过确定商业秘密权利人的权利,为保护其权利提供证据保证,可以起到维护公平竞争秩序、激励创新的目的。但是,知识产权法的最终目的则是通过保障知识产权人的利益的激励机制,促进知识和信息的广泛传播,促进经济的发展和科技、文化进步。这体现了知识产权法对整体的社会利益的追求,构成了知识产权法的社会目标。因此,从最终目标来看,商业秘密立法的宗旨与价值取向要考虑到社会利益问题。

设立商业秘密备案制度保护商业秘密权利人的权利,维护了权利人的利益,但也会发生诸多利益冲突,包括商业秘密权利人的利益与公共利益之间的冲突,例如权利人的权利保护要求和社会公众对技术的需求之间的冲突;商业秘密权利人与竞争者之间的利益冲突,如商业秘密所有人对相关的技术信息和经营信息并不享有像专利权那样的强力的排他性权利,权利人的竞争对手会通过独立开发、反向工程等方式获得近似的商业秘密,两者为取得竞争优势而基于这近似的商业秘密产生冲突;商业秘密权利人与其雇员之间的利益冲突,例如权利人的权利保护与其雇员的自由择业的权利之间的冲突等。商业秘密权利人对权利的滥用会对权利人雇员、竞争对手以及社会公众的利益造成损害,为了实现知识产权法追求整体社会利益的社会目标,应在商业秘密立法中考虑利益平衡原则,对权利人的权利加以一定限制,以维护权利人雇员、竞争对手以及社会公众的利益,达到个体利益与公共利益的平衡。

由于商业秘密具有秘密的特殊性,加之商业秘密的备案没有法律上的商业秘密认定效力,因此在备案过程中,无须对商业秘密的合法性及合理性进行审查,具体的审查时间是,在侵权纠纷发生后,在专门鉴定机构鉴定过程中便完全可以审查认定,因此,对于商业秘密备案审查,只从上述三个方面进行形式审查即可,无须审查所备案的商业秘密是否违反法律、侵害社会公共利益及善良风俗,以及备案内容是否构成商业秘密。

三、国家数据安全理应包括社交媒体平台自身算法数据安全

作为一种出自政府但又不限于政府的人类活动协调机制,治理不为政府所独占,事实上,在大多数情形下,政府可以动用新的工具和技术来控制和指引,[1]此即"协同治理"(Collaborative Governance)的真意。虽然强化对企业数据监管控制的方案不符合开放创新价值逻辑,但为持有企业确权的主张也不乏理由。首先,企业持有的数据资源没有法律支持,甚至遭法律削弱,则数据对投资、生产、开发和维护的动力可能下降;其次,若无法律保障企业的控制,其与他方进行数据合作、交易可能缺乏起点,也会由于担忧失去控制而减少参与合作和交易;第三,若法律保护不足,企业会把更多资源投入建设技术壁垒,但这种自力救济只影响利益分配,不生产价值,浪费资源。

当前企业间数据权交易及大数据交易所运行面临的实际困难一是供需匹配不足,二是数据难以定价;两者笼统被说成"产权不明"的结果,但其实都源于机制设计匮乏。匹配不足源于搜寻成本过高,但即使对于传统物权体制而言,法律界权也只是信息成本降低的部分原因,国家建立公示登记系统和权利公示规则同样至关重要。

解决数据市场的匹配难题,需要考虑围绕交易所机制建立企业数据资源的披露规则。定价困难同样是信息不足的后果。在缺乏客观定价依据的情况下,持有企业和获取企业对数据的主观估价差异很大,沟通议价会有极强策略性。打破困局的一个可能方案,是要求持有企业自行披露并登记公示本方数据资产的主观转让估价,并被强制与任何接受公示价格者完成交

---

① Stoker G. Governance as a Theory:Five Propositions[J]. International Social Science Journal 1998,50:17-24.

易,且通过基于估价收税的方式避免持有企业报价过高。[①] 这既可保证持有企业回收成本并适当获利,也使其不会借财产权过度限制数据流动。

<h2 style="text-align:center">第四节　限制社交媒体平台算法数据
商业秘密的归谬分析</h2>

一、以国家安全为由常态化监管社交媒体平台算法数据合理性分析

假设国家安全例外可以有效规制企业数据利用带来的负面影响,那么讨论的结果,可能就是政府以国家安全为理由,要求掌控企业商业秘密。算法能够决定用户在软件上看到哪些内容,因此对吸引用户注意力和推动增长至关重要。算法被认为是许多互联网服务公司的商业机密并受到严密保护。在"总体国家安全观"的统摄下,我国提出了"树立正确的网络安全观""加快构建关键信息基础设施安全保障体系""全天候全方位感知网络安全态势"等决策方向。中国法律制度对数据的规制,从数据安全进一步推进到算法安全,要求必须强化算法安全意识,避免将其视为一种技术中立的纯粹工具,将数据算法安全作为网络安全重要组成部分。算法安全内涵与数据安全和国家安全相连通,意味着既要保证算法免受攻击保障其可靠运用,也要在国际竞争中发展出更为高效和智能的算法,还要求将算法的治理权力控制在国家权力的支配之下。[②] 然而现实情况是,各方主体对数据算法安全的认知与要求并不一致,企业与用户之间、国家与企业之间、国家与国家之间,都可能会出现数据利用方面的利益冲突。

中国算法备案的要求,与美国等国家的做法不相同:在美国,即使监管机构声称,要求网络信息服务者披露算法,目的是更好地了解其如何策划内容和管理数据,但仍然不能改变企业对算法的主导权。在立法方面,中国近年来呈收紧态势,在 2021 年先后出台了《数据安全法》和《个人信息保护法》,对企业如何处理用户数据制定了更严格的规则,以防止企业不受控制地使用数据。此次算法备案的政策依据《算法规定》中,并未直接规定企业需要向备案管理

---

①Posner E A. and Weyl E G. Radical Markets: Uprooting Capitalism and Democracy for a Just Society[M]. Princeton: Princeton University Press, 2018: 55-62.

②杨蓉. 从信息安全、数据安全到算法安全——总体国家安全观视角下的网络法律治理[J]. 法学评论, 2021, 39(1): 131-136.

机构提供作为商业秘密的算法源代码及有关数据。但是,从备案系统中所需填报内容来看,向监管部门提交相当数量的非公开信息是不可避免的,包括:对算法安全性的自我评估、与算法有关的数据、是否包含敏感生物识别或身份信息,以及用于训练算法的数据来源等。与技术有关的算法、数据、计算机程序及其有关文档等信息,可以认定构成商业秘密,具体可见最高人民法院《关于审理侵犯商业秘密民事案件适用法律若干问题的规定》第 2 条。

以国家安全为理由要求掌控企业商业秘密是否与现行法律相冲突,企业正常经营活动是否要屈从于具有"常态化"意味的"总体国家安全",有待进一步讨论。

二、社交媒体平台算法数据商业秘密备案与企业权益边界

备案的目的是保护相对人、社会公共利益,还是保护备案者权益,是值得深入探讨的问题。然而,算法备案事项和内容触碰了企业商业秘密权益敏感线。很多企业可能会基于商业秘密保护的考虑而不愿意披露算法原理。虽然《算法规定》及官方系统平台对互联网信息服务者要求的算法披露,只需基础性地披露算法原理和运行机制,为用户决定是否参与自动化决策提供参考即可,并不强制披露核心技术秘密和公布源代码。但是算法作为商业秘密保护,并非保护单纯的数学演算方法。算法的核心为模型的选择优化及权重排序,权利人采取了相应的保密措施,并能为权利人带来商业收益和可保持竞争优势,应当作为商业秘密予以保护。如果算法备案涉及源代码,那么不可避免地会引发国家安全、商业秘密与社会发展等多重价值冲突,部分算法关键决策机制代码的快速更新也可能会限制备案的实际效用。

基于上述考虑,企业对算法备案的实际配合度并不高。针对首批 30 个算法的公示情况,不同的企业在备案网站的"拟公示算法机制机理内容表"的"算法公示情况"一栏采用了不同的应对形式,超过 80% 的备案算法将此栏留空,有 2 个算法披露了信息获取途径。算法披露的具体思路一般就是告诉用户使用了什么数据,基于什么标准或技术模型或流程来进行处理,并形成最终结果。但是因为没有一个统一的说明标准,所以不同的企业采用了不同的表述形式,披露的内容详细度也不尽相同。超过 90% 的算法披露了使用的个人信息类型,约 60% 的算法披露的类型较为笼统,约 40% 的算法较为详细地披露所备案的个人信息类型,例如抖音个性化推荐算法指出其会收集用户设备信息、位置信息以及在使用产品时的行为信息,进行分析

计算；富途牛牛内容推荐算法指出其会根据用户在软件内的行为、个人设置、日志信息、IP地址、设备信息进行综合统计、分析。本次备案服务提供者有一半并未披露具体的算法模型。

以上这些做法，显示了互联网信息服务企业对算法备案的担忧与顾虑：备案及披露的算法数据信息组合在一起，有可能使其所掌控的商业秘密在实质上丧失法律意义上的权益价值。

三、备案程序对社交媒体平台保有算法数据商业秘密的影响

技术决定论与激励理论，是数据和商业秘密关系讨论的最底层理论。这些理论放在域外法，或者放在反不正当竞争法里面来谈，都是合适的；我国从国家安全角度来处理作为企业商业秘密的算法数据，会产生可操作性的问题。

当前我国发布的有关算法治理的指导意见和规定，事实上都是针对算法使用的"行为规范"而非技术底层。技术决定论与激励理论，是数据和商业秘密关系讨论的最底层理论。目前全球规定算法备案相关制度的主要经济体只有欧盟和中国。欧盟《人工智能法案》中仅特别规定了高风险人工智能算法的备案义务，例如在确定哪些AI算法需要履行备案手续时是否需要考虑其本身的技术性质、应用场景、处理数据的敏感程度以及体量等，对备案的内涵、程序和意义均缺少具体规定。

我国《算法规定》针对的是算法服务提供者即市场主体，但未来在公共政府治理中，同样可能需要适用工具性和人工智能算法，政府等管理机构使用算法同样需要受到规制。算法备案范围而言，未采取适应算法技术发展的分类分级方式。欧盟在高风险人工智能领域设定算法备案义务，我国要求备案的"算法"并不限于深度学习算法，而是拓展到生成合成类、个性化推送类、排序精选类、检索过滤类、调度决策类等五类算法。但随着算法更新迭代，对特定算法类型的分类分级将减弱算法治理的有效性。另外，从算法全流程治理视角来看，《算法规定》对算法初始备案和动态备案的规则尚属不够精细，仅粗略规定了变更、终止算法服务备案的流程，但在实践中什么时间、什么情况下需要变更，从而平衡算法安全和算法发展，仍有待进一步观察。

放眼算法监管的全流程，应当细化相关规则，促进企业履行备案义务。在算法监管的全流程中，应当对算法初始备案和动态备案规则进行细化，从而平衡算法安全和算法发展。目前《算法推荐规定》仅初步规定了变更、终止算法服务备案的流程，但在实践中什么时间、什么情况下需要变更，仍有待释明。

第七章　信赖理念下的个人信息使用与保护

第一节　个人信息使用与保护概述

根据《信息安全技术公共及商用服务信息系统个人信息保护指南》第3.4条,个人信息控制者,是指"决定个人信息处理的目的和方法,实际控制个人信息并利用信息系统处理个人信息"的社会机构,以及实际控制个人信息的政府部门。《网络安全法》(2016年)第76条第1款第5项规定,个人信息是指"以电子或者其他方式记录的能够单独或者与其他信息结合识别自然人个人身份的各种信息,包括但不限于自然人的姓名、出生日期、身份证件号码、个人生物识别信息、住址、电话号码等"。网络信息活动,都会留下信息痕迹,透露用户的人格特征,勾勒用户的人格形象。即使用户没有主动透露重要的个人信息,大数据算法也可以通过整合不同数据库中的信息,来猜测并自动识别特定个人。弱势群体已将自己的脆弱性暴露给了强势的信息控制者,因个人信息的披露和使用而易受非法侵害。

在大数据分析的背景下,用户不仅容易遭受信息非法泄密的侵害,而且还容易遭受信息滥用、歧视和信息操纵的侵害。例如,用户的信用卡授信额度可能会因公司欠薪而被自动降级[1];用户的保险申请可能会因家庭成员得了癌症而被自动拒绝[2];老年人可能会在易受操纵的脆弱时刻,接受电商平台的推销,购买了本不需要的产品。可见,信息使用和保护的平衡问题,是大数据时代的重大现实问题。

现行的个人信息保护法律规范,以"主客体二元对立"思维下的"理性

---

[1]李玉敏.建行调降乐视员工信用卡额度真相:新系统"过度"灵敏[N].21世纪经济报道,2017-07-29-(08).

[2]Fairfield J , Engel C . Privacy as a Public Good[J]. Duke Law Journal, 2015,65(3):385-457.

人"理念[①]为指引,通过强调个人信息主体的自主支配、自主决断和自己责任,来平衡个人信息的使用和保护。[②] 为此,个人信息保护法律规范的整体功能,主要限于确保信息主体自主控制的实现,以及保护他们免受可举证证明的非法侵害。同时,现有学说也体现出"理性人"理念的倾向。但是,在大数据时代,个人信息保护的"理性人"理念面临着诸多困境。

首先,信息主体的"理性人"假定,面临着"信息决策困境"。这导致信息主体作出知情的理性决策的实际能力远未达到个人信息保护法理论所预设的程度。

其次,在大数据时代,信息主体日益丧失对个人信息的自主控制权;而强大的大数据算法和人工智能却使得信息控制者变得越来越有控制力。这使得"理性人"理念面临着严重的"控制权失衡"问题,并进而导致了法律责任的不当配置。

再次,个人信息保护法律规范,只保护信息主体免受可举证证明的、针对特定个人的、可辨识的非法侵害。但是在大数据时代,许多信息损害在本质上是累积性的。这导致信息损害制度无法有效地实现其预防功能。

复次,信息主体虽然无法清晰勾勒出针对特定个人的可辨识的损害,但能感知对个人信息和隐私的威胁的存在。例如,腾讯和北京奇虎之间的"3Q"大战事件,引发民众对个人信息保护现状的担忧。[③] 这种"安全感困境",会束缚社会成员间的信赖和社会互动的意愿,阻碍人格自由发展。[④]

最后,"理性人"理念抹去了具有"社会性"和"感性"特征的"信赖"[⑤],致使个人信息保护法律规范内含信息主体和信息控制者之间的紧张对立关系,难以有效增强他们之间的互信,甚至可能会阻碍信息社会的可持续发展。可见,信息使用和保护的平衡问题,亦是大数据时代的重大理论课题。

如何在理念和制度建构的双重层面,弥补"理性人"理念的这些内生缺陷,以更加有效地平衡个人信息使用和保护? 这是本书欲论证的核心问题。

---

① 汪志刚.生命科技时代民法中人的主体地位构造基础[J].法学研究,2016,38(6):29-48.

② 齐爱民.拯救信息社会中的人格:个人信息保护法总论[M].北京:北京大学出版社,2009:215;张新宝.从隐私到个人信息:利益再衡量的理论与制度安排[J].中国法学,2015(3):38-59.

③ 陈静.工信部通报批评腾讯与360[N].中国证券报,2010-11-22(A7).

④ Tene O, Polonetsky J. A Theory of Creepy:Technology, Privacy, and Shifting Social Norms[J]. Yale Journal of Law and Technology 2013,16:59-102.

⑤ Hill C A. and O'Hara E A. A Cognitive Theory of Trust[J]. Washington University Law Review, 2006,84(7):1717-1796.

为此,本章将首先阐明,现行的个人信息保护法律规范以"理性人"理念为其理论预设,且现有学说也体现出"理性人"理念的倾向。然后,对大数据时代下"理性人"理念的内生缺陷进行阐述和分析。在此基础上,提出了"信赖"理念的构想及其具体制度建构,并论证该理念如何弥补"理性人"理念的这些内生缺陷,以期在制定统一的个人信息保护法的当下能够借此助推个人信息保护立法的理念和制度的完善。

第二节 "理性人"理念下个人信息使用与保护的平衡

我国个人信息保护法律规范,以"理性人"理念为理论预设,通过强调信息主体的自主支配、自主决断和自己责任,来平衡个人信息的使用与保护。"理性人",是指近现代私法所构建的,被抹去社会性和感性特征[①],"具有充分理性和意思、自律性开拓自己命运的经济人"。[②] 作为独立个体的、理性的信息主体,在知情的前提下,能够就是否同意他人收集、使用和流转个人信息作出自身利益最大化的决策,并为此承担所有的责任。[③] 换言之,"理性人"理念,将个人信息问题视为个人控制、个人选择和个人责任的问题。为此,个人信息保护法律规范的整体功能,主要限于确保信息主体自主控制的实现,以及保护他们免受非法侵害。

个人信息保护的"理性人"理念,植根于近现代人本主义和理性主义哲学思想。集启蒙思想之大成的康德,在其《纯粹理性批判》和《实践理性批判》中,从纯粹理性出发,宣告"人为目的",崇尚人格尊严。[④] 人,被抽象掉肉身性和社会性,成为纯粹的理性之人、精神之人,并因此超越世间万物和自身,成为一切的主宰和目的性的存在。[⑤] 这种理性的存在,将世界和自身客体化为自己的对立面,实现对世界和自身的控制。因此,个体以权利为中介对人格形象的自主控制,便是对其主体地位的确认和维护。[⑥] 当将人贬为一

---

①汪志刚.生命科技时代民法中人的主体地位构造基础[J].法学研究,2016,38(6):29-48.
②星野英一.私法中的人[C]//梁慧星.民商法论丛(第8卷).王闯,译.北京:法律出版社,1997:170.
③陈洁.投资者到金融消费者的角色嬗变[J].法学研究,2011,33(05):84-95;谢远扬.信息论视角下个人信息的价值——兼对隐私权保护模式的检讨[J].清华法学,2015,9(3):94-110.
④康德.纯粹理性批判[M].邓晓芒,译.北京:人民出版社,2017:1.
⑤汪志刚.生命科技时代民法中人的主体地位构造基础[J].法学研究,2016,38(6):29-48.
⑥汪志刚.生命科技时代民法中人的主体地位构造基础[J].法学研究,2016,38(6):29-48.

种客体、工具或手段时,人之所以为人的价值即被侵害。人之所以为人的价值,即人格尊严,意味着人必须受到他人的尊重。"人格标识的完整性与真实性是主体受到他人尊重的基本条件"。① 而个人信息标识人格,勾勒人格形象。因此,任何个人信息都具有保护的价值;任何扭曲都是对人格尊严的侵害。②

为此,"理性人"理念强调通过权利模式来建构个人信息保护法律体系。这意味着行政干预或司法干预的目的,在于保护信息主体的信息自主支配和自主决断的权利免于公权力③和第三人的不法侵害。在"理性人"理念的指引下,个人信息保护法律规范,以我国宪法第 37 条和第 38 条规定的两大宪法基本权利——人格尊严和人身自由——为出发点和价值追求,并以此来统摄个人信息保护的部门法规范。以知情权和决定权为主要内容④的个人信息权是"理性人"理念在民法中的规范表达,而以"知情"和"同意"为核心的程序性规则(以下简称"知情同意"规则)以及"个人信息保密权利"则是该理念在行政法和刑法中的具体体现。这些部门法权利及其规则之间,主要通过解释论加以衔接和协调。

以《民法典》第 111 条为例,该条规定:"自然人的个人信息受法律保护。任何组织和个人需要获取他人个人信息的,应当依法取得并确保信息安全,不得非法收集、使用、加工、传输他人个人信息,不得非法买卖、提供或者公开他人个人信息。"该条分为两句:前一句确立了个人信息权的法律基础;后一句强调了个人信息权的对世性,并从正反两方面明确了个人信息收集和利用的规则。其中,个人信息权,作为一项独立的具体人格权,体现了信息主体对个人信息的自主控制。⑤ 为了平衡弱势信息主体的信息保护和强势信息控制者的信息利用,法律赋予信息主体以知情权和决定权。⑥ 对个人信息权的侵害主要是指对信息主体的知情权和决定权的侵害。在"孙旭东与

①亚伯拉罕·马斯洛.动机与人格[M].许金声,译.北京:中国人民大学出版社,2007:31.

②齐爱民,李仪.论利益平衡视野下的个人信息权制度——在人格利益与信息自由之间[J].法学评论,2011,29(3):37-44;杨芳.个人信息自决权理论及其检讨——兼论个人信息保护法之保护客体[J].比较法研究,2015(6):22-33.

③王泽鉴.人格权法:法释义学、比较法、案例研究[M].北京:北京大学出版社,2013:80.

④王利明.论个人信息权的法律保护——以个人信息权与隐私权的界分为中心[J].现代法学,2013,35(4):62-72.

⑤王利明.人格权法研究[M].2 版.北京:中国人民大学出版社,2012:611.

⑥王利明.论个人信息权的法律保护——以个人信息权与隐私权的界分为中心[J].现代法学,2013,35(4):62-72.

平安银行股份有限公司深圳市鑫富源投资咨询有限公司隐私权纠纷一审民事判决书"[1]中,法院认为,"被告鑫富源公司为更加精准地开发目标客户,未经原告同意,擅自使用应用软件筛选、调查原告的个人信息,违反了'告知与许可原则'的规定。"同时,该条款还明确了侵害个人信息权的表现形式,即非法收集、使用、加工、传输、买卖、提供和公开。其中,"非法"主要是指,违反法律和行政法规的强制性规定、"知情同意"规则或者公序良俗原则。例如,个人信息的非法收集和使用,可以被解释为信息的收集和使用违反《网络安全法》第41条中的"合法、正当、必要的原则"以及"知情同意"规则,即"公开收集、使用规则,明示收集、使用信息的目的、方式和范围,并经被收集者同意"。基于此种解释,在"北京淘友天下技术有限公司等与北京微梦创科网络技术有限公司不正当竞争纠纷二审民事判决书"[2]中,法院认为:"OpenAPI开发合作模式中数据提供方向第三方开放数据的前提是数据提供方取得用户同意,同时,第三方平台在使用用户信息时还应当明确告知用户其使用的目的、方式和范围,再次取得用户的同意。"但是,个人信息的买卖,因违反诸多行政法律规范所规定的保密义务而被法律推定为非法。《民法典》第111条和《网络安全法》第44条关于禁止非法买卖(出售)个人信息的规定,与《刑法修正案(九)》所规定的"侵犯公民个人信息罪"相衔接。该罪制裁违反法律和行政法规,出售或者提供个人信息的犯罪行为。其成立的前提是犯罪行为具备行政违法性,而犯罪客体是信息主体的信息自由和安全,即"个人信息保密权利"。该权利对应的是诸多行政法律规范中信息控制者对信息主体所负的保密义务。"侵犯公民个人信息罪",推定信息的出售或者提供并未获得知情的信息主体的明确授权,因而构成对信息主体的个人信息保密权利的侵犯。

"理性人"理念,将个人信息问题视为个人控制、个人选择和个人责任的问题。为此,个人信息民事法律规范,只保护信息主体免受可举证证明的非法侵害;而个人信息行政法律规范,强调对信息风险的结构性配置。

首先,依据个人信息民事法律规范,对个人信息权的损害必须在法律上具有可补救性和确定性。[3]信息控制者一般不对个人信息的轻微损害或不确定的损害承担法律责任。精神损害必须达到"严重"程度,信息主体才能

---

[1]广东省深圳市福田区人民法院判决书(2016)粤0304民初24741号。

[2]北京知识产权法院判决书(2016)京73民终588号。

[3]王利明.侵权责任法研究(上卷)[M].北京:中国人民大学出版社,2010:310.

请求精神损害赔偿。因此,个人信息的一般侵权损害规则,是以事前震慑、事后补偿损害为设计初衷,而非以鼓励信息主体与信息控制者间的信赖为功能目标。在大数据时代,信息主体往往因为难以举证证明存在针对特定个人的可辨识的损害而败诉。例如,在刘春泉与工行上海分行侵权责任纠纷再审案中①,上海市高级人民法院以工行上海分行向再审申请人刘春泉发送商业短信的行为不足以构成对手机及其存储空间等"财产上的贬损"为由裁定驳回再审申请,尽管刘春泉主张"个人信息权受损本身就是不显性化的"。再例如,在以数据安全保护措施缺失为由提起的诉讼中,法院虽然可能认可这会大大增加个人信息遭受侵害的可能性,以及潜在的受害人范围的广泛性,但是往往会因举证不能而判决原告败诉。只有在极少数的特殊情形下,法院可能会根据"所获利益视为损失"的规则,推定损害的存在并确定赔偿数额。②

其次,行政法中的"知情同意"规则,强调对信息风险的结构性配置。全国人民代表大会常务委员会《关于加强网络信息保护的决定》第 2 条和第 7 条、《网络安全法》第 41 条和第 42 条以及《消费者权益保护法》第 29 条,均对"知情同意"规则作出了明确的规定。该规则旨在赋权于个体,将个体放在信息决策的中心,推定个体能够独立管理自己的个人信息。因此,其原则上对信息收集、使用和流动的具体方式保持中立,而主要关注信息主体是否作出了授权。也正因此,该规则是对信息风险的结构性配置。个人信息保护的责任最终主要落在了个体的身上。只要信息主体是在知情的前提下自主授权信息的收集和使用,信息控制者便被推定已遵守了"知情同意"规则。在网络信息环境下,信息控制者为遵守"知情同意"规则,通常采取公开隐私政策和提供授权选项的标准化模式。

需要强调的是,相较于美国法,我国法律就个人信息的收集、使用和流动采取了更为严格的规定。根据我国法律的规定,未经信息主体同意,信息控制者不得收集、使用和提供个人信息;而在美国法下,在未被认定为"未经同意"之前,信息的处理是合法的,即使可能存在操纵和胁迫的情形。③ 我国

---

①上海市高级人民法院裁定书(2016)沪民申 2161 号。

②王利明.论个人信息权的法律保护——以个人信息权与隐私权的界分为中心[J].现代法学,2013,35(4):62-72.

③阿丽塔·艾伦.美国隐私法——学说、判例与立法[M].冯速妹,等编译.北京:中国民主法制出版社,2004:209.

法要求信息的收集、使用必须要有法律依据,即遵守合法原则;而在美国法下,只要法律没有明文禁止,信息的处理一般是被允许的。① 再者,我国法律通过正当原则和必要原则对个人信息的收集和使用作了进一步的限制。个人信息的收集和使用在本质上是对作为具体人格权的个人信息权的限制。这种限制只有符合正当原则和必要原则,才可能是被允许的。正当原则,是指信息收集和使用的方式符合商业目的;②而必要原则,要求信息收集和使用必须以实现特定目的"最小必要"成本和损害为限。③ 可见,在平衡个人信息的使用和保护时,我国法更强调信息安全和人格尊严的重要性,而美国法更崇尚信息自由和利用的价值。

现行的个人信息保护法律规范以"理性人"理念为理论预设,现有学说也体现出"理性人"理念的倾向。王利明教授主张"以私权保护为中心制定个人信息保护法","鼓励对个人信息进行自我管理"。④ 杨芳老师认为,"个人信息自决权之思想可视为个人信息保护法的理念基础"。⑤ 谢远扬博士主张我国可以通过一般人格权来保护个人信息自我决定权能。⑥ 齐爱民教授借鉴国内外信息保护法基本原则,提出我国个人信息保护法的基本原则。⑦

上述学者提及的这些基本原则,建基在"理性人"理念之上。其中,知情同意原则和政策公开原则,强调信息主体的自主支配和自主决断。目的明确原则、目的限制原则、信息品质原则、安全原则和禁止泄露原则,建立在知情同意原则的基础上,是对信息主体自主支配和自主决断的进一步保护。例如,目的明确原则,要求信息控制者必须在事前明确信息利用的目的并获得信息主体对该目的的同意;目的限制原则,要求信息的收集和使用必须限于信息主体所同意的信息利用目的;而信息品质原则,要求信息控制者必须

---

①阿丽塔·艾伦.美国隐私法——学说、判例与立法[M].冯速妹,等编译,北京:中国民主法制出版社,2004:209.

②李承亮.个人信息保护的界限——以在线评价平台为例[J].武汉大学学报(哲学社会科学版),2016,69(4):109-120.

③范为.大数据时代个人信息保护的路径重构[J].环球法律评论,2016,38(5):92-115.

④王利明.论个人信息权的法律保护——以个人信息权与隐私权的界分为中心[J].现代法学,2013,35(4):62-72.

⑤杨芳.个人信息自决权理论及其检讨——兼论个人信息保护法之保护客体[J].比较法研究,2015(6):22-33.

⑥谢远扬.信息论视角下个人信息的价值——兼对隐私权保护模式的检讨[J].清华法学,2015,9(3):94-110.

⑦齐爱民,李仪.论利益平衡视野下的个人信息权制度——在人格利益与信息自由之间[J].法学评论,2011,29(3):37-44.

确保收集和使用的信息在信息利用目的范围内的完整、准确和时新。安全原则和禁止泄露原则,要求信息控制者信守信息保护的承诺。张新宝教授提出"两头强化,三方平衡"理论,建议通过类型化个人信息,实现敏感信息保护和一般信息使用之间的平衡。[①] 他认为,虽然个人敏感信息需要强化保护,但是"信息主体明确同意"是其例外情形。[②] 他还提出"去个人化的信息处理与利用"。[③] 信息匿名化处理,是信息主体自主控制的必要条件。[④] 范为博士建议我国借鉴"欧美改革法案中'场景'与'风险'导向的路径"。[⑤] 依据该路径,信息控制者以"在相应场景中合理"的标准收集、使用和流转个人信息。若出现不合理情形,信息控制者需要进行"隐私风险评估",并"采取适当的手段降低风险"。"适当的手段",主要是指强化信息主体的自主控制的措施,即"提供增强性披露及用户控制机制"。[⑥] 齐爱民教授、张新宝教授和范为博士关于我国个人信息保护法的立法建议,均借鉴了欧盟《数据保护通用条例》的基本原则和核心制度。2016 年修订后的《数据保护通用条例》仍然深受"理性人"理念的影响,以赋权信息主体为其核心理念。

第三节 "理性人"理念的理论反思

一、"理性人"理念的现实困境

(一)信息决策困境

个人信息保护的"理性人"理念,预设理性的信息主体在知情的前提下,有能力就是否同意他人收集、使用、流转和披露信息作出自身利益最大化的决策。但大数据时代的到来,侵蚀着这个理论预设。信息主体的"理性人"假定,面临着"信息决策困境"。这导致信息主体作出知情的理性决策的实际能力远未达到个人信息保护法理论所预设的程度,大大削弱了"知情同

---

①张新宝.从隐私到个人信息:利益再衡量的理论与制度安排[J].中国法学,2015(3):38-59.

②张新宝.从隐私到个人信息:利益再衡量的理论与制度安排[J].中国法学,2015(3):38-59.

③张新宝.从隐私到个人信息:利益再衡量的理论与制度安排[J].中国法学,2015(3):38-59.

④Stalla-Bourdillon S and Knight A. Anonymous Data v. Personal Data—A False Debate:An EU Perspective on Anonymization,Pseudonymization and Personal Data[J]. Wisconsin International Law Journal,2016,43(2):284-322.

⑤范为.大数据时代个人信息保护的路径重构[J].环球法律评论,2016,38(5):92-115.

⑥范为.大数据时代个人信息保护的路径重构[J].环球法律评论,2016,38(5):92-115.

意"规则的实效。

1. 内部性决策困境

内部性决策困境,关注影响信息主体信息决策能力的内部因素。信息主体的"有限理性",限制了其记忆和处理信息的能力,使其在复杂的大数据情境中不得不依靠近似策略和简化的心理模型来作出信息决策。[①] 有学者为此提出了简化、冗长、难懂的隐私政策的建议。[②] 但是,由于大数据情境下个人信息问题的高度复杂性,信息控制者往往很难通过简单易懂的隐私政策向信息主体进行足够详细的解释说明,以确保其充分知情。信息主体的认知受到"框架效应"的限制。同一个问题的不同表达,会影响其对该问题的判断。[③]

信息主体的决策显现"重复效应"。信息控制者频繁的信息授权请求,会让信息主体变得麻木并不假思索地点击"同意"选项。[④] 信息主体受到"可得性启发"的影响,往往会错误地认为熟悉的信息风险比不熟悉的信息风险更可能变成现实。[⑤]

信息主体存在"自我催眠"的问题。其往往在感觉自我掌控的时候,更愿意分享个人信息,也更愿意承受信息风险,无论这种自控是否真实存在。[⑥] 同理,信息主体在自认为已充分知情的情况下,会忽略强制性信息披露的内容。信息主体受到"认可偏见"的影响。[⑦] 社交平台上的信息主体,倾向于认可自己喜爱的言论而忽视反对观点。这导致两极分化群体的形成。

信息主体还面临"短视困境"。其经常为了眼前的利益而忽视将来的危

---

①Alessandro Acquisti. Digital Privacy:Theory,Technologies,and Practices[M]. Boca Raton, FL: Auerbach Publications,2007:369.

②Calo M R. Against Notice Skepticism in Privacy (and Elsewhere)[J]. 87 Notre Dame Law Review, 2012, 87(3):1027-1072.

③Levin I P, Schneider S L and Gaeth G J. All Frames Are Not Created Equal:A Typology and Critical Analysis of Framing Effects[J]. Organizational Behavior and Human Decision Processes, 1998, 76(2): 149-188.

④Landau S. Control Use of Data to Protect Privacy[J]. Science, 2015,6221(347):504-506.

⑤Thaler R H, Sunstein C R. Nudge:Improving Decisions About Health,Wealth, and Happiness[M]. New Haven:Yale University Press,2008:25.

⑥Brandimarte L, Acquisti A and Loewenstein G. Misplaced Confidences:Privacy and the Control Paradox[J]. Social Psychological and Personality Science, 2012,4(3):340-347.

⑦Mocanu D, Rossi L and Zhang Q. Collective Attention in the Age of (Mis) Information[J]. Computers in Human Behavior, 2015, 51:1198-1204.

害。[1] 这使得多数关于是否同意收集、使用和披露信息的决定都与短期利益相关。依据个人信息保护法律规范的要求,信息主体在刚开始被收集个人信息的时候便要作出是否同意被收集的决断。例如,信息主体在手机上安装具有职场社交功能的"脉脉"软件时,必须点击同意《脉脉服务协议》。依据该协议的约定,"用户一旦注册、登录、使用脉脉服务将视为用户完全了解、同意并接受淘友公司通过包括但不限于收集、统计、分析、使用等方式使用用户信息",并且"用户对淘友公司的前述明确同意是不可撤销、基于其自身真实意思表示的授权"。[2] 协议还约定,虽然"用户关闭账号或者停止使用脉脉服务","此前经用户同意和授权对用户信息的一切使用行为,仍然合法有效"。但是,许多信息损害在本质上是累积性的。信息主体可能陆续地同意各种形式的信息收集、使用和流动,而未遭受任何可识别的侵权损害,因为在这个阶段,信息损害可能是非常细微的。但是,随着时间的推移,以及个人信息的不断被整合和再使用,损害可能会在将来的某个时点,出现在下游的使用过程中。

2. 外部性决策困境

信息主体在考虑是否同意信息控制者收集、使用和披露个人信息时,严重受到外部因素的干扰。

首先,信息主体面临"共享困境"。在大数据时代,信息主体不得不与信息控制者共享个人信息,来过正常的现代生活。[3] 例如,要想享受网上订餐平台"美团外卖"所带来的便捷生活,信息主体必须允许"美团外卖"收集和使用自己的个人信息。

其次,信息主体面临"数量困境"。[4] 在大数据时代,信息主体需要和非常多的信息控制者打交道。但是,理性的信息主体没有那么多时间和精力,来处理与众多的信息控制者之间的关系。他们需要耗费极大的成本才能阅读完所有访问过的网站上的隐私政策。因此,大多数的信息主体不会去阅

---

① Acquisti A. Digital Privacy: Theory, Technologies, and Practices [M]. Sydney: Auerbach Publications, 2007:372.

② 北京知识产权法院判决书(2016)京 73 民终 588 号。

③ Winn J K. Consumer Protection in the Age of the "Information Economy" [M]. London: Routledge, 2016:361-362.

④ Citron D K. Reservoirs of Danger: the Evolution of Public and Private Law at the Dawn of the Information Age[J]. Southern California Law Review, 2007, 80:241-251.

读隐私政策,自然对隐私政策的内容也不会知情。[①]

最后,信息主体面临着"智能困境"。大数据分析可以将不同数据库中的零散信息整合,来识别特定个人。即使信息主体从未透露过任何敏感信息,大数据算法也可以通过整合不同数据库中的非敏感信息,或者从已知信息中推断出敏感信息,来猜测并识别特定个人。[②] 这使得信息主体无法准确判断自己的信息决策在将来会产生何种影响。[③] 当然,人们经常在存在众多不确定性因素的情况下作出风险决策,但是他们经常出错。[④]

(二)控制权失衡和责任配置错位

"理性人"理念,面临着严重的"控制权失衡"问题。该理念,强调信息主体对自己的个人信息的自主控制和自主决断。但是在大数据时代,信息主体日益丧失对个人信息的自主控制权;而强大的大数据算法和人工智能却使得信息控制者变得越来越有权力。

首先,信息主体所面临的"信息决策困境",严重限制了其作出理性的信息决策的能力。

其次,信息主体缺乏对个人信息自主控制的"话语权"。信息主体为了过正常的现代生活不得不与信息控制者共享个人信息;即使信息主体没有主动共享个人信息,大数据分析也可以通过互联网上海量的信息,猜测并自动识别特定个人。

再次,信息主体和信息控制者之间存在严重的"信息不对称"问题。信息控制者拥有海量的个人信息数据,很容易监控信息主体;而信息主体对个人信息的收集和使用的具体情况却知之甚少,很难监督信息控制者。

最后,弱势的信息主体,将自己的脆弱性暴露给强势的信息控制者以及从信息控制者处获取个人信息的第三人,因个人信息的披露和使用而易受非法侵害。

这种"赋权"假定与"失权"事实之间的背离,导致了法律责任的不当配

[①]Nissenbaum H. Privacy in Context: Technology, Policy, and the Integrity of Social Life[M]. Redwood City, CA: Stanford University Press, 2009:105.

[②]Barocas S, Nissenbaum H. Big Data's End Run Around Procedural Privacy Protections[J]. Communications of the ACM, 2014,57(11):31-33.

[③]Acquisti A, Brandimarte L and Loewenstein G. Privacy and Human Behavior in the Age of Information[J]. Science,2015,347:509-511.

[④]Gilbert D. Stumbling on Happiness[M]. London:Vintage, 2006:24-25.

置。"理性人"理念,强调信息主体的自己责任。因此,该理念下的个人信息保护法律规范,将信息风险结构性配置给信息主体。信息主体应该自己保护好自己,并且为自己的信息决策承担所有的法律责任。但是,在大数据时代,"理性人"理念,面临着严重的"控制权失衡"问题。在此理念指引下的个人信息保护法律规范,错误地让缺乏真正自主控制权的信息主体承担起更多的法律责任,而让最能有效防范损失风险的信息控制者在遵守程序性规定并取得信息主体的授权之后便可免责。借用损失分担理论的原理,信息泄密、滥用、操纵和欺诈的损害风险应该以最符合经济效率的模式进行配置。[①]

为此,信息风险应该主要由风险分散和承受能力最强并且能以最小的成本降低信息风险的信息控制者来承担。这有助于激励强势的信息控制者采取更有效的措施来避免信息泄密、滥用、操纵和欺诈。

(三)"损害制度失灵"与"安全感困境"

"理性人"理念,将个人信息问题视为个人控制、个人选择和个人责任的问题。因此,个人信息保护的民事法律规范,只保护信息主体免受可举证证明的、针对特定个人的、可辨识的非法侵害。但是在大数据时代,许多信息损害在本质上是累积性的。信息主体可能在很长的一段时间里陆续地同意各种形式的信息收集和使用,而未遭受任何可识别的侵权损害,因为在这个阶段,信息损害可能是非常细微的、分散的和难以证明的。这导致信息损害制度无法有效地实现其预防功能。本书将这种损害制度的局限性与大数据侵权的特殊性之间难以协调的问题,称为"损害制度失灵"。

信息主体虽然无法清晰勾勒出针对特定个人的可辨识的损害,但能感知对个人信息和隐私的威胁的存在。[②] 这种"安全感困境",会束缚社会成员间的信赖和社会互动的意愿,阻碍人格自由发展。[③] "语境完整性"隐私理论,对个人信息损害规则的僵化和对安全感的无视进行了批判。[④] 该理

①Cooter R D, Rubin E L. Theory of Loss Allocation for Consumer Payments[J]. Proceedings of Institute of Radio Engineers, 1987, 15(2):113-153.

②陈静. 工信部通报批评腾讯与360[N]. 中国证券报,2010-11-22(A7).

③Tene O, Polonetsky J. A Theory of Creepy: Technology, Privacy, and Shifting Social Norms[J]. Yale Journal of Law and Technology, 2013,16:59-102.

④Nissenbaum H. Privacy as Contextual Integrity[J]. Washington Law Review, 2004,79:119-157.

论认为,这种不安感可能便是隐藏着的个人信息侵权行为的明证。由社会规范和制度构成的精细化的法律制度体系,规制着不同的社会语境下的个人信息的流动。未遵守"与语境相关的信息规范"的个人信息利用行为,构成对隐私权的侵犯。"语境完整性"隐私理论对此观点进行了如下论证。社会由很多独立的分配领域所组成,每一个分配领域由该领域的社会资源所界定。这些社会资源包括教育、财富、安全、福利、荣誉、政治等。在这些社会资源的浸润下,特定社会群体形成了自己的共同感知和共同预期。这些共同感知和共同预期,是"与语境相关的信息规范"的重要组成部分。特定社会群体的不安感受,在特定语境下,潜藏着个人信息侵权行为。

二、"理性人"理念的信赖缺失

信赖,是大数据时代的核心特征。在互联的信息社会中,每个人的正常生活都离不开与其他法律主体共享自己的个人信息。这往往意味着信息主体的脆弱性被暴露给他人。因此,可持续发展的信息收集、使用和流转,需要信息主体与信息控制者之间的信任和依赖。信赖能够创造巨大的社会价值:它化解消费者对经营者的猜忌,促进商业的蓬勃发展;它增强政府的公信力,降低民众对政府监控个人信息的担忧;它消除信息社会中成员间的不信任,增强社会互动,弥合社会裂痕,促进人格自由发展。

但是,在人本主义和理性主义哲学思想下,"理性人"被分割为原子化单体,放置于"主客体二元对立"秩序中,为实现自身利益最大化的自利需求,与其他主体相互对抗。[①] 换句话说,"理性人"的构建,抹去了具有"社会性"和"感性"特征的"信赖",将现实中本来与他人和社会紧密联系的"完整"的人,塑造为与他人和社会分离和对立的理念人。以此为价值追求的个人信息保护法律规范,忽视信息社会中信赖的日益重要性,内含信息主体与信息控制者间的紧张对立关系,难以有效增进他们之间的互信。信息主体所面临的"安全感困境"就是明证。

"理性人"理念,视信息主体和信息控制者之间的关系为零和游戏。信息主体的收益被视为信息控制者的损失。商业机构为了利润最大化,可能会不惜牺牲信息主体的个人信息权益,无底线地收集并使用个人信息。虽

①汪志刚.生命科技时代民法中人的主体地位构造基础[J].法学研究,2016,38(6):29-48.

然个人信息保护法律规范的功能在于归置和调和信息主体和信息控制者之间的对抗关系,但是却又无法有效地解决他们之间的利益冲突。以大型科技公司为例。大型科技公司(例如百度、腾讯和北京奇虎)具有相似的商业经营模式。它们通过免费的基础网络服务来吸引并做大个人客户群,并且建立起庞大的数据库。在此基础上,它们通过增值服务收费和广告服务收费来盈利。当然庞大的数据库本身就是巨大的财富。此类公司的真正金主,不是享受免费服务的个人用户,而是那些广告商和投资者。这种利益冲突,可能会令公司以牺牲信息主体的个人信息权和隐私权为代价换取利润最大化。例如,腾讯在信息主体不知情的情况下,通过 QQ 软件查看信息主体在电脑中存储的个人浏览信息。① 但是,信息主体的信息损害往往是非常细微的、不确定的和难以证明的。"理性人"理念下的个人信息侵权损害规则无法对此予以有效救济。

对于"理性人"理念的缺陷,诸多哲学家进行了批判和反思。他们试图将"理性人"还原为"完整"的人。例如,哈贝马斯的交往理性理论,从"主体间性"角度,试图将被抽象掉的"理性人"还原为社会性存在的个体,强调理性之间的互动。② 依据该理论,在社会关系中,个体与其他个体既相互独立,又相互共存。在个人信息保护领域,"完整"的信息主体的返场,呼唤个人信息保护立法对信息主体和信息控制者之间的"信赖"予以确认。

第四节 "信赖"理念对个人信息使用与保护的再平衡

一、"信赖"理念的理论表达

个人信息保护的"信赖"理念,借鉴信赖理论和信义法。③ 信赖,是指因信任并依赖他人而愿意将自己的"脆弱性"暴露给他人的心态。④ 它使得信息主体愿意在存在背叛的风险下仍与信息控制者共享个人信息。涉及信赖

---

① 北京市朝阳区人民法院判决书(2010)朝民初字第 37626 号。
② 于尔根·哈贝马斯. 现代性的哲学话语[M]. 曹卫东,等译. 南京. 译林出版社,2004:194.
③ Harding M. Trust and Fiduciary Law[J]. Oxford Journal of Legal Studies,2013. 33(1):81-102.
④ Hill C A, O'Hara E A. A Cognitive Theory of Trust[J]. Washington University Law Review, 2006,84(7):1717-1796.

概念的法律制度有很多,例如公司法中的董事信义义务制度①和信托法中的受托人信义义务制度②等。在"信赖"理念下,信息主体和信息控制者之间存在互利、互信的"信赖关系",即在信赖的基础上,通过共享个人信息而建立起来的信息主体与信息控制者之间的法律关系。③ 信赖只有在相互获益的关系中,才会发挥最大的功效。

"信赖"理念,预设信息主体日益丧失对个人信息的自主控制权。在大数据时代,信息主体面临"信息决策困境",缺乏对个人信息自主控制的"话语权",并存在严重的"信息不对称"问题。"信赖"理念,还预设个人信息的共享会使信息主体变得易受侵犯。在大数据分析的背景下,信息主体不仅容易遭受信息非法泄密的侵害,④而且还容易遭受信息滥用、歧视和信息操纵的侵犯。基于此种预设,"信赖"理念,假定信息主体和信息控制者因共享个人信息而产生的"信赖关系",内含一定程度的信任和依赖。在传统信义法的情境中,信赖理论主张信赖存在于所有的信义关系之中。⑤ 换句话说,每一个"信赖关系"都会涉及一定程度的信赖,或者对信息风险的容忍。"信赖"理念,通过强调具有"社会性"和"感性"特征的"信赖",将与他人和社会分离和对立的"理性人"还原为与他人和社会紧密联系的"完整"的人。因此,"信赖"理念有助于信息主体和信息控制者建立起长期稳定的、互利互信的"信赖关系",从而促进信息社会可持续发展。

在"信赖关系"中,信息控制者对信息主体负有信义义务,包括忠实义务和勤勉义务。⑥ "信赖关系"中的信义义务制度,有助于避免信息控制者的"道德风险",即为了自身利益而牺牲信息主体对个人信息所享有的利益。⑦ 同时,该制度有助于确保信息控制者的信息使用行为符合信息主体基于信赖而产生的合理预期。⑧ 信义义务制度,提供了个人信息保护的另一种愿

①梁爽.董事信义义务结构重组及对中国模式的反思:以美、日商业判断规则的运用为借镜[J].中外法学,2016,28(1):198-223.
②姜雪莲.信托受托人的忠实义务[J].中外法学,2016,28(1):181-197.
③Sarat A. A World without Privacy:What Law Can and Should Do? [M].Cambridge:Cambridge University Press,2015:33.
④丁国锋.黑客与内鬼成个人信息泄露罪魁:699名嫌疑人落网[N].法制日报,2017-06-13(08).
⑤Harding M. Trust and Fiduciary Law.[J].Oxford Journal of Legal Studies,2013.33(1):81-102.
⑥邓峰.普通公司法[M].北京:中国人民大学出版社,2009:450.
⑦Sitkoff R.The Economic Structure of Fiduciary Law[J]. Boston University Law Review,2011,91:1039-1049.
⑧Harding M. Trust and Fiduciary Law[J]. Oxford Journal of Legal Studies,2013.33(1):81-102.

景,避免了"理性人"理念下的个人信息保护法律规范所面临的信息主体日益丧失对个人信息的自主控制权的困境。可持续发展的"信赖关系"所必需的信赖应该是个人信息保护法律规范的一个实质性价值追求;而信息控制者的信义义务体现了这一实质性价值追求。

二、"信赖"理念对"理性人"理念的修正

"信赖"理念,并不是对"理性人"理念的替代,而是完善。

首先,"信赖"理念有助于缓解"理性人"理念所造成的信息主体与信息控制者之间的紧张对立关系,增进他们之间的互信,促进信息社会的可持续发展。与"理性人"理念不同,"信赖"理念,预设信息主体日益丧失对个人信息的自主控制权,视信息主体和信息控制者之间的关系为建立在信任和依赖基础上的"信赖关系"。"信赖"理念,通过强调信息主体和信息控制者之间的信任和依赖,将与他人和社会分离和对立的"理性人"还原为与他人和社会紧密联系的"完整"的人。

其次,"信赖"理念下信义义务制度的引入,可以使背信行为在缺乏确定的侵权损害的时候具有可诉性。这有助于解决"理性人"理念的"损害制度失灵"问题。信义义务制度的引入,还可以更加明晰信息控制者对信息主体的法律责任。法律确定性,反过来激发个人用户和投资者对商业机构的信赖以及投资意向。

再次,"信赖"理念,有助于解决"理性人"理念所面临的控制权失衡和责任配置错位的问题。"信赖"理念,主张个人信息保护法律规范应该让最能有效防范损失风险的信息控制者——特别是具有数据垄断地位的商业机构——承担起更多的法律责任,而不是责怪那些弱势的、缺乏真正的信息自主控制权的信息主体自己没有保护好自己。

复次,"信赖"理念,避免了信息主体的"理性人"假定所面临的"信息决策困境"。根据"信赖"理念,除了法定的保密义务之外,即使存在信息主体的信息使用授权,信息控制者也不得将自己的利益凌驾于信息主体的利益之上。

最后,"信赖"理念,有助于解决"理性人"理念下信息主体的"安全感困境"问题。忠实义务,通过强调把信息主体的信息权益放在信息控制者的短期利益之上,激励信息控制者将目光放在维护长期稳定的"信赖关系"上。换言之,忠实义务,通过熄灭不当动机来抑制不当行为。这有助于消除信息

主体对大数据分析的恐惧和担忧,促进信息披露和社会互动,推动人格自由发展。

社会渗透理论认为,隐私是选择性地控制对自我的访问。[①] 该理论主张,关系的紧密程度取决于互惠的信息披露的频率以及相互披露所造成的脆弱程度。换句话说,"信赖关系"的质量是由信息主体和信息控制者双方用信息披露换取信任的程度来界定的。因此,"信赖"理念下的信义义务制度,可以有效地激励信息控制者主动披露其为保护个人信息而采取的各种实质性和程序性的措施,特别是信息风险管理和信息治理的状况。良性的社会互动,可以促进可持续发展的、互惠互利的"信赖关系"的形成。

三、我国采取"信赖"理念的可行性

"信赖"理念,弥补"理性人"理念的不足,有助于更加有效地平衡个人信息使用和保护。我们必须承认,"信赖"理念,因借鉴信义法及其理论而与我国法律体系之间存在一定的兼容性问题。但是,特定法律机制的构建,往往是在特定社会时期为解决重大现实问题应运而生的。我国立法虽然尚未明确信义法,但是已在具体的部门法中吸纳了相关制度,例如公司法中的董事信义义务制度和信托法中的受托人信义义务制度等。我们不能因为追求逻辑体系的完美性而忽视了解决重大现实问题的迫切性。

本书认为,我国个人信息保护立法创设"信赖"理念指引下的信义义务制度的主要障碍,不是法律逻辑体系的完整性,而是判断标准的明确性[②],特别是"依据一定的人格形象来就所面临之问题得出结论"[③]的"合理人"标准的构建和司法适用。但是事实上,为解决现实问题,"合理人"标准已经隐藏在解释论中,出现在司法解释和司法判例之中。在最高人民法院《关于适用〈中华人民共和国合同法〉若干问题的解释(二)》第 19 条中,为解决"明显不合理低价"转让而规定的"交易当地一般经营者",便是对"合理人"标准的具体化。[④] 同时,"合理人"标准的适用,还出现在公司董事勤勉义务的司法判

---

①Altman I, Taylor D A. Social Penetration: The Development of Interpersonal Relationships[M]. New York: Holt, Rinehart and Winston, 1973:1-212.

②梁爽.董事信义义务结构重组及对中国模式的反思:以美、日商业判断规则的运用为借镜[J].中外法学,2016,28(1):198-223.

③叶金强.私法中理性人标准之构建[J].法学研究,2015,37(1):101-114.

④叶金强.私法中理性人标准之构建[J].法学研究,2015,37(1):101-114.

例中。例如,在陈春华等与吴小虎公司董事损害公司利益赔偿纠纷上诉案中,法院认为:所谓勤勉义务,又称善管义务、注意义务,是指董事、监事、高级管理人员应当诚信地履行对公司的职责,在管理公司事务时应当勤勉谨慎,须以一个合理谨慎的人在相似情形下所应表现的谨慎、勤勉和技能履行职责,要采取合理的措施,以防止公司利益遭受损失,为实现公司最大利益努力工作。[①]

概而言之,我国法律制度的弹性和法官的司法能动性,为个人信息保护立法吸纳"信赖"理念创造了条件。

四、"信赖"理念下的制度建构

(一)"信赖关系"的辨识

"信赖"理念下的制度建构需要就以下几方面作出回应:"信赖关系"的构成要件;"合理预期"中合理理由的类型化;"信赖关系"中信义义务的内涵同一性、独立性和法定性;信义义务与信赖程度的关联性以及信赖程度的评估模式;忠实义务的界定、适用范围、表现形式的类型化、举证责任规则以及与"知情同意"规则的关系;勤勉义务的界定、外延;勤勉义务中"信息保护义务"的界定、判断标准及与现行法中信息安全保障义务的关系;勤勉义务中谨慎义务的界定、判断标准及其与保密义务的关系。个人信息成为法律的调整对象的原因,不是信息的内容,而是产生个人信息的社会关系。信息控制者,即使有明确的收集和使用个人信息的授权,也不得利用个人信息损害信息主体的利益,即不得将自己的短期利益置于信息主体对个人信息所享有的利益之上。隐性契约理论[②]将其解释为由行业惯例产生的未明确约定的合同义务。那为什么行业惯例可以产生这种义务呢? 这是因为信息控制者与信息主体之间存在"信赖关系"。那"信赖关系"如何识别? 其具有哪些构成要件?

本书以腾讯公司的"微信"为例加以阐明。首先,腾讯公司通过"微信"向信息主体提供网络社交的专业性服务,以换取对个人信息的收集、使用和流动的授权。其次,信息主体依赖腾讯公司的"微信"。"微信"为

---

① 浙江省高级人民法院判决书(2010)浙商终字第 37 号。

② Sapsford D, Tzannatos Z. Current Issues in Labour Economics [M]. London: Palgrave MacMillan,1989:63.

信息主体提供了现代生活所必需的网络社交服务。超过九亿人使用"微信"进行网络社交活动。再次,信息主体与腾讯公司之间存在"控制权失衡"的情形。信息主体因腾讯公司对个人信息的收集和使用而变得易受非法侵害;而强大的大数据算法和人工智能却使得腾讯公司变得越来越有权力。信息主体存在严重的"信息不对称"问题,无从得知腾讯公司的运营、算法和信息收集活动,难以有效监督腾讯公司;而腾讯公司拥有专业技术和人员以及海量的个人信息,容易监控信息主体。最后,腾讯公司为了吸引并留住信息主体,给信息主体呈现出尊重并保护个人信息的形象。这让信息主体有合理的理由相信腾讯公司不会非法收集、使用、流转和泄露自己的个人信息。

概而言之,信息主体和信息控制者之间的"信赖关系"的构成要件包括以下几方面:信息控制者向信息主体提供专业性服务,以换取对个人信息的收集、使用和流动的授权;信息主体依赖信息控制者;信息主体与信息控制者之间存在"控制权失衡"的情形;信息主体有合理的理由预期信息控制者会尊重、保护其人格尊严,并确保信息安全。"合理预期"中的合理理由,包括但不限于现行社会规范、行业实践模式、信息控制者的外在表示和承诺以及其他会让信息主体信赖信息控制者的客观因素。

(二)信义义务规则

在"信赖关系"中,信息控制者对信息主体负有信义义务。"信赖关系"中的信义义务,具有同一内涵。以信息主体和信托公司为例。信托公司基于信托而与信息主体成立信托法律关系。在此信托法律关系中,往往存在个人信息收集和使用的情形。"信赖关系"中的信义义务,只专注于个人信息层面,而与信托法律关系相独立。换句话说,只要存在"信赖关系",信息控制者便须对信息主体承担同一内涵的信义义务,无论是否还存在其他的法律关系,例如信托法律关系。

但是,"信赖关系"中的信义义务受到信赖程度的影响。更高的信任和依赖,意味着更高的信义义务。例如,腾讯公司对信息主体所负的信义义务,要高于其他不知名的网络社交服务提供商所应负的信义义务。借鉴马修·哈丁教授的信义法理论[1],信赖程度可从以下三方面进行评估:信息主体对信息控制者如何利用个人信息的"合理预期";信息控制者的个人信息

---

① Harding M. Trust and Fiduciary Law[J]. Oxford Journal of Legal Studies,2013.33(1):81-102.

利用行为对信息主体利益的影响程度;信赖的合理性。信义义务作为法定义务,不能通过合同的方式予以排除。这归因于"信赖"理念的预设,即信息主体所面临的"信息决策困境",严重限制了其作出理性的信息决策的能力。以维护信息安全和人格尊严为价值追求的信义义务,有助于解决"私人秩序"下意思自治的"市场失灵"问题。

1. 忠实义务

我们对大数据时代的恐惧,说到底是对不忠实的担忧。[1] 在大数据时代,个人信息具有很高的财产价值。因此,信息控制者可能会为了自身利益,不当收集、使用、流转和披露个人信息。个人信息保护立法,应该将"忠实义务"概念纳入其中,通过熄灭不当动机来抑制不当行为[2],有效地维护"信赖关系"中的信赖。"信赖"理念下的忠实义务,是指本着善意和诚实,以符合信息主体的明示授权或合理预期的方式,收集、使用、流转和披露个人信息,并且不得为了自己的短期利益而牺牲信息主体对个人信息所享有的利益。可见,忠实义务的核心,是禁止那些违背了合理期待的利益冲突。这意味着忠实义务不适用于信息控制者的商业模式本身,尽管多数的商业模式内含利益冲突的信息利用行为,例如通过收集个人信息来发布精准广告以牟利。在举证规则上,信息主体只需要证明在形式上存在利益冲突,并且该利益冲突违背了信息主体的合理预期,而不需要证明个人信息权益因此遭受损害的事实。因此,"信赖"理念下的忠实义务,可以使背信行为在缺乏确定的侵权损害的时候具有可诉性,有助于解决"理性人"理念的"损害制度失灵"问题。同时,"忠实义务"概念有助于完善"知情同意"规则。"知情同意"的程序性规则,忽视了信息主体的"信息决策困境"和信息控制权日益丧失的事实。但是,忠实义务强调善意和诚实。这意味着信息控制者需要实施有效的实质性通知而非程序性通知,确保信息主体真正知晓隐私政策的核心内容。违反忠实义务的表现形式包括但不限于:①违反保密义务,出售个人信息;②未经信息主体明示授权,擅自收集、使用、流转和披露个人信息;③为了自己的短期利益,故意超出信息主体的授权范围,或者超出信息主体的合理预期,不当收集、使用、流转和披露个人信息;④为了自己的短期

---

① Barocas S, Selbst A D. Big Data's Disparate Impact[J]. California Law Review, 2016,104:671-732.

② Baron C B. Self-Dealing Trustees and the Exoneration Clause: Can Trustees Ever Profit from Transactions Involving Trust Property? [J]. 72 St. John's Law Review 1998,72(1):43-80.

利益,实施信息滥用、歧视和信息操纵的行为。

2.勤勉义务

信息控制者,为取得信息主体的信赖,往往会主动对信息主体承担勤勉义务。例如,"百度"在其隐私政策中明确向用户承诺会以"高度的勤勉义务"对待用户的个人信息。这意味着,信息控制者必须依据同行业普遍的要求,谨慎地处理个人信息,并且尽力保护信息安全。"信赖"理念下的"勤勉义务"概念,应该包含谨慎义务和信息保护义务。我国个人信息保护立法,应该吸纳"勤勉义务"概念。

首先,勤勉义务中的"信息保护义务"概念,与我国现行法中的信息安全保障义务类似。《民法典》第111条规定了信息安全保障义务。该条规定,"任何组织和个人需要获取他人个人信息的,应当依法取得并确保信息安全"。信息安全保障义务,倾向于被解读为信息控制者为避免信息泄露而采取的一系列数据安全保护措施和流程。这在《网络安全法》第42条有所体现。该条规定,"网络运营者应当采取技术措施和其他必要措施,确保其收集的个人信息安全"。因此,信息控制者可能需要定期审核个人信息存储状况,使用信息安全模型持续性评估风险,尽量减少数据的收集和存储,制定保障措施和程序,并制定信息泄露应对方案。但是,民法中的信息安全保障义务受制于损害规则的局限性;而"信息保护义务"概念则更具弹性。勤勉义务中的"信息保护义务",强调依据同行业的普遍要求,采取各种实质性和程序性措施,尽力保护信息安全。因此,信息控制者必须要有信息安全保障措施,否则构成对"信息保护义务"的违反。同时,信息控制者不仅要采取必要的信息安全保障技术措施,而且还要确保自己的其他行为不会削弱安全保障水平。但是,信息安全保障措施的合理程度,取决于信息主体的信赖程度。例如,相较于一般性的网络社交平台,信息主体更信任和依赖腾讯公司的"微信"。因此,腾讯公司必须采取与信息主体信赖程度相一致的信息安全保障水平,否则构成对勤勉义务中的"信息保护义务"的违反。

其次,勤勉义务中的"谨慎义务"概念,与我国现行法中的保密义务相关联。保密义务,是指禁止泄露个人信息。它是对个人信息的披露的限制。我国诸多行政法律规范均对此作出了规定。而谨慎义务,要求信息控制者必须行为谨慎,尽力避免侵害或者泄露个人信息。谨慎义务,假定"信赖关系"中的信赖不会因为信息控制者以特定的方式共享了个人信息而消失。

事实上,大多数的"信赖关系"隐含着谨慎义务。谨慎义务强调合理的信息使用和披露,即不以侵犯信息主体的利益或者违反信息主体的合理预期的方式,使用和披露个人信息。其核心是酌情保护,以防止不合理、不合法的信息使用和泄露。同时,谨慎义务意味着信息控制者有义务确保个人信息的下游使用是合理的、合法的。

第八章 个人信息、疫苗护照与数字化治理

第一节 个人信息、疫苗护照与数字化治理概述

全球历经新冠疫情,饱受苦难,经济社会重启迫在眉睫。各国加快疫苗接种,采用"疫苗护照"推动经济复苏、实现安全的人员跨境流动,已经成为需要重点考虑的问题。截至 2023 年 3 月 11 日,全球共约 55.2 亿人接种了至少一剂 Covid-19 疫苗。[①] 目前已有多个国家及地区(如美国、欧盟、英国等)政府在"疫苗护照"领域进行了探索,并与航空公司、行业组织、软件企业等主体一同参与相关应用程序开发。

"疫苗护照"并不是一个需要刻意争论存废与否的新鲜事物。虽然在细节方面意见并不统一,但是其概念与规范模型逐渐得到了全世界的接受与认可。一直以来,出国旅游者、留学生及一些医疗卫生工作者都需要提供疫苗接种记录作为通关必备材料。新冠疫情之前,黄热病和流行性脑炎"疫苗护照"便已存在,它们也是迄今全球仅有的两种"疫苗护照"。入境非洲大陆,必须接种黄热病疫苗;如果"疫苗护照"上缺少黄热病疫苗,入境者则需要补种,直至疫苗起效方可入境。同样,朝圣期间入境沙特阿拉伯等中东国家,四价流脑疫苗是"必选项",如缺少疫苗证明则需补种。黄热病、流脑两种疫苗在相关地区属强制免疫,除非入境者可提供过敏史,否则没有例外。至于其他疫苗,则属于强烈推荐范畴,但并不强制。

"疫苗护照"是受国际认可的免疫接种证明。理想情况下,该证明可以为旅客在疫情期间出行提供极大便利,人们将不需要查询各个国家不同的防疫措施、依规定准备各种不同的健康证明,甚至可以免除检测与隔离。针

---

① WHO Coronavirus（COVID-19） Dashboard［EB/OL］.（2020-02-01）［2023-03-11］. https://covid19.who.int/.

对 COVID-19 的"疫苗护照"目前仍处于争议阶段,国际社会对此看法不一。在支持者看来,"疫苗护照"的出现、使用与普及将大幅缓解新冠疫情给国际旅行所带来的冲击,有利于全球经济复苏。而在反对者看来,要建立一种全球范围内流通且互认、并可有效地保护隐私、保证公平的证明系统,远没有想象中的那么简单。加之各类疫苗阻止病毒传播的有效性还有待观察,因而在有更多可靠的科学数据之前,大范围使用"疫苗护照"似乎为时尚早。

后疫情时代,每个国家的经济复苏有赖于其他国家的协作。通过推行"疫苗护照"制度,实现核酸检测和疫苗接种等信息在国际范围内的互认,有助于实现安全高效有序的跨境人员往来,为全球公共生活恢复提供必要条件,促使经济社会步入可持续发展正常轨道。如何使用和为其设定规则需认真讨论。

第二节 主要国家和地区的态度、模式及规范

基于恢复经济的迫切性以及对疫苗的高度期待,一些国家和地区都已经开始考虑如何承认已接种新冠疫苗的事实,并为推行新冠"疫苗护照"做准备工作。

欧盟计划在 2021 年夏天引进区域内共通的接种证明,即"绿色数字证书"。按照欧洲委员会的这份计划,除疫苗接种记录外,核酸检测结果等信息也要纳入记录之中。持有疫苗通行证的人更便捷地在欧盟境内旅行,只要持有 PCR 阴性和疫苗护照,便不再需要隔离。疫苗证书将在所有 27 个欧盟国家以及冰岛、列支敦士登、挪威和瑞士这四个非成员国通用。欧盟国家公民、长住欧盟的他国公民和有权前往欧盟的外国游客均可申请获取该证书。在未来的接种证明中,成员国可以根据自身判断认可欧盟没有批准销售的疫苗。

德国对"疫苗护照"进行了大量讨论。德国道德委员会(Deutscher Ethikrat)于 2020 年 9 月对疫苗护照证书表达了保守观点,理由是建立豁免的不确定性,并关注道德、可靠性和其他影响深远的应用。[①] 2020 年 2 月 4 日,德国道德委员会建议对接种疫苗的人不作例外优待,理由是有否接种疫

---

①Ethikrat D. 2020 Immunitätsbescheinigungen in der COVID-19-Pandemie〔Immunity Certificates in the COVID-19 Pandemic〕〔EB/OL〕. (2020-09-10)〔2023-01-15〕. https://www.ethikrat.org/fileadmin/Publikationen/Stellungnahmen/deutsch/stellungnahme-immunitaetsbescheinigungen.pdf.

苗对建立社会认同并无正面作用。①

冰岛确认,根据 ICVP(黄热病)标准,由 EEA/EFTA 国家签发的新冠疫苗证书将在边境有效。②

丹麦政府宣布,丹麦公民能够进入指定的健康网站,确认他们是否接种了疫苗,并承诺稍后将评估数字护照。③

在波兰,接种疫苗的人将在接种第二剂疫苗后收到 QR 代码或打印文件作为特殊"护照"。④ 它还将使他们免受与社会化和行动有关的限制,如果他们与感染者接触,将不需要隔离。

英国于 2020 年 4 月提出了免疫豁免认证。⑤ 2021 年 1 月,英国批准了 8 个项目,以进行开发疫苗护照和 COVID-19 状态应用程序的可行性研究。⑥ 其中,包括将数字疫苗护照与网络安全公司 Mvine 和生物识别公司 iProov80 的研发成果结合在一起。⑦ 其他项目包括一个分散的数字 COVID-19 凭据系统、基于 QR 代码的数字和物理证书阴性检测结果、抗体检测和疫苗接种证明、全球体育和赛事行业疫苗接种证书和健康护照认证平台、使用面部生物特征来证明免疫状态(Eyn Limited)和接种后免疫护照。

挪威用于国际旅行的正式版本于 2021 年 6 月底投入使用。这款疫苗

①Ethikrat D. 2021 Besondere Regulen für Geimpfte? [Special rules for vaccinated people?][EB/OL]. (2020-04-4) [2023-01-15]. https://www. ethikrat. org/fileadmin/Publikationen/Ad-hoc-Empfehlungen/deutsch/ad-hocempfehlung-besondere-regeln-fuer-geimpfte. pdf.

②Government of Iceland. 2021 Covid-19 Screening Mandatory for Arriving Passengers until Spring [EB/OL]. (2021-01-15)[2023-01-15]. https://www. government. is/news/article/2021/01/15/Covid-19-screening-mandatoryfor-arriving-passengers-until-spring/.

③Olsen J M. 2021 Denmark to Develop Digital Passport Proving Vaccinations[EB/OL]. (2021-03-10) [2023-01-15]. https://apnews. com/article/travelhealth-denmark-coronavirus-pandemic-europe-8ffacf05453c6f259d5e2cea033ae5ca.

④Brzozowki A, Wolska A. 2021 Vaccinated Poles to Receive Special "passports"[EB/OL]. (2021-01-14) [2023-01-15]. https://www. euractiv. com/section/politics/short _ news/vaccinated-poles-to-receive-special-passports/.

⑤Ada Lovelace Institute. 2020 International Monitor：Vaccine Passports and COVID Status Apps. Website Arch[EB/OL]. (2020-04-14) [2023-01-15]. https://www. adalovelaceinstitute. org/project/international-monitor-vaccine-passports-covid-status-apps/.

⑥Boland H. 2021 Government Funds Eight Vaccine Passport Schemes Despite "No Plans" for Rollout. The Telegraph [EB/OL]. (2021-01-08) [2023-01-15]. https://www. telegraph. co. uk/technology/2021/01/24/government-funds-eight-vaccine-passport-schemes-despite-no-plans/.

⑦Cogley M. 2021 Exclusive：Vaccine Passports to Be Trialled by Thousands of Britons. The Telegaraph[EB/OL]. (2021-01-12)[2023-01-15]. https://www. telegraph. co. uk/technology/2021/01/12/exclusive-vaccine-passportstrialled-thousands-britons/.

护照将成为个人旅行者的健康证书,包括个人的姓名、出生日期、是否接种疫苗、新冠检测结果是否呈阴性、是否对新冠病毒免疫等信息。对接种过疫苗的个人,"疫苗护照"将显示其"已有保护"以及"对此人的非必要旅行无限制建议"。

美国 2021 年 1 月宣布对抗新冠大流行战略,有一项指令要求多个政府机构进行合作,评估将 COVID-19 疫苗接种与国际疫苗接种证书联系起来并生成电子证书的可行性。[①] 纽约州从 3 月 26 日开始使用本州自己的"疫苗护照",用户可以在智能手机上下载专用的免费应用程序,并通过二维码提示接种史等记录,也是全美第一个能够通过疫苗护照确认疫苗规模接种史的地区。根据美国疾病预防控制中心(CDC)发表的新指南,对接种完必要次数的疫苗 2 周后的人,在国内旅行时不需要进行事前检查或旅行后自我隔离。

以色列是倡导并引进"疫苗护照"的先行国家。以色列政府通过智能手机终端程序和政府网站向疫苗接种者发放被称为"绿色通行证"的接种证明,在出入餐饮、文化设施等集聚感染风险较高场所时必须出示该通行证。以色列卫生部 2021 年 1 月签发了一份"绿色护照",允许疫苗接种者公开参加文化或其他活动。[②]

中国在 2021 年 3 月推出了电子化的国际旅行健康证明,该证明是一种利用智能手机的应用程序,能够展示中方出境人员核酸血清 IgM 抗体检测结果,以及疫苗接种情况等健康信息。健康证明内含加密二维码,以供各国相关部门验证并读取个人相关信息。除电子化展示外,还可以打印成纸质版。中国希望推出的"国际旅行健康证明"与各国"疫苗护照"之间可以相互认证,从兼顾预防感染和人员往来顺畅化角度,扩大在海外的使用。

日本政府对发行"疫苗接种电子证明"展开了讨论,意旨让完成疫苗接种的商务相关人士等能顺畅出入境,激活经济。考虑到部分人群因为过敏等原因无法接种疫苗,疫苗护照上可能也会记录 PCR 检测的结果。另外,

---

①White House. Gov. 2021 National Strategy for the COVID-19 Response and Pandemic Preparedness[EB/OL]. (2021-01-11)[2023-01-15]. https://www. whitehouse. gov/wp-content/uploads/2021/01/National-Strategyfor-the-COVID-19-Response-and-Pandemic-Preparedness. pdf.

②Ministry of Health, Government of Israel. Vaccine Administration Records (Green Passport) Are Valid Only if Issued by the Ministry of Health[EB/OL]. (2021-01-05)[2023-01-15]. https://www. gov. il/en/departments/news/05012021-01.

为了不给没有接种疫苗的人造成歧视，也在讨论制定防止歧视的方针。政府探讨的"疫苗护照"将与统一管理接种信息的"疫苗接种记录系统"联动（见表 8-1）。[①]

表 8-1　各国政府倡导的"疫苗护照"

国家/地区	护照名称/护照形式	主要功能
冰岛	疫苗证书	符合某些国家标准并由 EEA/EFTA 国家签发的疫苗证书将在边境有效。
爱沙尼亚	身份证＋临时 QR 代码	使用国家颁发的爱沙尼亚身份证，个人可以使用一个小时后到期的 QR 代码共享信息。抵达爱沙尼亚并能证明接种疫苗的乘客不需要检疫。
丹麦	数字护照	丹麦公民将能够进入指定的健康网站，官方确认他们是否接种了疫苗，并指出，他们稍后将评估数字护照。
波兰	QR 代码或打印文件	接种疫苗的人将在接种第二剂疫苗后收到 QR 代码或打印文件作为疫苗护照。
英国	新冠状态认证：手机 App 或纸质证书	"疫苗护照"认证系统将允许持有人经由一款手机 App 或一张纸质证书获得进入公共活动现场的资格，保持社交距离等有关防疫措施相应减少。
美国	电子代码＋打印文件	私人企业和团体合作，将 COVID-19 疫苗接种与国际疫苗接种证书联系起来并生成电子证书。
以色列	绿色护照	卫生部签发了一份"绿色护照"，允许接种疫苗的人公开参加文化或其他活动，在餐馆吃饭，没有义务检疫和允许出国旅行。
中国	国际旅行健康证明	能够展示中方出境人员核酸血清 IgM 抗体检测结果，以及疫苗接种情况等健康信息。健康证明内含加密二维码，以供各国相关部门验证和读取个人相关信息。
印度	DIVOC 数字证书	该项目管理核心登记册，以支持疫苗接种证书，并收集公民的疫苗接种反馈。

各国目前的新冠"疫苗护照"都基于数字技术，因而有了额外的关于信息安全等因素的考量。从上述情况来看，在世界范围内还未形成统一认证的疫苗护照。从产业及民间组织所做的努力来看，全世界已有数百家航空公司、政府、连锁药店和其他机构开始使用私人控制的数字系统验证核酸检测阴性证明。其中大多数使用 Common Pass（瑞士非营利组织 Commons Project 在世界经济论坛的支持下开发的系统）和 Travel Pass（国际航空运

①Kyodo News. Japan to Introduce "Vaccine Passports" for International Travel［EB/OL］. (2021-04-29)［2023-01-15］. https://english. kyodonews. net/news/2021/04/e8e03706a702-breaking-news-japan-to-introduce-vaccine-passports-for-intl-travel-sources. html.

输协会自己的系统）。这些系统可以显示疫苗接种记录。2021年3月,阿鲁巴航空（Aruba）和捷蓝航空（Jetblue）开始允许美国乘客使用Common Pass进行核酸检测阴性结果验证。汉莎航空飞往美国的乘客也可以使用。同月,新加坡航空公司（Singapore Airlines）成为第一家允许新加坡和英国两地旅客限量使用旅行通行证的航空公司。

第三节 "疫苗护照"存在的问题

一、"疫苗护照"的科学依据

新冠"疫苗护照"是否可行,重要的前提是疫苗必须经过认证安全有效。目前世界各国正在接种的新冠疫苗有十几种,这些疫苗由不同国家的制药企业研发生产,虽然都经过了三期临床试验,并通过了本国或本地区药检部门的审批,然而迄今并不是所有疫苗都通过了世界卫生组织的认证。

不同国家研发的新冠疫苗有效性各不相同,适用人群以及能够防范的病毒类型也有区别,其有效期能维持多久仍未可知,这给将来全球统一的新冠"疫苗护照"认可哪些类型的新冠疫苗造成了困难。有效时间、接种后是否会再次感染或携带病毒等与疫苗有效性相关的问题,也有待进一步评估。不同品种疫苗的差异性、各个国家不同的接种方式、接种两剂疫苗的时间间隔等因素,也会在不同国家间就"疫苗护照"的可靠性引发分歧。不同种类疫苗接种者、疫苗接种与未接种者之间是否会受到区别对待等问题,都让"疫苗护照"计划推行陷入胶着状态。

2020年4月24日,世卫组织进一步强调了当前的知识和技术局限性,认为目前尚不确定是否存在可检测到的SARS-CoV-2抗体可使人类对进一步感染产生免疫力,如果是,需要多少抗体才能起到保护作用,或者这种免疫能持续多久。[1] 世卫组织持谨慎态度可以理解,因为其专业职责是防控疫情蔓延,而目前全球正在使用的十几种疫苗尚无统一的国际医学标准,其有效性也尚未得到全面的验证。由此,各国在开发及推广"疫苗护照"的过程中,对已接种疫苗者能否传播病毒以及接种疫苗后免疫期限等问题存在担

---

[1] Phelan A L. COVID-19 Immunity Passports and Vaccination Certificates：Scientific，Equitable，and Legal Challenges[J]. The Lancet，2020，395：1595-1598.

忧也就不难理解了。

二、"疫苗护照"可能会对信息安全造成负面影响

在讨论新冠"疫苗护照"如何在全球推广使用的过程中，伴随出现了科技手段防伪、信息准确程度、个人信息保护等与社会管理有关的问题。大数据管理应用在防疫中，与信息安全有关的问题就会凸显。在个人选择自由方面，"疫苗护照"的推广无异于对个人必须接种疫苗施加了无形压力，因为反过来看，对接种疫苗进行否定性的选择，将对不愿意或还没有接种疫苗人士的工作与生活造成影响，甚至产生歧视。从个人信息保护角度来讲，"疫苗护照"中关联的使用者健康状况、个人数据和位置必须匿名，应该优先考虑那些能让个人对自己的行动作出安全选择的应用程序。[①]

从二维码到应用程序，甚至是实体信息读取卡，多种多样的 ICT 技术应用到了新冠免疫证明上面。[②] 很多反对意见都认为"疫苗护照"侵犯个人隐私，但是系统开发者却认为这些问题并非无法解决。欧美国家对"疫苗护照"推行持谨慎态度，主要就是基于个人信息保护方面考虑。2020 年 5 月以来，欧盟就"疫苗护照"多次表达了相对保守的态度。2020 年 12 月，欧洲联盟委员会卫生安全委员会讨论了跨境可核查的 COVID-19 疫苗证明。[③] 欧盟内部的意见并不统一，主要的争论点在于"疫苗护照"的范围到底是在欧盟内部还是在全球范围内予以认可。另外，是否只应出于医疗原因提供互认的疫苗接种证书，还是也应为旅行提供疫苗接种证书，这存在着相当大的争议。2020 年 12 月，最后主流意见是创建一个共同的欧盟疫苗接种证明，以方便在欧洲联盟内旅行使用。[④] 2021 年 4 月，美国联邦政府宣布，为了保

---

①Natalie K, Franoise B. Ten Reasons Why Immunity Passports Are a Bad Idea[J]. Nature, 2020, 581:379-381.

②Meredith S. Covid Vaccine Passports Are Being Considered and Health Experts and Rights Groups Are Deeply Concerned[EB/OL]. (2021-02-25)[2023-01-15]. https://www. msn. com/en-us/money/markets/covid-vaccine-passports-are-being-considered-and-health-experts-and-rights-groups-are-deeply-concerned/ar-BB1e0PZg.

③European Commission Directorate-General for Health & Food Safety. 2020 Health Security Committee Audio Meeting on the Outbreak of COVID-19 Summary Report[EB/OL]. (2020-12-07)[2023-01-15]. https://ec. europa. eu/health/sites/health/files/preparedness_response/docs/ev_20201207_sr_en. pdf.

④Schengenvisainfo News. 2021 EU Commission President: Vaccination Certificate is a Medical Requirement[EB/OL]. (2020-12-21)[2023-01-15]. https://www. schengenvisainfo. com/news/eu-commission-president-vaccinationcertificate-is-a-medical-requirement/.

护公民隐私,联邦政府不会推出强制性的联邦"疫苗护照",联邦政府从来也不会支持"要求公民随身携带凭证的制度"。这表明了美国联邦政府的立场,即美国公民个人的隐私和权利应该得到保护。[①] 否则,个人的自由和权利会因制度设计原因而遭遇不公平对待。

三、外部因素对"疫苗护照"的影响

新冠疫苗应成为全球公共品,然而在疫苗的分配、使用以及认可等方面,掺杂了过多的政治因素,进而导致新冠"疫苗护照"在全球范围内的推广应用受阻。政治考量效率低于市场博弈,这大概就是为什么目前"疫苗护照"还未从政府层面统一、反而民间(如前面提及的航空公司的免疫证明信息系统的开发与应用)的行动要更快。客观来讲,接种了任何一种疫苗的群体只要能够证明其产生了抗体,便应享有与接种了其他疫苗的群体相同的待遇。如果一个国家选择了某种疫苗,其国民因接种了该疫苗却没有获得其他国家的承认,这就在事实上剥夺了相关国家及国民的自由选择权。

具体以欧盟为例,欧盟计划实施"疫苗护照",未来欧盟公民需要接种欧洲管理局已经批准的新冠疫苗并取得"疫苗护照"才能出入境。欧盟只认可美国的辉瑞、莫德纳和强生疫苗,而中国以及俄罗斯的新冠疫苗并没有得到欧盟批准,欧盟决定生产20亿支辉瑞疫苗供应欧盟成员国统一使用,禁止欧盟成员国使用没有得到欧盟认可的其他疫苗,其中带有典型的政治因素考量。

"疫苗护照"不仅仅是简单的疫苗接种证明,将其用于跨境旅行、教育、工作等场景时,所需考虑的社会因素不能忽略。如果引入"疫苗护照",有人会因无法获取疫苗而被隔绝。不是每个国家都有能力为民众第一时间购买并注射新冠疫苗,也不是每个人都有智能手机能轻易出示电子疫苗护照,如果严格要求有接种的人才能出入境,则会加剧不平等问题。从科技角度来看,虽然能很容易追踪一个人是否已接种,但要精准认证每一个人疫苗的接种情况,则需要全球合作。对已经接种疫苗并证明已产生抗体的群体应如何对待,则必须遵守科学决策的原则。这些都是新冠"疫苗护照"推广过程中所可能面对的尖锐现实问题。

---

① Jacobs J. White House Rejects U. S. Vaccine Passports, Skirting Uproar[EB/OL]. (2021-04-07) [2023-01-12]. Los Angeles Times, https://www.latimes.com/world-nation/story/2021-04-07.

推广"疫苗护照"同时还带有社会认知及伦理方面的考量因素。世卫组织曾表示，将疫苗认证作为准许旅行的一项要求"是不建议的"。[①]将世界以接种了疫苗和未接种疫苗来划分，给予接种疫苗的人更多特权，同时加强对未接种者的限制，可能会加剧与新冠病毒疾病有关的身份认同错乱与歧视，在各国之间引发将本国公民利益置于全球利益之上的争议。如果各国政府推出"免疫护照"，将颁发给那些已经康复并检测出 SARS-CoV-2 抗体阳性的人，允许他们重返工作、社交和旅行，很难知道从哪里开始。[②]

四、国际上关于"疫苗护照"的"技术＋管理"共识与规则尚不成熟

"疫苗护照"的根本在于统一性，需要世界各国实现大范围的国际合作，形成统一的认定标准和信息数据共享系统。尽管各国凭意愿签发新冠"疫苗护照"并不困难，但若要真正地运用在跨国旅行上，现实的挑战在于各国间必须达成共识，形成普遍认可的机制与事实。新冠"疫苗护照"是新生事物，既缺国际标准，也少技术规范，更难防造假，对已上市疫苗的安全性和有效性，国际上并无共识，在这种情况下，各国可能会先认可各自药监部门已经批准的疫苗，这势必造成标准、规范多头并存的局面。每个国家都有自己的标准，采取各自为政的防疫信息认可规则，不仅沟通效率低下，还可能因为在部分地区不受认同而导致人们依旧寸步难行。

疫苗的认证必须建立在遵循科学的基础上，前提是所有的疫苗应该及时、充分公布相关的资料和数据以供国际权威机构评估。目前来看，新冠"疫苗护照"计划多为单个国家或地区采取，缺少统一牵头实施的全球性组织。作为国际上最大的政府间卫生组织，世界卫生组织（WHO）对"疫苗护照"计划提出了保守意见，表示：疫苗在阻断病毒传播的有效性方面仍有太多未知数；加上疫苗供应有限，旅行者优先接种疫苗可能导致对高风险人群的疫苗供应不足。因此，政府与交通运营者不应将疫苗接种证明作为出入境条件。目前各个国家并没有达成取消入境隔离的通用协议，新冠疫苗认可政策在各国之间并非完全一致，仍有很多细节上的差异。

①Torres J M D. Vaccine Passports Will They Be Available in the U. S. in Time for Summer[EB/OL]. (2021-03-14)[2023-01-12]. https://www. nbcnews. com/health/health-news/vaccine-passports-will-they-be-available-u-s-time-summer-n1261022.

②Kofler N, Baylis F. Ten Reasons Why Immunity Passports Are A Bad Idea[J]. Nature, 2020, 581:379-381.

第四节　个人信息与"疫苗护照"分析

一、基础信息系统之建立

"疫苗护照"是具有技术中立性的统一数字化通行凭证,应在国内形成基础信息系统。新冠防控阶段的"国际旅行健康证明",其发展方向或与现有的黄热病、流脑等"疫苗护照"一致。"疫苗护照"以前是实体簿册,而今可以利用大数据实现数字化,持有者和管理者可以通过互联网线上查询疫苗接种、核酸检测、核酸抗体等信息。数字技术将"疫苗护照"这一概念提升到了新的高度。"疫苗护照"与医药技术创新与进步密切相关,然而其本质是ICT领域的问题,所牵涉的法律风险和内容也多与数字技术相关。在某种程度上,大规模人群的健康数据、电子病历档案等数字资源在公共卫生领域应用,已经开始发挥越来越重要的作用,甚至不逊于传统医学领域(如药学、临床医学等)的创新进展。人们越来越意识到,前沿数字技术产品可以和先进的药物和疗法一道,共同成为对抗疾病、保障公众健康安全的利器。

"疫苗护照"并非像传统护照一样是有形证件,它本身并没有统一的形态和载体,其核心要素是对居民健康防疫信息和疫苗接种信息的有效记录和识别。基于特定的应用,在智能手机、电子ID卡上显示或标注的电子码、电子记录等都可以成为"疫苗护照"的载体。只要通过手机应用或扫描QR码等,就能方便地展示接种证明;工作人员也比较容易确认检测结果的真伪,不会因为书写文件格式多样化造成误会,或者降低工作效率。然而,对新冠"疫苗护照"功能性的理解也最好仅止步于狭义的护照内涵,即该证明只用于跨境通关,不宜扩展其功能。现在对"疫苗护照"的理解泛化了,当成超级健康码,多场合通用,容易带来个人信息安全以及歧视问题。

本书认为,适用于全球通行的疫苗护照,其不同版本至少应包含以下基本要素:①国籍,护照号,姓名;②核酸检测结果,血清IgG抗体检测结果,检测时间,检测地点;③疫苗名称,疫苗生产企业,疫苗各剂次接种时间,疫苗各剂次疫苗接种地点。上述信息具有一定的敏感性,所以应通过一国内部建立"COVID-19免疫规划和预防接种管理系统"进行搜集与管理,主要包括:①接种者身份唯一性控制验证模块:成人接种者通过身份信息识别装置读入身份证信息并保存、儿童接种者或监护人通过接种证核查,确认是本人后,对已有档案通过身份识别装置进行个人生物信息采集,并同步进行数据库比对;各剂次疫苗接种时对身份有效性进行验证。②业务流程管控模块:对各终端和系统流程进行管理。③数据库模块:对身份信息、接种信息和流程信息进行存储。此系统用于解决现有技术针对免疫和预防接种过程中出现的无法保证接种者疫苗接种的准确性、接种时间的准确性和国家(地区)间疫苗接种信息缺乏互通互信等技术问题。

二、通过双边或多边谈判方式形成"疫苗护照"事实标准

推进国家和地区间新冠"疫苗护照"由双边到多边的互认互信,形成开放式多边协议,是解决问题的长远之道。新冠"疫苗护照"涉及的深层次问题,是整合网络信息架构,有效管理、共享和验证与出入境人员相匹配的数据,以符合出入境管理要求。

在可预见的未来,全球范围新冠"疫苗护照"的推广应用,大概率的破局方式,是关系紧密的国家或地区就相互认可对方的疫苗接种及健康证明证书达成一致意见。对此,应采取开放态度与做法,以与我国经贸往来关系密切的国家和地区为突破口,开展双边或多边专项协商谈判,在有明确技术规范依据前提下,互相承认疫苗接种的有效性,达成新冠"疫苗护照"互认互信协议。协议中宜突出强调中立性相对较强、主观价值考量偏少、政治色彩相对淡化的技术指标。在此基础上,形成可操作性强的开放式技术公约文本,供有意愿的国家或地区签字加入。

国际标准规范形成的基础与前置性条件,是部分国家和地区特定领域标准化探索已经取得显著成效,其经验具有普适性。从目前情况看,中国版国际旅行健康证明并非单纯的"疫苗护照",而是核酸检测和疫苗接种等多种信息的综合凭证,这是世界进入后疫情时期促进人员安全有序交往的现实措施。中国应掌握战略主动权,采用标准化这种技术中立性相对较强、主观价值考量较少、政治色彩相对淡化的工具性软法手段,联合多个有分量的国家和地区,积极开展双边或多边谈判来推动各国"疫苗护照"的互认和快速准确识别,力争实现"疫苗护照"的全球广泛认可。"疫苗护照"采用现行标准化认证、检验及运行工作体系,具有现实可操作性。具体来讲,"疫苗护照"标准规范推进互认互信的落脚点可以有多种政策措施外在表现形式,例如国家间可以达成互认互信协议,无论何种性质组织,只要在其"疫苗护照"类程序软件中标注"此电子健康证明系采用某某标准形成",出入境人员凭

此类电子凭证即可顺利通关,并且免于隔离以及重复检测等冗长程序。

三、构建国际化"技术＋管理"复合型新冠疫苗技术规范体系

治理是组织按照既定规则管理,进而实现目标的一系列活动统称。在治理理论中,国家或政府不再是唯一的权力和资源支配主体,现代社会的治理主体应该是多元的,政府不能单一地依赖行政命令和权威,应该寻找更适合现实的方法完成公共事务。① 社会治理的宗旨,是达成"合意",即各治理主体之间形成一致的目标,通过制度转化使得合作成为可能。② 在社会治理方面,标准是作为软法的角色存在的。③

21世纪以来,国际标准化活动致力于推动社会稳定、履行社会责任。例如 ISO/PAS 22399—2007《社会安全:事故预防和事故持续性管理指南》、ISO 26000—2010《社会责任指南》等标准先后发布。社会治理中,标准偏向于微观、技术和操作层面,而法律法规政策偏向于宏观、导向层面;标准可以在技术和操作层面对法律法规、政策提供支撑,使法律法规、政策的实施更具可操作性。法律法规是经过严格的程序制定和发布的,具有最广泛的适用范围和最有效的实施保障。标准的适用范围有限,但对象明确、清晰,操作性强,除强制性标准外,都是自愿采用的,灵活度较好。同为社会治理规则,标准、规范与法律法规通常协同作用,同步制定配套的标准、规范支撑法律法规和政策的实施,提高后者的适用性和可操作性。

新冠疫情属于重大突发公共卫生事件,需要短期内调动大量资源,应对多变的特殊时期复杂环境,在治理过程中更需要社会力量加入组成多元治理体系,亦需要足够的制度保障、规范化的工具手段以及灵活的治理措施提供支撑。应聚力形成"技术＋管理"复合型新冠疫苗认证技术规范体系,因为目前在全球推广新冠"疫苗护照"遇到诸多困难与阻力,从根本上来讲是技术性话语权微弱、决策性话语权混乱和制度性话语权离散的复杂性、综合性问题。

---

① Stoker G. Governance as Theory:Five Propositions[J]. International Social Science Journal,1998,50:17-28.

② Paquet G. Governance Through Social Learning[M]. Ottawa:University of Ottawa Press,1999:10.

③ Kirton J J,Trebilcock M. Hard Choices, Soft Law:Voluntary Standards in Global Trade, Environment and Social Governance[M]. Aldergate:Ashgate Publishing Limited,2004:372.

　　推广新冠"疫苗护照",要有精准可靠的实验数据支撑,应在既有疫情防控标准、规范基础上出台与新冠疫苗接种安全性、有效性等有关的标准或者指南性政策文件。同时,应采取引导与鼓励措施,提升新冠疫苗知识产权质量与规模,加速全球技术战略布局,并将其融入相关技术和管理规范之中。

第九章　人工智能与数字社会治理人才培养

第一节　人工智能辅助司法和法律服务概述

一、人工智能辅助司法

在算法优化和计算机硬件升级的背景下，人工智能将得到更广泛的应用。到目前为止，人工智能法官已经在一些国家存在。例如，荷兰一家私有化的在线法院自2011年以来一直在讨债诉讼中试验独立于人工智能的裁决，人工智能法官在分析了定义讨债诉讼的关键裁决要素后，根据算法工程师建立的裁决模型作出裁决。在爱沙尼亚，助理法官被设计在国家一级，试图通过小额裁决来解决积压问题，价值低于7000美元的索赔诉讼。人工智能法官将当事人将各自的案件档案录入裁决数据库后，对材料进行分析并作出决定，当事人可以将人工智能法官的决定向人类法官提出上诉。此外，广义裁决中的人工智能技术正开始在一些普通法国家找到一席之地。在过去十年左右的时间里，基于风险的算法预测的使用在美国不断扩大。[①] 刑事司法，包括刑事诉讼的多个阶段，包括保释、量刑和假释。如今，人工智能的司法审判实践有几个特点。

首先，人工智能法官正开始应用于司法行政的实质性决策领域，特别是刑事司法，特别是在量刑和保释决策方面。这一实际应用可以被认为是从理论到实践的重要一步。然而，人工智能法官也有其局限性。例如，2017年，法国司法系统在 Rennes 和 Douai 的两个上诉法院试用了一个司法人工智能判决结果预测软件。在试点后，法国司法系统得出结论，该软件无法确定案件的细微差别，也不能充分考虑一些案件外因素。随后，法国立法机构

---

①周琪.高科技领域的竞争正改变大国战略竞争的主要模式[J].太平洋学报,2021,29(1):1-20.

颁布了一项禁止"法官定性"的禁令,禁止基于法官身份的数据分析、比较、评估和预测,从而限制了对人工智能法官的这种预测。[1] 值得注意的是,即使在美国,人工智能促进的风险评估工具被广泛使用,最关键的裁决领域——定罪或决定索赔的是非曲直——也没有留给人工智能法官。总之,人工智能可以应用于量刑和小额索赔,因为在这个领域的风险评估有一个客观的标准,基于算法的风险评估是定量的,有助于提高量刑的效率和一致性,从而使量刑结果值得信赖。然而,人工智能不适合定罪等核心问题。一方面,此类决定一般是由人类法官作出的,他们具有不可动摇的政治和哲学支撑以及公众支持,人工智能法官很难在其中找到一席之地;另一方面,在刑事案件中"排除合理怀疑"的定罪证明标准下,数字技术难以满足内部定罪的要求。在不能排除合理怀疑的情况下,需要适用无罪推定原则,这使得人工智能法官难以满足这种高度主观的证明过程的要求。简而言之,人工智能法官已经成为许多国家刑事司法的角色之一,但他们尚未成为刑事司法的关键角色。[2]

其次,人工智能法官与方法创新有关,如定量实证方法。目前使用在美国刑事司法实践的风险评估工具,几乎都是从传统的量刑准则和相关的量刑尺度上发展起来的。众所周知,美国量刑指导制度要求法官根据几乎固定数量的因素来确定对被定罪的被告的具体判决,甚至因此而被批评为机械性量刑。[3] 与这一传统相一致的是,量刑风险评估采用"加权清单"的形式,其中风险评分是输入值与未来犯罪的统计相关性。这个简单的模型,模仿量刑指南的量刑量表,将其基于数据特征的量刑量表提升到下一个层次作为判决辅助。但实际上是对统计方法的干预导致了风险评估工具的重要发展。具体来说,根据所使用的统计方法,它们可以分为简单风险评估和复杂风险评估两类。简单的风险评估技术不利用非线性或交互式关系,但具有整数权重和少量输入的简单统计评估工具可以在许多领域匹配复杂预测模型的准确性。一项研究发现,一个简单的风险评估规则只考虑了两个特征,即被告的年龄和之前没有出庭,其累犯风险预测结果几乎与机器学习模

①左卫民.AI法官的时代会到来吗——基于中外司法人工智能的对比与展望[J].政法论坛,2021,39(5):3-13.

②张凌寒.智慧司法中技术依赖的隐忧及应对[J].法制与社会发展,2022,28(4):180-200.

③爱德华·拉泰萨,布莱恩·洛文,吴一澜.美国缓刑判决前评估机制[J].河南警察学院学报,2021,30(3):40-45.

型的运行结果一致。这样的评估技术主要通过标准的回归模型运行,但它包含了更先进的机器学习模型。总之,以美国刑事司法实践中广泛使用的累犯风险评估工具为代表的人工智能法官,是人类法官决策实践的集合、总结和建模。① 也就是说,其基本模型是经验性的,以司法大数据为基础,面向实践的收集、分析和建模量刑实践数据是其运行的前提。因此,这种分析和使用数据做决策的风险评估工具本质上是一种更简单或更复杂的实证方法。

再次,人工智能法官与数据分析的认识论转变相关联。人工智能法官算法的形成依赖于大量数据的输入,这必然需要一个以数据分析为中心的人工智能法官的认识论系统。在美国弗吉尼亚州,该州设定了将 25% 的非暴力罪犯转移监狱的目标。风险评估被视为实现这一目标的一种重要方法,并在 20 世纪 90 年代末由弗吉尼亚州犯罪量刑委员会(VCSC)为非暴力罪犯开发和测试。所有数据都存在于过去的裁决数据中,而 VCSC 所做的是从这些数据库中收集和分析数据。因此,我们可以在过去的司法实践的基础上,观察和提取数据,总结现有决策的模式,这将是未来人工智能法官决策的基础。②

最后,人工智能法官是"自动正义"的呈现,体现了一种"自动售货机"类型的决策模式。经过抽象和建模的司法决策经验的统计方式,法官和他们的助手所做的是识别和确定司法案件的决定相关的关键因素,然后让算法一个接一个得分,最后人工智能法官计算总分,将他们分为不同的层次。事实上,法官并没有参与形成结论的过程,一般都采用算法的结果。美国超过一半的州现在使用风险评估软件来协助法官进行量刑,似乎韦伯的"自动售货机"正义愿景终于在一个世纪后看到了曙光。除了直接使用算法进行司法决策外,间接使用人工智能进行决策预测也开始出现。③ 判断预测是基于现有决策的结果建模法官的决策模式,并预测当前和未来决策的可能性。例如,弗吉尼亚理工大学的研究人员使用数据驱动的结构机器学习来分析历史上的美国最高法院的决定是为了预测联邦最高法院未来的决定。该算法通过计算与争议点相关的每个话语,评估其权重,分析不同法官对其的关

---

①张凌寒.智慧司法中技术依赖的隐忧及应对[J].法制与社会发展,2022,28(4):180-200.

②焦宝乾,赵岩.人工智能对法官思维的影响[J].求是学刊,2022,49(4):115-125.

③余鹏文.现象、原理和规制:人工智能司法与刑事程序正义的融合之路[J].天府新论,2023(1):108-123.

注程度,然后根据他们的投票来判断文本表达式的实际意义。人工智能在预测最高法院未来判决方面的准确率达到了 79.46%。[①]

二、人工智能促进法律服务

2016 年,IBM 推出了一种人工智能产品(ROSS),由一家美国律师事务所应用于法律服务,专门处理破产领域的案件。由伦敦大学和谢菲尔德大学开发的人工智能系统可以预测司法判决,准确率为 79%。2016 年,中国还推出了自己的合法人工智能机器人。以上这些设计实践都渴望实现机构在处理法律事务时的自主性和主观性,例如像人类一样思考和具有作出法律判断的能力。如果工业时代的机器取代了人类的体力劳动,那么信息时代的智能机器将取代人类精神劳动。[②] 如今,以人工智能为便利的执法手段的实践有几个特点。

首先,人工智能促进的法律服务和产品可能具有很高的“智力”,但可能没有任何“情商”。法律服务是一种主要处理人际法律关系的职业,律师服务的目标是“活的”人,而不是“静态的”对象。当律师为客户提供法律服务时,不仅是专业法律知识的信息输出,还有很多其他方面。例如,对于处于情绪波动状态的当事人,律师应该首先安抚他的情绪,然后利用他的法律知识和实践经验,对案件、申诉和诉讼目的进行专业的分析、判断和解释。当律师和客户签订服务合同时,就会出现一场“讨价还价”的博弈,律师的沟通技巧和评估情况的能力发挥着至关重要的作用。人工智能可能能够为法律知识提供有效和准确的答案,但它不能对客户的情绪波动作出反应,这是它与人类律师之间的根本区别。

其次,人工智能产品可以从事的业务领域应该以格式、数据和相对固定的法律关系为特征,其计算基础和逻辑不能与人类所设置的数据库分离,这是基于现有的法律信息和裁决经验。当某些合同条款、商业框架和案例情况以前从未出现过时,人工智能可能会失去高速响应的基础。简而言之,人工智能促进的法律产品在人类认知控制的范围内运作,除了它通过深度学

---

① 王婉臻,饶元,吴连伟,李薜.基于人工智能的司法判决预测研究与进展[J].中文信息学报,2021,35(9):1-14.

② 张姝艳,闫楚弼.人工智能:社会形态演进的一个工具[J].长沙理工大学学报(社会科学版),2022,37(4):26-33.

习整合了大量信息,并可能得出更接近法律和先前裁决经验的结论。① 由于这种考虑,律师事务所决定让 ROSS 主要在破产领域参与相关工作。进一步的问题是,如果 ROSS 被用于涉及人类情感、情绪和激情的婚姻和家庭领域,它还能够"对变化作出反应"吗? 人工智能促进的法律服务的首要领域应该是那些促进发展的高端业务领域,如金融、证券、投资、竞争、公司相关业务等,因为这些领域的商业模式相对固定。相反,在相对低端的业务领域,如离婚、继承、财产纠纷等,它们涉及情感因素、民俗、社区冲突等。人工智能是否能很好地发挥作用还有待研究。人工智能不能用一个相对固定的计算模型和认知逻辑来应对无法控制的情况和社会情况存在很大疑问。律师业是一种服务业,法律实践在很大程度上是一种经济活动。律师与公平、正义和秩序的价值观密切相关的原因是,他们的服务内容——"法律"与这些价值观有关。因此,律师服务实际上是一种以知识、信息和经验为主要内容的交易活动,该服务不能为人工智能所完全取代。

最后,人工智能促进的法律服务不能完全取代人类律师,但这并不意味着它不会对律师行业产生影响。技术成果在法律服务中得到了广泛的应用,以人工智能为代表的信息技术深刻地影响着法律服务业和法律服务市场的未来方向,这已成为一个公认的事实。② 人工智能技术的发展不仅将提高法律服务的效率和质量,而且还将在律师职业的结构构成、工作方式、利润模式、资源部署和使用等方面重塑法律服务市场。当人工智能能够参与一些简单的法律咨询和司法裁决时,这就意味着包括法官和律师在内的法律专业界将开始面对它所带来的挑战和影响。"思想"和"决定"本身就是权力的一种表达。③ 智能机器人的使用实际上将提供法律建议和裁决法律纠纷的权力从律师和法官转移到了程序设计者的手中。利用人工智能可以实时跟踪法律法规和司法决策的变化,将对一些法律实践团体的价值和功能产生影响。目前,高效、准确的法律信息收集、分类、存储、检索和文献阅读已成为"薄弱"的基本功能。人工智能需要更先进的法律推理、案例论证、结

---

① 张保生.人工智能法律系统:两个难题和一个悖论[J].上海师范大学学报(哲学社会科学版),2018,47(6):25-41.

② 张吉豫.数字法理的基础概念与命题[J].法制与社会发展,2022,28(5):47-72.

③ 阎立峰,郑美娟.权力与建构:新闻文本的意义生成与转换[J].现代传播(中国传媒大学学报),2022,44(3):33-39.

论提取、案例预测和法律咨询,这是先进人工智能发展的未来方向。[①] 当普通的法律服务(例如简单的法律咨询建议)可以由人工智能执行,人力将慢慢退出这个细分市场。换句话说,人工智能在提供法律服务方面的便利性、透明度和可管理性将是客户的一个优势。当然,在这种情况下,无法从事复杂法律工作的律师、律师助理、实习律师和秘书将受到极大的影响。

第二节　人工智能辅助法律教育

一、学科建设的变更

信息革命下新技术的加速整合,极大地将法律研究推向了深入多学科整合的阶段,数据法、计算法、网络法等一些新的法学学科正在逐渐形成。[②] 国内外许多法学院已经建立了相关的研究机构,开展了相关的研究项目,并根据自身的优势和特点提供了相关的本科、研究生课程组合。影响更深远的人甚至建立了跨学院和跨学科的项目,以及"法律＋技术""互联网＋法律""人工智能＋法律"的研究生学位。

由人工智能促进的法院和法律实践的发展,推动法学院提供一个跨学科的"法律＋技术"课程组合。例如,新泽西理工学院(NJIT)提供了一个跨学科的"法律、技术和文化"项目,其中包括与历史、工程、信息技术和商业管理相关的核心课程,共计 21 个学分。该课程侧重于与技术、媒体、环境、健康和文化有关的法律,为学生提供法律和与法律相关的商事和行政组织以及其他职业领域的知识。它的特点包括法律和文化的融合。例如,通过考察法院的历史文化以及不同时期法律的性质和社会意义,为学生提供了对法律思维和实践的广阔视角。学生们被引导去经历专利律师或专利审查员等职业。该课程还举办法律、技术和文化方面的高级研讨会,学习跨学科的知识和思维,特别有才华的学生有机会加入西顿霍尔大学(Seton Hall University)的法学博士课程。

另一个例子,是跨学科的"法律＋技术"项目。斯坦福大学的法律、科学和技术课程为学生提供"法律＋技术"的高水平实践课程,以及在电子商务、

①魏斌.法律人工智能:科学内涵、演化逻辑与趋势前瞻[J].浙江大学学报(人文社会科学版),2022,52(7):49-67.

②马长山.数字法学的理论表达[J].中国法学,2022(3):119-144.

管辖权和争议解决等领域的跨学科分析的学术和专业培训。LLM 项目为学生提供高水平的实践"法律＋技术"和学术和专业培训跨学科分析,包括电子商务等领域,管辖和争端解决,在信息产业,风险投资和高科技创业,以及知识产权和合同法在生物技术和健康科学问题。值得注意的是,斯坦福大学的硕士课程只面向在美国以外获得法律学位的学生。项目结合了斯坦福大学的跨学科资源:除了教师,还包括科学技术前沿领域的专家、法律服务领域的精英、企业高管和来自世界各地的科学家。硕士项目有六个子项目,每个都有自己的重点:电子商务中心,互联网和社会中心,法律和生物科学中心,计算机和法律中心,知识产权诉讼交易中心,跨大西洋技术法律论坛。

几个美国研究型大学,如密歇根大学和卡内基梅隆大学,已经授予了跨学科的学位。例如,早在 1968 年,密歇根大学就创建了通识研究学士学位(BGS)学位,它允许具有跨学科兴趣的学生追求他们的兴趣,该学位项目可以单独设计,不受院系要求的限制。与传统的学位不同,BGS 项目被明确定位为一个"跨学科的学位",不需要一个专业作为基础,而是通过选择从多个学科和部门的课程来组织知识、技能和经验。特别是在"法律＋技术"领域,加州大学洛杉矶分校提供与其他专业学校和院系合作的联合学位。例如,法学院的学生可以在管理学院和卫生保健学院学习,在学分基础上获得联合学位;学生通过探索技术哲学加深他们对法律的理解,为追求学术生涯的人提供一个理想的知识基础。

二、法学教学模式与方法的变化

信息革命推动了法学教学与新技术的深度融合,开辟了法律实践与法律教学之间的联系通道,促进了知识教育与实践教育的有机融合。[①] 目前,有许多大公司试图建立一个基于"智能"正义的互联网法律平台,实现对法官判决的自动预测和合同文件的自动审查。如果成功应用,将大大促进人才培训模式的创新,案例研讨会和实践培训肯定会带来教学方法的创新。事实上,即使还没有达到"智能"审判协助生成的阶段,杭州互联网法院已经对法学学生培训方法的创新带来了积极的推广。例如,浙江大学与杭州互

① 王轶,申卫星,龙卫球,等."新时代复合型法治人才的培养"大家谈(笔谈)[J].西北工业大学学报(社会科学版),2022(2):106-123.

联网法院联合提供"在线法庭"课程,实时接入杭州互联网,全过程观察,积极提供我们的"模拟上诉审判"。这是对"互联网＋法律教育"的重要探索,对人才法制培养的创新和人才培养目标的实现具有重要意义。

人工智能将成为法律实践教学的明智助手。随着人工智能的应用和智能法治资源的利用,未来的法律实践教学将以学生、教师和智能机器的共同参与为特征。[①] 其中,学生是询问者、发现者和合作者,教师是支持者、向导和组织者,智能机器在物理世界和虚拟信息世界中共存,具有协同和开放、多维共生、智能增强的特点。教与学之间的互动耦合比以往任何时候都更加紧密,形成了一个人机共生的学习系统,人机协作和师生互动将成为常态。在这种教学模式下,人工智能(智能教学支持系统)将始终伴随和服务于师生的互动和成长,围绕学习的需求提供知识支持和知识组织里程碑,并将法治建设的实际问题和需要联系起来。在智能助手组织教学的过程中,教师可以发扬教学法"师徒体系"精神,致力于教授法学的分析框架、机器学习无法取代的隐性知识,克服人工智能格式化和形式化知识传播的局限性。

综上所述,人工智能技术带来了令人印象深刻的变革。一方面,新技术被用来补充课堂法学教学。例如,在互联网的帮助下,学生可以在上课前通过在线视频积极学习老师分配的主题。然后,在课堂上,老师与学生们深入讨论这个话题。这扩大了教学的空间和时间,教师的角色转变为指导和启蒙者,而学生从被动接受转向独立探索和主动学习,帮助学生发展法律思维能力。例如,司法大数据的案例推送功能为案例教学提供了丰富而科学的材料,帮助学生轻松获取司法实践中的困难问题,收集典型案例,分析典型案例。另一方面,利用新技术全面恢复法律实践领域,创新法律实践教学。例如,通过实时访问智能法庭的在线审判平台,可以实现以"现场审判"为中心的"同步实践教学",让学生在现实生活中直接面对司法判例。

三、获得新的法律技能

首先,获得理解司法判例的法律技能越来越重要。在知识映射和机器学习的过程中,这些法律技能是非常重要的。从我国现有的法律专业人员培训的角度来看,虽然各所法学院设立了大量的案例研讨会课程,但对源自

---

① 龙卫球,李游,赵精武.法管交叉新文科人才培养研究——基于北京航空航天大学模式的形成和发展[J].北京航空航天大学学报(社会科学版),2022,35(5):1-10.

普通法制度的先例认可技能并没有进行良好的培训。① 如果中国法律专业人员无法理解司法判例的作用，那么他们不仅不能提供初始的案件识别算法模型，也不能有效地监控和纠正机器获得的案件识别技术通过独立学习或半自主学习的大数据。事实上，当前中国司法实践中，并不能有效地结合先进的人工智能算法与法律行业的特点，对司法判例进行有效识别。

其次，获取必要的人工智能理论和技术知识，并保持学习新知识的动机。以浙江大学为例，在本科阶段，计算机科学和技术课程也是特别要求的。然而，人工智能的发展正在迅速发生变化，确保学生获取新知识的动机和自学能力是相当重要的。例如，在人工智能试验辅助系统的开发中，可能会出现大量的术语，没有理解这些术语，根本不可能与算法专家共同开发一个相互同意的试验辅助系统。这些知识不仅是广义神经网络、深度学习、大数据、监督学习、无监督学习、多模态数据提取等概念，还涉及各种人工智能相关的自动提取信息、迁移学习、知识图建设等。这些概念都需要进行深入理解。否则，就无法解决系统开发试图解决的算法黑盒问题，在算法的应用、维护和更新方面将面临诸多问题。因此，智能试验支持系统的开发和应用需要对该技术的基本知识。这也是培养法学学生、应用法律人才的基本要求。当然，在此基础上，如果法学学科能够与人工智能学科合作，交叉培养和探索"人工智能＋法"学科的建设，培养专业的法律人工智能人才，就需要更深入地探索如何运用相关技术知识。

四、对法律道德和价值判断的坚持

人工智能促进的法学教育应坚持"道德与法律"的法律伦理和法律价值判断。法律以"人"为中心。技术应该受到"人"的控制。"人"的美德和伦理应该塑造和制约技术的伦理。法律的价值判断反映了法律的主观价值取向和心理活动。人类的推理、情感、经验和情感，这些都不能完全被技术所取代。可以看出，法律伦理和法理价值判断是"人"将新技术特别是人工智能置于其控制之下的法律底线，也是设定人工智能责任和伦理的前提。② 随着人工智能试验辅助技术的发展，职业道德教育也将面临一些创新的问题。特别是，引入技术伦理、一般伦理等，都是在人力资源培训过程中需要加强

---

①张淞纶.作为教学方法的法教义学：反思与扬弃——以案例教学和请求权基础理论为对象[J].法学评论，2018,36(6):126-136.

②张吉豫.数字法理的基础概念与命题[J].法制与社会发展，2022,28(5):47-72.

的问题。例如,在自动驾驶系统的发展中,在自动驾驶系统的发展中需要考虑"挣扎困境"的经典伦理。在人工智能辅助试验系统的开发和运行中,我们是否会面临同样的伦理困境,因此需要在技术伦理方面进行修正?所有这些都要求我们进一步加强对伦理培养问题的研究。

在智能试验中,法律推理方法与机器推理技术之间的接近性决定了法律推理方法训练的日益重要性。与此同时,在部门法各领域的有关规范的构成要素、举证责任、证据确定和推理规则方面的培训将变得更加重要。证据推理和法律解释的程度可以被象征和数字化,这将决定一个智能审判援助系统能走多远。以智能审判辅助系统开发中的知识映射为例,从法律规范和案例数据库中提取每个法律效果的主要组成要素,以及与证据和举证规则有关的大量知识映射,将法律规则分解成逻辑模型,为这些模型提供优质的学习数据,并为模型的改进和最终算法的建立提供先决条件。获取这些知识、思维和技能,不仅对智能试验辅助系统的发展很重要,而且对智能试验辅助系统运行的监测、评价和系统反馈也很重要。

综上所述,智能系统,如智能法院、智能起诉、智能管理和智能律师事务所的算法开发,都需要绘制知识地图。然而,一方面,知识映射本质上是法律推理和法律解释的数字化,主要是将规范组成要素、举证责任、确定证据责任和推理规则从法律规范和法学数据库中分解为相应的逻辑模型;另一方面,人工智能的先验偏差和算法偏差问题本身也不能自主解决。这两个方面意味着法律思维的培养传统法律教育仍然是非常重要的时代,不仅促进算法的发展,而且有助于建立一个算法解释机制来减少先验偏见和算法偏见的问题。

第十章　总体国家安全观下的数据安全保障

第一节　《数据安全法》的法体系定位与立法目的

一、《数据安全法》的定位

(一)数据安全法以总体国家安全观为指引

《数据安全法》第 4 条规定,维护数据安全,应当坚持总体国家安全观。总体国家安全观是 2014 年 4 月中央国家安全委员会第一次会议时提出的。概括来讲,总体国家安全观既重视发展问题,又重视安全问题发展是安全的基础,安全是发展的条件[①],如图 10-1 所示。

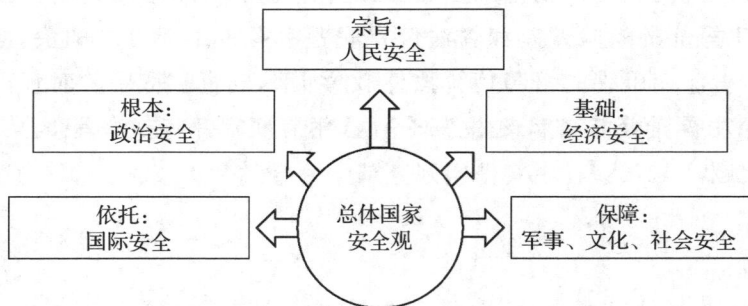

图 10-1　总体国家安全观概述

数据安全属于政治、领土和军事威胁之外的非传统安全,但在国家安全战略体系中的地位十分关键。[②] 这里有两个原因。

---

①刘跃进.论国家安全领域的七个统筹[J].上海交通大学学报(哲学社会科学版),2022,30(6):61-72.

②刘跃进.安全领域"传统""非传统"相关概念与理论辨析[J].学术论坛,2021,44(1):27-48.

第一个原因，数字化时代多源信息融合技术的发展模糊了国家秘密与非秘密之间的界限。传统上被认为与国家秘密无关的数据在达到一定规模后，通过与其他数据进行汇聚、整合、分析，可能会产生影响国家安全和社会公共利益的后果。以住房空置率为例，单纯的人口普查信息或许难以得出准确的结论，但如果结合海量的快递订单和水电运行数据，在某一区域甚至全国范围内得出准确的房屋空置率并非难事。相似的方法如果应用在国防安全、军事等领域，可能会暴露我方的重要军事目标、泄露敏感地理信息。

第二个原因，很多可能影响国家经济命脉、社会稳定、国家安全的重要数据并未完全掌握在传统的国家安全部门的手里，而是掌握在企业的手里。要依法加强对大数据的管理，企业要保证这些数据安全，要重视数据安全。①

因此，加强总体国家安全观指引下的企业合规处理数据行为，成为维护国家安全、促进数字经济健康发展的必然要求。

（二）以《国家安全法》为龙头

《国家安全法》与随后出台的网络安全相关法律关系非常大。其第 3 条规定："国家安全工作应当坚持总体国家安全观，以人民安全为宗旨，以政治安全为根本，以经济安全为基础，以军事、文化、社会安全为保障，以促进国际安全为依托，维护各领域国家安全，构建国家安全体系，走中国特色国家安全道路。"也就是说，坚持总体国家安全观，是一个基本的原则。该条提到了以人民安全为宗旨，此处的"人民安全"当然包括《个人信息保护法》中的个人信息安全。该条还提到了以政治安全为根本，无论是网络安全法、数据安全法，还是个人信息保护法，都考虑到政治安全。《国家安全法》第 3 条还强调以经济安全为基础。这意味着在强调数据安全的同时，还要促进数字经济的发展，平衡安全和发展。

2017 年 9 月，美国信用报告机构 Equifax 遭受网络攻击，导致近 1.5 亿美国人的个人身份信息泄露。美国去年的总人口才 3.29 亿人。也就是说，近一半美国人口的个人身份信息泄露了。可见个人信息保护法中的个人信息安全属于人民安全。最后 Equifax 以 7 亿美元代价与监管机构和州政府达成和解协议。2018 年初，一家总部位于伦敦的政治选举咨询公司 Cambridge Analytica，以不正当方式从 Facebook 获取 8700 万用户数据，并

---

① 习近平. 在网络安全和信息化工作座谈会上的讲话［EB/OL］.（2016-04-19）［2023-01-12］. http://www.cac.gov.cn/2016-04/25/c_1118731366.htm.

利用大数据分析形成用户的个人画像,精准推送政治广告,影响了 2016 年美国总统选举,间接导致希拉里败选。之后,美国监管机构 FTC 就Facebook 是否应该采取更多措施防止 Cambridge Analytica 公司窃取巨量用户数据展开调查。2019 年 7 月,双方达成和解,Facebook 认罚 50 亿美元,这是美国历史上涉及数据隐私的最高罚单记录。这个例子可以看出数据安全法和个人信息保护法必然涉及政治安全。

2021 年 10 月,中共中央政治局就推动我国数字经济健康发展进行第三十四次集体学习,会议强调,要站在统筹中华民族伟大复兴战略全局和世界百年未有之大变局的高度,统筹国内国际两个大局、发展安全两件大事,充分发挥海量数据和丰富应用场景优势,促进数字技术与实体经济深度融合,赋能传统产业转型升级,催生新产业新业态新模式,不断做强做优做大我国数字经济。① 可见,经济安全意味着数据安全和数字经济发展是两条腿走路,不可偏废。

(三)四部法构成有机法律体系

《国家安全法》是总体性立法,是关系法,它主要设定维护国家安全的任务职责、安全制度、保障公民权利义务等。而《网络安全法》《数据安全法》和《个人信息保护法》是行为法,关注的是行为的管理、行为的监管,这与传统的权利立法相区别。《网络安全法》主要是从空间安全的角度立法,主要设定关键信息运行安全、设施安全方面的权利义务和责任。《数据安全法》主要是从数据信息安全的角度立法,主要设定数据安全方面的权利义务和责任等。《个人信息保护法》主要是从公法的视角来保护个体权益的,是行为法,这与权利立法的民法典相区别。民法典人格权编是从私法的角度来保护个体权益的。这样,四部法就形成了关系法和行为法之间互补支撑的法律体系。

《网络安全法》《数据安全法》和《个人信息保护法》,目前的立法主要是行为立法,对维护国家安全、网络安全、数据安全和个人信息保护,毫无疑问具有重要的意义。但是从有效利用数据资源角度,接下来的立法将会加大与数据和信息相关的权利立法。权利是行为的起点,行为是权利的边界。

---

①新华社. 习近平主持中央政治局第三十四次集体学习:把握数字经济发展趋势和规律 推动我国数字经济健康发展[EB/OL]. (2021-10-19)[2023-01-12]. http://www.gov.cn/xinwen/2021/10/19/content_5643653.htm? jump=true.

因此,如果权利的立法长期滞后、缺位,那么对行为的管理、行为的监管,甚至包括对数据和信息有效的利用都会产生不利的影响。因此,《"十四五"规划和 2035 年远景目标纲要》中提出,加快建立数据资源产权、交易流通、跨境传输等基础制度和标准规范。

二、《数据安全法》的立法目的

《数据安全法》的立法目的可以总结为:以发展促安全,以安全促发展。可以通过法条梳理的方式来理解这一立法目的。《数据安全法》着力解决数据安全领域突出问题,同时坚持包容审慎原则,鼓励和促进数据依法合理有效利用。《数据安全法》第 1 条规定,规范数据处理活动,保障数据处理,促进数据开发利用,保护个人、组织的合法权益,维护国家主权、安全和发展利益。《数据安全法》第 7 条规定,国家保护个人、组织与数据有关的权益,鼓励数据依法合理有效利用,保障数据依法有序自由流动,促进以数据为关键要素的数字经济发展。《数据安全法》第 13 条规定,国家统筹发展和安全,坚持以数据开发利用和产业发展促进数据安全,以数据安全保障数据开发利用和产业发展。

《数据安全法》第 2 章专门对"数据安全与发展"进行了系统制度布局。主要条款内容包括:实施大数据战略,制定数字经济发展规划;支持数据相关技术研发和商业创新;推进数据相关标准体系建设,促进数据安全检测评估、认证等服务的发展;培育数据交易市场;支持采取多种方式培养专业人才。

透过上述相关条文规定,不难发现,《数据安全法》的立法目的体现了总体国家安全观。总体国家安全观要求既重视安全,又重视发展,发展是安全的基础,安全是发展的条件。

典型案例"滴滴出行""运满满""货车帮""BOSS 直聘"网络安全审查事件,可以很好地对应前述条文的立法宗旨。2021 年,国家网信办连续发布了对"滴滴出行""运满满""货车帮""BOSS 直聘"实施网络安全审查的公告。审查期间,以上 App 均停止新用户注册。文章从安全和发展两个面向来分析这几家互联网平台公司遭到网络安全审查的原因。文章首先从发展的角度谈,认为,大数据分析构成这些企业业务的基础,例如,"BOSS 直聘"平台应用人工智能、大数据前沿技术,提高雇主与人才的匹配精准度,缩短求职招聘时间,从而提升求职招聘效率。但是,这几家企业又至少掌握了所属行业领域 80％的深度数据。这些数据可以直接或间接地反映我国各区域人口分布、商业热力、人口流动、货物流动、企业经营等情况。综合来看，这几家企业都掌握大量用户隐私数据，并且业务与关键信息基础设施有关联。数据安全已被提升至国家安全的层面，充分体现我国维护数据主权和国家安全的决心。

因此，《数据安全法》为企业设定了数据安全的红线、底线，与此同时也展现了企业数据的合法利益保护、数据开发和利用的立法决心。但必须以安全保发展。对于企业来说，企业的数据安全、数据合规与数据资产化利用，将成为企业今后发展的关键命题。企业应以更为积极的姿态做好《数据安全法》下的数据安全合规，既是在应对法律规则变化的挑战，更是在积极利用规则开拓的发展机遇，积累与培育新的行业竞争力与市场品牌价值。

第二节　《数据安全法》的制度逻辑及核心制度梳理

一、数据安全制度逻辑的社会控制

《数据安全法》的制度逻辑，概括而言，就是在"总体国家安全观"的统领下，对数据安全风险进行"风险－安全"的社会控制，对数据安全与发展进行平衡。要讲明白"风险－安全"的社会控制，就必须要讲风险社会理论。

乌尔里希·贝克（Ulrich Beck）提出了风险社会理论，认为，风险社会是现代化、现代性本身的结果，象征着传统社会走向了现代化社会。[①] Beck 把现代化社会描述成为风险社会，因为在这样一个风险社会里，它存在一个突出特征，就是具有不断扩散的人为不确定性逻辑。何为人为不确定性？就是人们对不可预见的后果加以控制或避免。这就叫风险。Beck 认为"在风险社会中，未知的、意图之外的后果成了历史和社会的主宰力量"；这里未知的后果就是指风险。在风险社会，风险成了社会的主宰，但这里的风险同时又孕育着希望和机会。[②]

在数字化时代，无论是企业还是自然人，其身份、行为及相互之间的社

①Beck U. The Anthropological Shock: Chernobyl and the Contours of the Risk Society[J]. Berkeley Journal of Sociology,1987,32:153-165.

②乌尔里希·贝克尔,王艺非.社会法:体系化、定位与制度化[J].华东政法大学学报,2019,22(4):5-35.

会关系都越来越数字化。数字化社会是现代化的产物,在本质上就是风险社会。① 在数字社会中,既存在数据安全风险,也孕育数据资源利用机会。因此,在数字社会中,《数据安全法》是以"风险—安全"的社会控制为其制度逻辑和法理基础的。② 《数据安全法》的核心是对数据的收集、存储、使用、加工、传输、提供、公开等数据处理活动进行法律控制。这种法律控制包括两方面,对外自主可控,对内最终决定权。第 36 条规定,非经我国主管机关批准,境内的组织、个人不得向外国司法或者执法机构提供存储于我国境内的数据,这是对外自主可控。第 24 条规定,国家依法作出的数据安全审查决定为最终决定。这意味着相关具体行政行为将无法通过行政复议、行政诉讼等形式进行救济,是对内最终决定权。《数据安全法》中"风险—安全"的社会控制强调数据安全是风险可控的安全,是由风险等级决定的相对安全,而非绝对安全,强调对数据安全与发展进行平衡。

二、数据分类分级保护制度

《数据安全法》"风险—安全"的社会控制这一制度逻辑强调,数据安全是风险可控的安全,是由风险等级决定的相对安全,因此对数据安全的管理,要以数据分类分级保护为前提。③ 这意味着国家数据分类分级保护制度是数据安全制度的最基础性制度,该制度决定了数据处理者对不同类别与等级的数据全生命周期管理应承担的保护义务。

《数据安全法》第 21 条规定:"国家根据数据在经济社会发展中的重要程度,以及一旦遭到篡改、破坏、泄露或者非法获取、非法利用,对国家安全、公共利益或者公民、组织合法权益造成的危害程度,对数据实行数据分类分级保护"。数据分类分级对数据安全具有重要的法益识别和风险防范的功能。法对数据安全的保护,首先要对各种数据的法益予以识别。数据安全是由风险等级决定,因此数据安全法益的保护要先进行数据分类分级。通过分类分级,认识和把握数据类型、结构、组织、颗粒度、生命周期,以及由此形成不同级别的数据安全法益侵害风险和保护需求。④ 在此基础上,确定数

---

① 王芳,郭雷.数字化社会的系统复杂性研究[J].管理世界,2022,38(9):208-221.

② 何邦武.数字法学视野下的网络空间治理[J].中国法学,2022(4):74-91.

③ 徐玉梅,王欣宇.我国重要数据安全法律规制的现实路径——基于国家安全视角[J].学术交流,2022(5):37-48,191.

④ 刘双阳.数据法益的类型化及其刑法保护体系建构[J].中国刑事法杂志,2022(6):37-52.

据法律保护的重心。

对数据分类分级的具体操作,可以参照《数据分类分级指引》(2021年)来理解。这个指引从数据主体角度,将数据分为公共数据、个人信息、法人数据三类。公共数据是指涉及公共利益的数据,如供水、电、气、热的数据、公共交通、养老、教育、医疗等数据,也可能包括私有企业收集的涉及公共利益的数据,例如新冠疫情初期,支付宝等收集的个人行踪信息被用于健康码。个人信息是指可识别到特定个人的所有信息,包括个人身份信息、生物识别信息、财产信息、通信信息、位置信息、健康信息等。法人数据是指企业在生产经营和内部管理中,收集和产生的数据,如业务数据、经营管理数据等。对国家安全、公共利益或者个人、组织合法权益造成的危害程度,将数据从低到高分成1-5级。

从数据传播视角,可以将数据分为公共传播数据和非公共传播数据。公共传播数据是可对外公开传播的数据,1级是公共传播数据。2-5级数据都是非公共传播数据,也就是只有在授权的范围内传播或禁止传播的数据,如国家秘密、商业秘密、重要数据、个人信息、限制性或禁止性公共数据等。如图10-2所示。

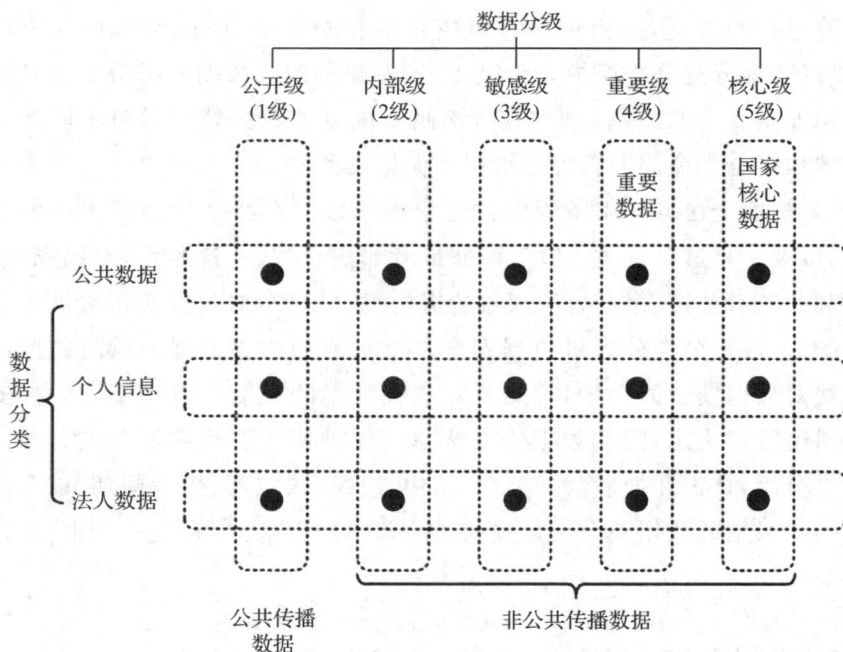

图 10-2　数据分类与分级

三、"重要数据"安全监管制度群

（一）重要数据的识别

重要数据，是数据安全法通过数据分类分级确定的保护重点。因此可以说，重要数据的识别是数据安全治理的逻辑起点，是重要数据安全监管制度群有效运行的前提，也是数据处理者数据安全合规风控建设的基础。[①]

重要数据的"重要"，体现在经济社会发展中具有不可或缺性，且一旦遭到篡改、破坏、泄露或者非法获取、非法利用，可能危害国家安全、公共利益或者个人、组织合法权益的数据。重要数据不包括国家秘密，并且一般不包括个人信息和企业内部管理信息。但是，达到一定规模的个人信息或者基于海量个人信息加工形成的统计数据、衍生数据，如影响国家安全或公共利益，则可能属于重要数据。[②]

可见，重要数据是法律拟制性概念，即重要数据是从法律所期望保护的价值与利益出发，将可能影响或该价值或利益的数据拟制性地纳入保护范围。例如，《汽车数据安全管理若干规定（试行）》（2021 年）第 3 条界定了重要数据的内涵，并明确列举了一些重要数据，包括：（1）军事管理区、国防科工单位以及党政机关的地理信息、人员流量、车辆流量等数据；（2）车辆流量、物流等反映经济运行情况的数据；（3）汽车充电网的运行数据；（4）包含人脸信息、车牌信息等的车外视频、图像数据；（5）涉及个人信息主体超过 10 万人的个人信息。

这里需要强调两点：第一，涉及个人信息主体超过 10 万人的个人信息，被强制性地纳入重要数据保护范围。因此，对于企业而言，应避免过分割裂两类数据而引发相关数据安全保护的切割和断层。第二，这个《规定》对重要数据的框定偏于严格，根据智能汽车行业的实践，相关车联网流量数据、高精测绘数据是自动驾驶、智能汽车行业常用数据类别，但都被归为重要数据。因此，涉及汽车数据的企业必须遵守一些重要数据处理原则，包括数据车内处理，非必要不向车外提供，以及数据本地化存储要求。

（二）数据安全负责人和管理机构制度

《数据安全法》第 27 条规定了数据安全负责人和管理机构，核心功能就

---

①商希雪，韩海庭.数据分类分级治理规范的体系化建构[J].电子政务，2022(10)：75-87.

②蓝蓝.数据安全立法视角下的重要数据：内涵、识别与保护[J].思想理论战线，2022(2)：106-115.

是将数据安全主体责任予以落地。对于企业而言,数据安全负责人和管理机构就是企业首席数据官。例如,江苏省制定了《企业首席数据官制度建设指南(试行)》(2021年),在全省推行企业首席数据官制度。企业首席数据官负责主导数据管理战略和标准的制定,并协调各部门实施;通过整合内外部数据提升数据质量;衡量并管理数据风险,确保数据隐私与安全;利用数据促进创新,改进客户体验,提供商业建议,帮助企业不断改善策略,实现各项关键业务目标;强化数据有效管控和使用,不断挖掘数据价值,开辟与数据有关的新业务,降低运营成本,提升企业效益。

(三)重要数据定期风险评估制度

重要数据定期风险评估方面,《数据安全法》第30条规定了重要数据定期风险评估制度。重要数据风险评估制度是一种针对重要数据的常态化监管机制。无论重要数据处于收集、存储、使用、加工、传输、提供、公开等的哪个环节,只要其数据处理活动可能涉及重要数据,都需要进行定期的风险评估,并将评估报告报送给主管部门。《网络数据安全管理条例》第32条规定,处理重要数据或者赴境外上市的数据处理者,应当自行或者委托数据安全服务机构每年开展一次数据安全评估。重要数据以国家制定的"重要数据目录"为准。但目前尚未出台该重要数据目录,因此在这一过渡期,企业应重点参考《重要数据识别指南》和《数据分类分级指引》来识别重要数据。

数据安全风险评估包括:风险识别与风险分析。风险评估必须要以识别风险为前提。在整个流程中,首先是识别重要数据篡改、破坏、泄露、非法获取、非法利用等情况的风险;然后对风险进行分析评估,并对风险发生后的影响程度进行预测,包括影响主体、影响持续时间、影响业务范围、地域范围、级别等,最后报送风险评估报告。风险评估报告必须包括三个部分:处理的重要数据的种类、数量;开展数据处理活动情况;面临的数据安全风险及其应对措施。如果监管机构要对重要数据处理者进行处罚,重要数据处理者不能以自身未识别和掌握特定重要数据为抗辩事由主张免责。[1]

瑞典学校人脸识别风险评估案是关于数据风险评估的典型案例。[2] 瑞

①丁晓东.从个体救济到公共治理:论侵害个人信息的司法应对[J].国家检察官学院学报,2022,30(5):103-120.

②Edvardsen S. How to Interpret Sweden's First GDPR Fine on Facial Recognition in School[EB/OL].(2019-08-27)[2023-01-12].https://iapp.org/news/a/how-to-interpret-swedens-first-gdpr-fine-on-facial-recognition-in-school/

典有一所高中学校想提高考勤效率,校董会决定使用人脸识别技术来记录学生的上课考勤,为此他们做了这么几件事:(1)学生们的面部生物识别数据及全名被相机以照片的形式捕获,这些信息被存储在没有连接互联网的本地计算机中。(2)学校在收集学生的生物识别数据之前征得了监护人的明确同意。(3)学校对此进行了风险评估。但是,监管机构仍然认为这种做法违反法律规定。因为学校对人脸识别的风险评估缺乏该人脸识别对数据主体权利和自由风险的评估,也缺乏人脸识别与处理目的之间是否成比例的评估和说明。监管机构强调,上课考勤的目的与收集个人生物识别数据这一敏感个人数据之间是不成比例的,因此不认可这种形式的风险评估。这个案例的启示,在于数据安全相关的定期风险评估不能流于形式。

（四）数据安全审查制度

数据安全审查制度方面,《数据安全法》第 24 条做了原则规定,但尚未有实施细则,目前应对措施是通过修订《网络安全审查办法》予以落地。《网络安全审查办法(修改草案)》第 2 条增加了新的规定,"数据处理者开展数据处理活动,影响或可能影响国家安全的,应当按照本办法进行网络安全审查"。

审查的识别标准是影响或可能影响国家安全的数据处理活动。使用"可能"一词,因此适用范围很广。按照数据分类分级规定,影响或可能影响国家安全的数据属于重要数据和核心数据。因此,虽然数据安全审查对数据处理活动主体并未作出限制,但是事实上仅仅指重要数据和核心数据的处理者。《网络审查办法(修改草案)》第 10 条规定,网络安全审查主要考虑以下因素:核心数据、重要数据或大量个人信息被窃取、泄露、毁损以及非法利用或出境的风险;国外上市后关键信息基础设施,核心数据、重要数据或大量个人信息被国外政府影响、控制、恶意利用的风险。

数据安全审查是一种事前、事中、事后的全阶段审查监督。涵盖数据处理活动的所有环节(包括收集、存储、使用、加工、传输、提供、公开等)。安全审查决定为最终决定,意味着相关具体行政行为将无法通过行政复议、行政诉讼等形式进行救济。[1] 审查程序方面,网络安全审查工作机制成员单位,认为网络产品服务、数据处理活动以及国外上市行为影响或可能影响国家安全的,提交网络安全审查办公室,办公室按程序报中央网信息委批准后,

---

[1] 张凌寒.论数据出境安全评估的法律性质与救济路径[J].行政法学研究,2023(1):45-61.

进行审查。

(五)重要数据出境制度

数据出境,是指数据处理者将在我国境内收集和产生的重要数据,提供给境外的机构、组织、个人。重要数据出境制度,规定在《数据安全法》第 31 条。第 31 条区分关键信息基础设施运营者和其他重要数据处理者,对"重要数据"出境做了转致性和授权性规定。

关于关键信息基础设施运营者的数据出境。《关键信息基础设施安全保护条例》第 2 条规定:首先,它是重要网络设施或者信息系统;其次,它涉及重要行业和领域。关键信息基础设施包括公共通信和信息服务、能源、交通、水利、金融、公共服务、电子政务、国防科工等领域的信息服务设施。其他一旦遭到破坏、丧失功能或者数据泄露就可能严重危害国家安全、国计民生、公共利益领域的设施,也可以认定为关键信息基础设施。对于关键信息基础设施运营者的重要数据出境,《数据安全法》转引适用《网络安全法》的规定。因此,采用了境内存储为原则,境外提供为例外的规则模式。也就是说,个人信息和重要数据应当在境内存储。因业务需要,确需向境外提供的,应当进行安全评估。

针对其他数据处理者的重要数据出境,授权国家网信部门制定规则。目前采用了安全评估+审批为原则的模式。在向境外提供重要数据前,应当评估可能带来的安全风险,并报经行业主管监管部门同意。

2015 年,中国某公司和某医院与英国牛津大学开展了"中国女性单相抑郁症的大样本病例对照研究",这一研究涉及中国人类遗传资源,属于和国家安全相关的敏感个人信息。这家公司和这家医院未经科技部许可便将部分中国人类遗传资源信息从网上传递出境。2015 年 9 月,科技部作出处罚决定,要求涉案企业及医院立即停止前述研究工作;销毁前述研究工作中所有未出境的遗传资源材料及相关研究数据;停止其涉及中国人类遗传资源的国际合作,进行整改。[①]

四、全流程数据安全管理制度

《数据安全法》第 27 条要求数据处理者开展数据处理活动应当建立健全全流程数据安全管理制度。全流程数据安全管理制度覆盖整个数据生命

---

① 中华人民共和国科学技术部行政处罚决定书(2015)国科罚 2 号.

周期各阶段的风险。参考"数据安全能力成熟度模型"和《深圳经济特区数据条例》，可以梳理出全流程数据安全管理方面的一些共性制度。

（一）数据采集阶段

个人数据、重要数据实施去标识化或匿名化处理。匿名化是指不能再识别到个人。去标识化是指不能直接识别到个人，但结合其他信息可再识别到个人，例如单单性别无法识别特定个人，但是结合住址、电话号码等信息就可识别到特定个人。

数据收集要合法、正当、必要。这里的"合法、正当、必要"分别评价数据处理的形式合法性、目的正当性和手段必要性。我国数字经济迅猛发展，非法、过度收集、使用数据的事件屡禁不止。例如，我们手机上安装的 App 大量存在过度收集数据，特别是个人信息的现象。不少 App 强制要求用户必须同意获取地理位置、读取个人身份信息、人脸识别等权限。这种对人脸生物信息的商业应用，事前并未经过明确同意，是违反合法、正当、必要原则的。

1.企业在收集数据中，要形式合法。具体而言，企业要想使用公共数据，应当使用政府部门已经依法公开的，企业要想收集、处理个人信息，则事先需要个人信息主体在知情同意的基础上合法获取。企业不得非法获取法律、法规禁止或限制采集的数据。

发生在 2018 年 9 月利用"爬虫技术"侵入计算机系统抓取数据案。[①] 在这个案件里，被告人利用爬虫技术侵入计算机系统来抓取数据。这个爬虫技术由两部分组成，包括自动收集数据的技术逻辑，以及技术伪装来绕开对方的安全防护措施。在这个案例里面，被告人使用了"tt_spider"文件来实施视频数据抓取，这个自动收集数据的技术逻辑是这样的（就是通过 3 个接口对对方服务器进行自动视频数据抓取，并将结果存入到数据库）。被告人在数据抓取的过程中使用了伪造 device_id 来绕过服务器的身份校验，使用伪造 UA 及 IP 绕过服务器的访问频率限制。最后，北京市海淀区法院判决被告人构成了非法获取计算机信息系统数据罪。

北京淘友天下技术有限公司等与北京微梦创科网络技术有限公司不正

①全国首例"爬虫"技术侵入计算机系统犯罪案[EB/OL].（2020-01-12）[2023-01-12]. https://www.chinacourt.org/article/detail/2020/01/id/4769105.shtml.

当竞争纠纷案。[①] 这个案子涉及人脉社交 App 脉脉以及微博。脉脉是一个人脉社交 App,主要业务是帮你扩展你的人脉,有什么一度人脉和二度人脉,将你手机通讯录里的人定位为一度人脉,一度人脉手机通讯录里的其他人被定位为你的二度人脉。这些二度人脉信息部分来自微博。微博通过 OpenAPI 开发合作模式将其收集的用户个人数据向第三方 App 开放数据。之前脉脉是微博的合作方,后来关系搞僵了,双方终止了合作协议。但是脉脉通过爬虫软件继续获取微博用户数据。根据相关法律和微博数据利用规则,脉脉要想合法使用微博用户数据,首先,微博须取得用户同意,然后,第三方 App 在使用微博用户信息时还应当明确告知微博用户其使用的目的、方式和范围,再次取得用户的同意。这就是这个案子首次确立的第三方使用数据的三重授权原则。但是,脉脉显然违反了这些知情同意的规定,违法抓取微博用户的个人信息,违反了数据收集、使用的合法原则,对微博通过努力而享有的数据权益不劳而获,构成了对微博的不正当竞争。这个案子告诉我们,不能使用爬虫软件非法获取数据,否则可能构成不正当竞争。

2.正当原则要求数据收集的目的要特定、明确、合理,禁止为了不正当目的收集数据。

蚂蚁金服、蚂蚁微贷诉企查查运营商苏州朗动公司不正当竞争案。[②] 企查查是我国知名的企业信用查询平台,其信息主要来自全国企业信用信息公示系统。该系统中的信息属于公共信息,免费向社会开放。2020 年 4 月,企查查通过站内消息、自己的监控日报以及邮件等方式向其订阅用户智能推送了"蚂蚁微贷公司新增清算组成员应君"的信息,并将该信息的风险级别列为"警示信息"。随后,多家自媒体发文称,蚂蚁微贷要开始清算了。这里智能推送的这些信息来自企业信用查询平台的公共信息,这本来是没有问题的。但问题在于,企查查系统智能推送的关于蚂蚁的信息是历史信息,将其作为新闻进行推送,并且推送内容不完整,给蚂蚁金服、蚂蚁微贷公司商誉造成了损害。最后,法院认定构成不正当竞争。

从这个案子,我们可以看出公共数据的收集、使用应当合法、正当,不得损害国家利益、社会利益和其他主体的合法权益,特别是不能损害数据原始主体的合法权益。同时,基于算法、大数据分析的智能推送,其质量和准确

---

① 北京知识产权法院民事判决书(2016)京 73 民终 588 号.
② 杭州互联网法院民事判决书(2019)浙 8601 民初 1594 号.

性需要进一步改进,否则,企业存在数据合规风险。

3.数据收集、使用需遵守必要原则。必要原则要求数据处理不得超出正当目的,并且对数据主体造成最小损害,禁止损害过度。

我国人脸识别第一案。在这个案子中,原告郭某带着家人去杭州野生动物园游玩,办理了年卡,但是在进门的时候,园方要求人脸识别进入。被告知未经注册人脸识别将无法使用年卡进入动物园,郭某不愿接受被收集人脸信息,于是要求办理退卡退费,但被拒绝了。于是,郭某提起了诉讼。法院认为,人脸识别信息呈现出敏感度高、采集方式多样、隐蔽和灵活的特性,不当使用将给公民的人身、财产带来不可预测的风险,只有经同意才能收集和使用,并且杭州野生动物园使用人脸识别对个人信息主体的危害性与入园这个信息利用目的之间是不相匹配、不成比例的。因此,法院认为,被告收集人脸识别信息"超出了必要原则的要求"。这个案子告诉我们,企业收集、处理数据不得超出正当目的,并且对数据主体造成的损害要最小化,禁止损害过度。

(二)数据存储阶段

关于数据存储,要分域分级管理;使用安全等级相匹配的存储载体;加密存储、授权访问。

顺丰内部人员泄漏用户数据案。2016年8月,顺丰速递湖南分公司宋某被控"侵犯公民个人信息罪"在深圳南山区人民法院受审。顺丰出现过多次内部人员泄漏客户信息事件,作案手法包括:编写恶意程序批量下载客户信息;利用多个账号大批量查询客户信息;研发人员从数据库直接导出客户信息;通过购买内部办公系统地址、账号及密码,侵入系统盗取信息等。顺丰发生的系列数据泄露事件暴露出针对内部人员数据安全管理的缺陷。虽然顺丰的IT系统具备事件发生后的追查能力,但是无法对员工批量下载数据的异常行为在事前发出警告和风险预防,未针对内部人员数据访问设置严格的数据管控。

这要求企业在数据存储阶段,要分域分级管理;使用安全等级相匹配的存储载体;加密存储、授权访问。

(三)数据处理阶段

对数据处理过程要实施安全技术防护,对重要系统和核心数据要容灾备份。数据处理和数据技术研究开发要为民造福,并符合社会伦理道德。

如此规定的目的是将企业的数据和算法的伦理责任上升为企业的法律责任，以切实实现"技术向善"的伦理目标。

这个规则制定的背景，是用于大数据分析的深度学习算法越来越被广泛应用。这引发了隐私安全、算法歧视、算法透明性、公平性、自主性以及可责性等各种算法伦理问题。最典型的就是大数据杀熟。大数据杀熟的逻辑简单讲就是通过大数据分析对特定消费者进行画像，逐步探明其愿意承受的最高价格。这导致越是熟客消费者，支付的价格越高。因此，这样做违反了算法伦理要求。

为了解决大数据杀熟问题，《个人信息保护法》明文禁止大数据杀熟，规定"个人信息处理者利用个人信息进行自动化决策，应当保证决策的透明度和结果公平、公正，不得对个人在交易价格等交易条件上实行不合理的差别待遇"。数据处理阶段，企业的数据处理活动要符合社会伦理道德。

胡女士诉携程侵权纠纷案。[①] 胡女士一直都通过携程 App 来预订机票、酒店，是享受 8.5 折优惠的贵宾客户。2020 年 7 月，胡女士通过携程订购了舟山希尔顿酒店的一个房间，支付价款 2889 元。然而，离开酒店时，她发现，酒店的实际挂牌价仅为 1377.63 元。胡女士不仅没有享受到星级客户的优惠，反而多支付了一倍的房价。胡女士以携程采集其个人非必要信息，进行"大数据杀熟"等为由起诉，要求退一赔三并要求携程为其增加不同意"服务协议"和"隐私政策"时仍可继续使用携程 App 选项，以避免被告采集其个人信息，掌握原告数据。法院认为，携程作为中介平台对标的实际价值有告知义务，而其未如实告知。携程向原告承诺钻石贵宾享有优惠价，却无价格监管措施，向原告展现了一个溢价 100% 的失实价格，未履行承诺。而且，携程在处理原告投诉时告知原告无法退还全部差价的理由，存在欺骗。故认定携程存在虚假宣传、价格欺诈和欺骗行为，支持原告三倍惩罚性赔偿的诉求，退一赔三。此外，携程 App 用户如果不点击同意"服务协议""隐私政策"，将被直接退出携程 App，构成以拒绝提供服务形式对用户的强制。携程的"隐私政策"还要求用户授权携程自动收集用户的各类个人信息，要求用户许可其使用用户信息进行营销活动、形成个性化推荐，同时要求用户同意携程将用户的订单数据进行分析，从而形成用户画像。上述信息超越了形成订单必需的要素信息，属于非必要信息的采集和使用，其中用

---

① 浙江省绍兴市中级人民法院民事判决书(2021)浙 06 民终 3129 号.

户信息分享给被告可随意界定的关联公司、业务合作伙伴进行进一步商业利用更是既无必要性,又无限加重用户个人信息使用风险。因此,法院支持在携程隐私政策和服务政策中增加不同意"服务协议"和"隐私政策"时仍可继续使用的选项。

(四)数据销毁阶段

要建立数据销毁规程,对数据实施及时有效销毁。数据处理要符合人民福祉。数据垄断和数据不正当竞争已阻碍经济社会发展,无益于增进人民福祉。以阿里巴巴数据垄断案为例,阿里巴巴是具有垄断地位的大型企业,其要求其平台上的经营者"二选一",在它和其竞争对手之间选边站。阿里巴巴为此出台了一系列奖惩措施。比如,平台内经营者执行"二选一"要求的话,会获得流量支持。再比如,阿里巴巴通过人工检查和互联网技术监控等方式,监测平台内经营者在其他竞争性平台开店或者参加促销活动情况,如果发现有违反其要求的,就会凭借其市场力量、平台规则和数据、算法等技术手段,对违反要求的平台内经营者实施处罚,包括减少促销活动资源支持、取消参加促销活动资格、搜索降权、取消在平台上的其他重大权益等。2021 年 4 月,市场监管总局判定阿里巴巴构成滥用市场支配地位,作出了182.28 亿元的天价罚款。[①] 从这个案例可见,大型企业的数据合规非常重要,因为"人民福祉"这根红线时刻悬在那里。

五、数据安全风险监测与数据安全事件处置规则

《数据安全法》第 29 条明确了数据处理者在数据安全风险发生前、中、后的处置要求,规定开展数据处理活动应当加强风险监测,发现数据安全缺陷、漏洞等风险时,应当立即采取相关补救措施;发生数据安全事件时,应当立即采取处置措施,按照规定及时告知用户并向有关主管部门报告。这里多次强调了"立即""及时"这一时效性的要求。

关于数据安全风险监测。数据安全风险监测是指用技术手段,通过分析数据安全风险信息源,对数据潜在威胁、薄弱环节、已采取的防护措施等进行持续性、动态性监测,分析和判断。

有两点需要强调:第一,第 29 条中的"数据安全缺陷、漏洞等风险"是指数据全生命周期中存在的可能会导致数据安全事件发生的所有数据安全风

[①]国家市场监督管理总局行政处罚决定书(2021)国市监处 28 号.

险。第二,在发现数据安全缺陷、漏洞等风险时,法律并未明确数据处理者是否要像数据安全事件发生时那样,及时告知用户并向有关主管部门报告。这种情况如何处理,取决于其他法律规范的规定。例如,《工业和信息化领域数据安全管理办法(试行)(征求意见稿)》第 29 条便明文要求工业和电信数据处理者应及时将数据安全风险情况向工信部门或通信管理局报告。

关于数据安全事件处置,有一个问题:我国企业在境外发生了数据安全事件是否需要告知并上报?一般来说,如果损害我国国家安全、公共利益或者公民、组织合法权益的,则需要及时告知并上报。这是因为《数据安全法》第 2 条规定"在我国境外开展数据处理活动,损害我国国家安全、公共利益或者公民、组织合法权益的,依法追究法律责任"。

关于数据安全风险监测与数据安全事件处置贵在及时性。《数据安全法》第 29 条多次强调了"立即""及时"。2017 年,广州一家公司提供的 UC浏览器智能云加速产品服务存在安全缺陷和漏洞风险,但该公司未能及时全面监测和修补,导致违法有害信息得到传播,并造成不良影响。广东通信管理局责令该公司立即整改,采取补救措施,要求其开展安全防护风险评估,建立新业务上线前安全评估机制和已上线业务定期核查机制,排除安全风险隐患。① 可见,企业及时地处理数据安全风险是何等重要。

六、向外国司法或执法机构提供境内数据的数据出境规则

针对境内的组织、个人向外国司法或执法机构提供境内数据的行为,无论是否属于重要数据,均需要经过主管机关批准。近几年,外国法长臂管辖越来越多,如欧盟 GDPR 数据条例、美国 CLOUD 法案等。面对域外法律适用所导致的冲突管辖及其所涉及的跨境证据调取问题,我国《数据安全法》第 36 条规定,中华人民共和国主管机关根据有关法律和中华人民共和国缔结或者参加的国际条约、协定,或者按照平等互惠原则,处理外国司法或者执法机构关于提供数据的请求。非经中华人民共和国主管机关批准,境内的组织、个人不得向外国司法或者执法机构提供存储于中华人民共和国境内的数据。

我国《数据安全法》第 36 条要求"经主管机关批准",用来回应域外"长

---

① 广州市场监管局. UC 浏览器发布虚假违法广告被罚 209 万元[EB/OL]. (2021-04-13)[2023-01-01]. https://finance. sina. com. cn/tech/2021-04-13/doc-ikmxzfmk6611249. shtml.

臂管辖",功能就在于阻断外国法律的不当适用。该条对我国数据主权、国家安全非常重要。

美国的相关案例值得参考。美国 FBI 要求微软交出涉及恐怖分子的数据,微软的数据中心因为避税的原因并不建在美国,而在爱尔兰。在这种情况下,微软就拒绝了 FBI 的要求,微软认为美国政府需要数据通过国际法上的一些原则,比如通过外交途径、通过司法协助的方式去获得数据。对此美国的司法部采取了非常强硬的态度,认为微软是美国的公司,就应该把数据交给美国政府。微软就把美国政府告上了法院,在一审和二审中都是微软胜诉,在三审到联邦最高法院层级上的时候,美国的国会突然通过了 CLOUD 法案。美国最高法院最后只能判微软败诉。美国 CLOUD 法案比欧盟的"长臂管辖"更进一步。因为美国 CLOUD 法案对数据的管辖权标准并不是按照数据存储地域来确定的,而是根据数据控制者确定的。只要数据到了美国数据控制者手中,美国执法机构就可以直接获取境外数据。

第三节　数据安全合规建议

一、数据安全保护体系顶层设计

数据安全风险主要包括:(1)数据信息全生命周期安全防护的共性问题;(2)数据基础设施不完全安全可控;(3)数据信息的非法采集和使用;(4)对存储的数据信息保护不力;(5)数据分析挖掘中泄露风险;(6)开放共享过程中数据违规泄露;(7)数据交易流通中安全问题不可控;(8)数据产品使用过程中易被复制窃取。[①] 上述风险多由于组织保障和运维技术上的风险所致。

组织保障方面存在的问题大致包括:人员管理上存在的漏洞。分为主动侵害和被动侵害两方面。主动型侵害主要指数据信息处理者内部的数据泄露往往是由于员工离职、内部数据信息安全权限管理制度不清导致。被动型侵害多来自黑客攻击。运维技术上的风险多指因为安全防护技术措施不到位,导致全生命周期中数据流转过程中数据遭受泄露。

---

①林伟.人工智能数据安全风险及应对[J].情报杂志,2022,41(10):105-111.

二、基础性制度

制定数据分类分级保护制度。全流程数据安全管理依赖于基于安全与风险模型考量的数据分类分级。建议结合行业重要数据监管规范要求，形成企业内部可落地实施的数据分类分级保护制度。

构建组织保障和运维技术保障机制。决策程序、人员控制、管理岗位责任；数据合规制度、数据处理内部流程规范（日常监管频率和强度、应急预案和反馈机制）。

建立风险监测制度。采取措施监控内部数据处理活动和外部访问活动，防范不正当的数据访问和处理行为。

创建数据风险评估制度。若公司为重要数据处理者，定期对其数据处理活动开展风险评估，控制可能因数据处理这一增值过程而导致的意外风险与不利因素，并向有关主管部门报送风险评估报告。

建立数据安全事件应急制度。制定数据安全事件应急预案并定期进行演练。

建立数据安全审计制度。定期引入第三方机构对内部数据处理活动进行审计。

建立员工培训制度。建议公司通过内部定期或不定期的数据安全培训、数据安全事件模拟演练以及多样化的数据安全教育，以落实公司员工的数据安全意识与能力。

三、全流程数据安全管理

全流程数据安全管理，涵盖数据收集、数据存储、数据使用、数据对外提供、数据删除等完整链条，需要从制度架构、审批机制、技术方案、安全测试、人员配备等方面加以综合考量。具体包括以下几个问题需要重点考虑。

第一，是否在数据分类分级基础上，明确各业务场景数据使用范围和权限、合规要求、使用安全防护要求和数据使用限制等各项制度并及时更新？

第二，是否明确数据使用权限审批流程，对数据源、数据使用场景、数据使用范围、数据使用逻辑进行审核以开放相应权限？

第三，是否提供满足数据使用安全要求的安全管理技术方案？

第四，是否定期对支撑数据使用安全的技术工具进行安全测试并持续优化？

　　第五,使用数据的人员是否能基于业务场景和合规要求对数据使用过程中所可能引发的安全风险进行有效的评估,并能够针对各业务场景提出有效的解决方案?

四、谨慎处理重要数据出境

　　应谨慎处理数据出境。只要出境的数据有可能被识别为重要数据,而可能影响国家安全,应当主动申报数据安全审查。涉及关键信息基础设施的数据,应当在境内存储;确需向境外提供的,应当积极进行安全评估,并与监管部门保持密切沟通。

五、谨慎向外国司法或执法机构提供境内数据

　　有人可能认为向外国司法或执法机构提供境内数据的事情不会发生在自己公司身上。其实不然。因为数字化时代,一般来说只要企业有跨界业务,必然涉及数据跨境传输。如果数据传输到欧盟,则须受到 GDPR 域外管辖。在此情况下,如欧盟的数据保护机构依据其职权对企业进行调查,要求提供存储于我国境内的相关数据时,企业必须在向我国主管机关报批获准后方可提供。

参考文献

一、中文著作

[1] 阿丽塔·艾伦. 美国隐私法——学说、判例与立法[M]. 冯速妹,等编译. 北京:中国民主法制出版社,2004.

[2] 埃德蒙德·胡塞尔. 生活世界现象学[M]. 倪梁康,张廷国,译. 上海:上海译文出版社,2005.

[3] 布莱恩·阿瑟. 技术的本质[M]. 杭州:浙江人民出版社,2014.

[4] 邓峰. 普通公司法[M]. 北京:中国人民大学出版社,2009.

[5] 宫承波. 新媒体概论[M]. 北京:中国广播影视出版社,2021.

[6] 卡尔提克·霍桑纳格. 算法时代[M]. 蔡瑜,译. 上海:文汇出版社,2020.

[7] 康德. 纯粹理性批判[M]. 邓晓芒,译. 北京:人民出版社,2017.

[8] 罗力. 新兴信息技术背景下我国个人信息安全保护体系研究[M]. 上海:上海社会科学院出版社,2020.

[9] 玛农·奥斯特芬. 数据的边界[M]. 上海:上海人民出版社,2020.

[10] 麦绿波. 标准化学——标准化的科学理论[M]. 北京:科学出版社,2017.

[11] 南希·K. 拜厄姆. 交往在云端:数字时代的人际关系[M]. 2版. 董晨宇,唐悦哲,译. 北京:中国人民大学出版社,2020.

[12] 欧阳康. 社会认识论导论[M]. 北京:北京师范大学出版社,2022.

[13] 彭文华,姚建龙,王娜,等. 人工智能的刑法规制及其相关法律问题[M]. 北京:中国政法大学出版社,2019.

[14] 齐爱民. 拯救信息社会中的人格:个人信息保护法总论[M]. 北京:北京大学出版社,2009.

[15] 戚啸艳,杨兴月,胡明,等. 商业伦理与社会责任[M]. 南京:东南大学出版社,2021.

［16］乔治·吉尔德.后 Google 时代:大数据的没落与区块链的崛起［M］.北京:现代出版社,2018.

［17］单平基.自然资源权利配置法律机制研究［M］.南京:东南大学出版社,2020:212.

［18］施瓦布.第四次工业革命［M］.北京:中信出版社,2016.

［19］王利明.侵权责任法研究(上卷)［M］.北京:中国人民大学出版社,2010.

［20］王利明.人格权法研究(第 2 版)［M］.北京:中国人民大学出版社,2012.

［21］王泽鉴.人格权法:法释义学、比较法、案例研究［M］.北京:北京大学出版社,2013.

［22］吴汉东.无形财产权基本问题研究［M］.北京:中国人民大学出版社,2020.

［23］肖峰.科学技术哲学探新［M］.广州:华南理工大学出版社,2021.

［24］星野英一.私法中的人［C］//王闯译,梁慧星.民商法论丛(第 8 卷).北京:法律出版社,1997.

［25］亚伯拉罕·马斯洛.动机与人格［M］.许金声,译.北京:中国人民大学出版社,2007.

［26］于尔根·哈贝马斯.现代性的哲学话语［M］.曹卫东,等译.南京:译林出版社,2004.

［27］喻晓马,程宇宁,喻卫东.互联网生态:重构商业规则［M］.北京:中国人民大学出版社,2016.

［28］朱晓峰,王忠军,张卫.大数据分析指南［M］.南京:南京大学出版社,2021.

二、中文期刊

［1］安佰生.标准化中的知识产权问题:认知、制度与策略［J］.科技进步与对策,2012,29(5):101-103.

［2.部鼎,谢婧,石艾鑫.大数据资产化面临的挑战［J］.生产力研究,2017(1):131-133.

［3］蔡琳.智能算法专利保护的制度探索［J］.西北工业大学学报(社会科学版),2019(3):103-111,3.

[4]蔡跃洲,马文君.数据要素对高质量发展影响与数据流动制约[J].数量经济技术经济研究,2021(3):64-83.

[5]操奇,孟子硕.数据作为生产要素参与分配机制的几个问题[J].福建论坛(人文社会科学版),2020(11):19-27.

[6]曹雨佳.政府开放数据生存状态:来自我国19个地方政府的调查报告[J].图书情报工作,2016(14):94-101.

[7]茶洪旺,袁航.中国大数据交易发展的问题及对策研究[J].区域经济评论,2018(4):89-95.

[8]陈朝兵,程申.政府数据开放中的监管责任:实践困境与优化路径[J].情报杂志,2019(10):184-190.

[9]陈昌凤,师文.个性化新闻推荐算法的技术解读与价值探讨[J].中国编辑,2018(10):9-14.

[10]陈传夫,李秋实.数据开放获取使科学惠及更广——中国开放科学与科学数据开放获取的进展与前瞻[J].信息资源管理学报,2020,10(1):4-13.

[11]陈洁.投资者到金融消费者的角色嬗变[J].法学研究,2011,33(05):84-95.

[12]陈俊华.大数据时代数据开放共享中的数据权利化问题研究[J].图书与情报,2018(4):25-34.

[13]陈美,江易华.韩国开放政府数据分析及其借鉴[J].现代情报,2017(11):28-33.

[14]陈筱贞.大数据权属的类型化分析——大数据产业的逻辑起点[J].法制与经济,2016(3):44-46.

[15]陈燕申,赵一新.标准与技术法规的关系及在国家治理中的作用探讨——来自于美国的法规启示[J].中国标准化,2020(9):221-226.

[16]程建华,王珂珂.再论数据的法律属性——兼评《民法典》第127条规定[J].重庆邮电大学学报(社会科学版),2020,32(5):67-74.

[17]程明,赵静宜.论智能传播时代的传播主体与主体认知[J].新闻与传播评论,2020,73(1):11-18.

[18]程啸.论个人信息权益的行使与救济机制[J].中国应用法学,2022(6):128-139.

[19]崔聪聪,许智鑫.数据保护影响评估制度:欧盟立法与中国方案[J].图

书情报工作,2020,64(5):41-49.

[20]崔国斌.大数据有限排他权的基础理论[J].法学研究,2019(5):10-20.

[21]迪莉娅.政府数据开放成熟度模型研究[J].现代情报,2019(1):103-110.

[22]刁胜先,刘韵.数字经济时代个人信息合理处理制度研究[J].科技与法律(中英文),2022(6):11-21.

[23]丁道勤.数据交易相关法律问题研究[J].信息安全与通信保密,2016(10):54-60.

[24]丁晓东.从个体救济到公共治理:论侵害个人信息的司法应对[J].国家检察官学院学报,2022,30(5):103-120.

[25]董颖.数字空间的反共用问题[J].电子知识产权,2001(12):38-40.

[26]窦悦,易成岐,黄倩倩,莫心瑶,王建冬,于施洋.打造面向全国统一数据要素市场体系的国家数据要素流通共性基础设施平台——构建国家"数联网"根服务体系的技术路径与若干思考[J].数据分析与知识发现,2022(1):2-12.

[27]段尧清,姜慧,汤弘昊.政府开放数据全生命周期:概念、模型与结构——系统论视角[J].情报理论与实践,2019(5):35-40.

[28]范红霞,孙金波.大数据时代算法偏见与数字魔咒——兼谈"信息茧房"的破局[J].中国出版,2019(10):60-63.

[29]范为.大数据时代个人信息保护的路径重构[J].环球法律评论,2016,38(5):92-115.

[30]方师师."算法要向善"选择背后的伦理博弈[J].青年记者,2020(36):4-5.

[31]方兴东.社交媒体治理需突破"囚徒困境"[J].新闻战线,2018(9):123.

[32]冯惠玲.大数据的权属亟需立法界定[J].中国高等教育,2017(6):53-54.

[33]冯洋.公共数据授权运营的行政许可属性与制度建构方向[J].电子政务,2023(2):1-11.

[34]高富平.数据经济的制度基础——数据全面开放利用模式的构想[J].广东社会科学,2019(5):5-16.

[35]高培勇,樊丽明,洪银兴等.深入学习贯彻习近平总书记重要讲话精神加快构建中国特色经济学体系[J].管理世界,2022,38(6):1-56.

［36］高翔.超越政府中心主义:公共数据治理中的市民授权机制[J].治理研究,2022,38(2):15-23,123-124,2.

［37］高文英.警务数据采集与运用中的法律问题探究[J].中国人民公安大学学报(社会科学版),2019,35(1):68-76.

［38］郭华东,王力哲,陈方,等.科学大数据与数字地球[J].科学通报,2014(12):1047-1054.

［39］郭小平,秦艺轩.解构智能传播的数据神话:算法偏见的成因与风险治理路径[J].现代传播(中国传媒大学学报),2019,41(9):19-24.

［40］蒋南平,王凯军.人工智能产权:马克思产权思想的当代释义[J].河北经贸大学学报,2021,42(4):37-47.

［41］韩海庭,原琳琳,李祥锐,等.数字经济中的数据资产化问题研究[J].征信,2019(4):72-78.

［42］韩旭至.数据确权的困境及破解之道[J].东方法学,2020(1):97-107.

［43］何邦武.数字法学视野下的网络空间治理[J].中国法学,2022(4):74-91.

［44］何波.《网络安全法》为我国数据管理提供了法律保障[J].中国电信业,2016(12):17-19.

［45］何培育,王潇睿.我国大数据交易平台的现实困境及对策研究[J].现代情报,2017,37(8):98-105.

［46］胡嘉妮,葛明瑜.欧盟《一般数据保护条例》[J].互联网金融法律评论,2017(1):28-120.

［47］胡昱,王煜慧,张相文.数据资产管理体系及其新产业机遇[J].软件,2017(10):130-134.

［48］黄柏恒.大数据时代下新的"个人决定"与"知情同意"[J].哲学分析,2017,8(6):101-111,193-194.

［49］黄乐,刘佳进,黄志刚.大数据时代下平台数据资产价值研究[J].福州大学学报(哲学社会科学版),2018(4):52-56.

［50］黄尹旭.论国家与公共数据的法律关系[J].北京航空航天大学学报,2021(3):27-31.

［51］姬蕾蕾.大数据时代数据权属研究进展与评析[J].图书馆,2019(2):27-32.

［52］姬蕾蕾.企业数据保护的司法困境与破局之维:类型化确权之路[J].法

学论坛,2022,37(3):109-121.

[53]焦宝乾,赵岩.人工智能对法官思维的影响[J].求是学刊,2022,49(4):115-125.

[54]姜雪莲.信托受托人的忠实义务[J].中外法学,2016,28(1):181-197.

[55]康旗,韩勇,陈文静.大数据资产化[J].信息通信技术,2015(6):29-35.

[56]蓝蓝.数据安全立法视角下的重要数据:内涵、识别与保护[J].思想理论战线,2022(2):106-115.

[57]李爱君.数据权利属性与法律特征[J].东方法学,2018(3):64-74.

[58]李承亮.个人信息保护的界限——以在线评价平台为例[J].武汉大学学报(哲学社会科学版),2016,69(4):109-120.

[59]李刚,张钦坤,朱开鑫.数据要素确权交易的现代产权理论思路[J].山东大学学报(哲学社会科学版),2021(1):87-97.

[60]李姝文.数据分级存储与管理研究[J].智能城市,2017(1):64.

[61]李晓宇.智能数字化下机器生成数据权益的法律属性[J].北方法学,2021,15(2):44-53.

[62]李永红,李金骜.互联网企业数据资产价值评估方法研究[J].经济研究导刊,2017(14):104-107.

[63]李政,周希禛.数据作为生产要素参与分配的政治经济学分析[J].学习与探索,2020(1):109-115.

[64]梁爽.董事信义义务结构重组及对中国模式的反思以美、日商业判断规则的运用为借镜[J].中外法学,2016,28(1):198-223.

[65]梁文,刘夫新,崔梦枭.基于数据资产的数据质量评估模型研究及应用[J].电脑知识与技术,2016(30):241-242,245.

[66]林伟.人工智能数据安全风险及应对[J].情报杂志,2022,41(10):105-111.

[67]林志杰,孟政炫.数据生产要素的结合机制——互补性资产视角[J].北京交通大学学报(社会科学版),2021,20(2):28-38.

[68]刘春青.技术法规与自愿性标准的融合——美国政府高度重视利用标准化成果的启示[J].世界标准化与质量管理,2008(10):16-19.

[69]刘鹤,范莉莉.实物期权视角下的企业碳无形资产价值评估.中国科技论坛,2016(8):116-121.

[70]刘琦,童洋,魏永长.市场法评估大数据资产的应用[J].中国资产评估,

2016(11):33-37.

[71]刘强.人工智能对知识产权制度的理论挑战及回应[J].法学论坛,
2019,34(6):95-106.

[72]刘双阳.数据法益的类型化及其刑法保护体系建构[J].中国刑事法杂
志,2022(6):37-52.

[73]刘耀华.数据交易的法律规制探讨[J].互联网天地,2016(12):16-19.

[74]刘玉.浅论大数据资产的确认与计量[J].商业会计,2014(18):3-4.

[75]刘跃进.论国家安全领域的七个统筹[J].上海交通大学学报(哲学社会
科学版),2022,30(6):61-72.

[76]刘跃进.安全领域"传统""非传统"相关概念与理论辨析[J].学术论坛,
2021,44(1):27-48.

[77]柳经纬.标准的规范性与规范效力——基于标准著作权保护问题的视
角[J].法学,2014(8):98-104.

[78]龙荣远,杨官华.数权、数权制度与数权法研究[J].科技与法律,2018
(5):19-30.

[79]龙卫球,李游,赵精武.法管交叉新文科人才培养研究——基于北京航
空航天大学模式的形成和发展[J].北京航空航天大学学报(社会科学
版),2022,35(5):1-10.

[80]吕廷君.数据权体系及其法治意义[J].中共中央党校学报,2017,21
(5):81-88.

[81]吕耀怀,罗雅婷.大数据时代个人信息收集与处理的隐私问题及其伦理
维度[J].哲学动态,2017(2):63-68.

[82]马长山.数字法学的理论表达[J].中国法学,2022(3):119-144.

[83]马宁.人工智能、大数据与对外传播的创新发展[J].对外传播,2018
(10):7-10,1.

[84]梅夏英.数据的法律属性及其民法定位[J].中国社会科学,2016(9):
164-183.

[85]梅夏英.企业数据权益原论:从财产到控制[J].中外法学,2021,33(5):
1188-1207.

[86]穆勇,王薇,赵莹.我国数据资源资产化管理现状,问题及对策研究[J].
电子政务,2017(2):66-74.

[87]倪光南.大数据安全和大数据发展要同步推进[J].中国战略新兴产业,

2018(17):94.

[88]欧艳鹏.大数据的存储管理技术[J].电子技术与软件工程,2017(21):175.

[89]欧阳日辉.我国多层次数据要素交易市场体系建设机制与路径[J].江西社会科学,2022(3):64-75,206-207.

[90]庞淄镡,张煦.无形资产评估中应注意的事项[J].合作经济与科技,2015(3):145-146.

[91]潘李鹏."开放驱动,还是技术决定?"——开放度、技术水平对知识产权能力与企业成长的调节作用研究[J].浙江社会科学,2016(10):81-87,157.

[92]彭德雷,王达坡.数字营商环境国际评价体系与中国法治化实践[J].北京航空航天大学学报(社会科学版):2023(2):1-11.

[93]齐爱民,李仪.论利益平衡视野下的个人信息权制度——在人格利益与信息自由之间[J].法学评论,2011,29(3):37-44.

[94]戚聿东,蔡呈伟,张兴刚.数字平台智能算法的反竞争效应研究[J].山东大学学报(哲学社会科学版),2021(2):76-86.

[95]戚聿东,杜博,叶胜然.知识产权与技术标准协同驱动数字产业创新:机理与路径[J].中国工业经济,2022(8):5-24.

[96]商希雪,韩海庭.数据分类分级治理规范的体系化建构[J].电子政务,2022(10):75-87.

[97]申卫星.论数据用益权[J].中国社会科学,2020(11):110-131.

[98]石丹.大数据时代数据权属及其保护路径研究[J].西安交通大学学报(社会科学版),2018,38(3):78-85.

[99]史宇航.个人数据交易的法律规制[J].情报理论与实践,2016,39(5):34-39.

[100]苏宇.非同质通证的法律性质与风险治理[J].东方法学,2022(2):58-69.

[101]孙文杰,高兵.收益法在无形资产评估中的应用研究[J].知识经济,2018(8):93-95.

[102]孙跃元.数据可携权权利客体研究:结构、效果与中国化[J].河南财经政法大学学报,2022,37(3):78-90.

[103]谭世贵,陆怡坤.优化营商环境视角下的企业合规问题研究[J].华南

师范大学学报(社会科学版),2022(4):135-152.

[104]汤琪.大数据交易中的产权问题研究[J].图书与情报,2016(4):38-45.

[105]唐莉,李省思.关于数据资产会计核算的研究[J].中国注册会计师,2017(2):87-89.

[106]唐艳.我国无形资产评估面临的困境及对策[J].财会研究,2011(13):35-37.

[107]田杰棠,刘露瑶.交易模式、权利界定与数据要素市场培育[J].改革,2020(7):17-26.

[108]汪志刚.生命科技时代民法中人的主体地位构造基础[J].法学研究,2016,38(6):29-48.

[109]王德夫.论大数据时代数据交易法律框架的构建与完善[J].中国科技论坛,2019(8):123-131.

[110]王芳,郭雷.数字化社会的系统复杂性研究[J].管理世界,2022,38(9):208-221.

[111]王虎善,陈海林.数据价值怎么算——统计核算视角下的数据生产要素分析[J].中国统计,2020(8):34-36.

[112]王建伯.数据资产价值评价方法研究[J].时代金融,2016(12):294-295.

[113]王利明.论个人信息权的法律保护——以个人信息权与隐私权的界分为中心[J].现代法学,2013,35(4):62-72.

[114]王禄生.区块链与个人信息保护法律规范的内生冲突及其调和[J].法学论坛,2022,37(3):81-95.

[115]王融.关于大数据交易核心法律问题——数据所有权的探讨[J].大数据,2015(2):49-55.

[116]王胜利,樊悦.论数据生产要素对经济增长的贡献[J].上海经济研究,2020(7):32-39.

[117]王甜莉.大数据背景下个人信息之权属探析——以《民法总则》的颁布为背景[J].社会科学动态,2018(7):20-27.

[118]王万华.论政府数据开放与政府信息公开的关系[J].财经法学,2020(1).

[119]王新才,陈祥令.我国政府信息资源增值商品的定价研究[J].情报科学,2016(3):11-15.

[120]王婉臻,饶元,吴连伟,李薛.基于人工智能的司法判决预测研究与进展[J].中文信息学报,2021,35(9):1-14.

[121]王叶刚.个人信息收集、利用行为合法性的判断——以《民法总则》第111条为中心[J].甘肃社会科学,2018(1):46-52.

[122]王轶,申卫星,龙卫球,李寿平,黄锡生,刘俊,屈茂辉,陈柏峰,丁卫."新时代复合型法治人才的培养"大家谈(笔谈)[J].西北工业大学学报(社会科学版),2022(2):106-123.

[123]王玉林,高富平.大数据的财产属性研究[J].图书与情报,2016(1):29-35.

[124]王志刚,李承怡.数据要素市场化的现实困境与对策建议[J].财政科学,2022(8):22-29.

[125]王忠,殷建立.大数据环境下个人数据隐私泄露溯源机制设计[J].中国流通经济,2014(8):117-121.

[126]魏斌.法律人工智能:科学内涵、演化逻辑与趋势前瞻[J].浙江大学学报(人文社会科学版),2022,52(7):49-67.

[127]魏鲁彬,黄少安,孙圣民.数据资源的产权分析框架[J].制度经济学研究,2018(2):1-35.

[128]魏晓菁,陈峰,董媛媛.数据资产可信度评估模型研究[J].计算机应用,2015(2):170-173.

[129]文禹衡.数据确权的范式嬗变、概念选择与归属主体[J].东北师大学报(哲学社会科学版),2019(5):69-78.

[130]乌尔里希·贝克尔,王艺非.社会法:体系化、定位与制度化[J].华东政法大学学报,2019,22(4):5-35.

[131]吴宏洛,王杰森.数据要素参与分配的逻辑机理与实践推进——基于马克思主义政治经济学视角[J].青海社会科学,2022(3):87-96.

[132]吴江.数据交易机制初探新制度经济学的视角[J].天津商业大学学报,2015,35(3):3-8.

[133]相丽玲,王景辉.网络经营者收集与传输个人数据的中外法律规范比较[J].图书情报工作,2016(4):21-28.

[134]向大为,吴燕波.互联网用户行为数据收集与分析的研究[J].现代信息科技,2019(6):14-16.

[135]肖建华,柴芳墨.论数据权利与交易规制[J].中国高校社会科学,2019

(1):83-93,157-158.

[136]谢远扬.信息论视角下个人信息的价值——兼对隐私权保护模式的检讨[J].清华法学,2015,9(3):94-110.

[137]徐漪.大数据的资产属性与价值评估[J].产业与科技论坛,2017(2):97-99.

[138]徐玉梅,王欣宇.我国重要数据安全法律规制的现实路径——基于国家安全视角[J].学术交流,2022(5):37-48,191.

[139]阎立峰,郑美娟.权力与建构:新闻文本的意义生成与转换[J].现代传播(中国传媒大学学报),2022,44(3):33-39.

[140]杨芳.个人信息自决权理论及其检讨——兼论个人信息保护法之保护客体[J].比较法研究,2015(6):22-33.

[141]杨琪,龚南宁.我国大数据交易的主要问题及建议[J].大数据,2015(2):38-48.

[142]杨蓉.从信息安全、数据安全到算法安全——总体国家安全观视角下的网络法律治理[J].法学评论,2021,39(1):131-136.

[143]叶金强.私法中理性人标准之构建[J].法学研究,2015,37(1):101-114.

[144]余鹏文.现象、原理和规制:人工智能司法与刑事程序正义的融合之路[J].天府新论,2023(1):108-123.

[145]曾田.内容平台版权许可纵向限制的反垄断规制[J].知识产权,2022(10):102-126.

[146]曾铮,王磊.数据要素市场基础性制度:突出问题与构建思路[J].宏观经济研究,2021(3):85-101.

[147]翟秀凤.创意劳动抑或算法规训?——探析智能化传播对网络内容生产者的影响.[J].新闻记者,2019(10):4-11.

[148]翟志勇.数据安全法的体系定位[J].苏州大学学报(哲学社会科学版),2021,42(1):73-83.

[149]张保生.人工智能法律系统:两个难题和一个悖论[J].上海师范大学学报(哲学社会科学版),2018,47(6):25-41.

[150]张涵,王忠.国外政府开放数据的比较研究[J].情报杂志,2015(8):142-146.

[151]张洪,江运君,鲁耀斌,等.社会化媒体赋能的顾客共创体验价值:多维

度结构与多层次影响效应[J].管理世界,2022,38(2):150-168.

[152]张吉豫.数字法理的基础概念与命题[J].法制与社会发展,2022,28
(5):47-72.

[153]张凌寒.网络平台监管的算法问责制构建研究[J].东方法学,2021
(3):34-35.

[154]张凌寒.智慧司法中技术依赖的隐忧及应对[J].法制与社会发展,
2022,28(4):180-200.

[155]张凌寒.论数据出境安全评估的法律性质与救济路径[J].行政法学研
究,2023(1):45-61.

[156]张生.美国跨境数据流动的国际法规制路径与中国的因应[J].经贸法
律评论,2019(4):79-93.

[157]张姝艳,闫楚弼.人工智能:社会形态演进的一个工具[J].长沙理工大
学学报(社会科学版),2022,37(4):26-33.

[158]张淞纶.作为教学方法的法教义学:反思与扬弃——以案例教学和请
求权基础理论为对象[J].法学评论,2018,36(6):126-136.

[159]张新宝.从隐私到个人信息:利益再衡量的理论与制度安排[J].中国
法学,2015(3):38-59.

[160]张勇.数据安全分类分级的刑法保护[J].法治研究,2021(3):17-27.

[161]张咏梅,穆文娟.大数据时代下金融数据资产的特征及价值分析[J].
财会研究,2015(8):78-80.

[162]赵需要,侯晓丽,徐堂杰,陈红梅.政府开放数据生态链:概念、本质与
类型[J].情报理论与实践,2019(6):22-28.

[163]朱扬勇,叶雅珍.从数据的属性看数据资产[J].大数据,2018(6):
65-76.

[164]周林彬,马恩斯.大数据确权的法律经济学分析[J].东北师大学报(哲
学社会科学版),2018(2):30-37.

[165]周琪.高科技领域的竞争正改变大国战略竞争的主要模式[J].太平洋
学报,2021,29(1):1-20.

[166]周芹,魏永长,宋刚,陈方宇.数据资产对电商企业价值贡献案例研究
[J].中国资产评估,2016(1):34-39.

[167]孜里米拉·艾尼瓦尔,姚叶.人工智能技术对专利制度的挑战与应对
[J].电子知识产权,2020(4):52-61.

[168]邹照菊.企业大数据的资产属性辨析[J].会计之友,2017(12):7-12.

[169]左卫民.AI法官的时代会到来吗——基于中外司法人工智能的对比与展望[J].政法论坛,2021,39(5):3-13.

三、中文报纸

[1]本报评论员.从规范社会治理的高度认识标准化的作用[N].中国质量报,2016-09-14(01).

[2]陈静.工信部通报批评腾讯与360[N].中国证券报,2010-11-22(A7).

[3]丁国锋.黑客与内鬼成个人信息泄露罪魁:699名嫌疑人落网[N].法制日报,2017-06-13(08).

[4]李玉敏.建行调降乐视员工信用卡额度真相:新系统"过度"灵敏[N].21世纪经济报道,2017-07-29-(08).

[5]郑子亨.谷歌人工智能算法Dropout申请专利[N].中国计算机报,2019-07-29(14).

四、中文报告

[1]中国信息通信研究院云计算与大数据研究所.数据流通关键技术白皮书[R].北京:中国信息通信研究院,2018.

[2]德勤中国,阿里研究院.数据资产化之路:数据资产的估值与行业实践[R].上海:上海德勤资产评估有限公司,阿里研究院,2019.

[3]上海社会科学院互联网研究中心.全球数据跨境流动政策与中国战略研究报告[R].上海:上海社会科学院互联网研究中心,2019.

五、中文互联网资料

[1]广州市场监管局.UC浏览器发布虚假违法广告被罚209万元[EB/OL].(2021-04-13)[2023-01-01].https:// finance. sina. com. cn/tech/2021-04-13/doc-ikmxzfmk6611249. shtml.

[2]全国首例"爬虫"技术侵入计算机系统犯罪案[EB/OL].(2020-01-12)[2023-01-01]. https:// www. chinacourt. org/article/detail/2020/01/id/4769105. shtml.

[3]全国信息技术标准化技术委员会.中国电子技术标准化研究院.大数据标准化白皮书(2020版)[EB/OL].(2020-09-210)[2023-02-01]. http:

// www. cesi. cn/images/editor/ 20200921/20200921083434482. pdf：47.

［4］人民网. 欧盟专利局 EPO 发布 2018 版审查指南［EB/OL］.（2018-12-07）［2023-03-01］. http：// ip. people. com. cn/n1/2018/1207/c179663-30448967. html.

［5］淘宝（中国）软件有限公司诉安徽美景信息科技有限公司不正当竞争纠纷案［EB/OL］.（2019-10-26）［2023-01-01］. https：// www. chinacourt. org/article/detail/2019/10/id/4591196. shtml

［6］习近平. 在网络安全和信息化工作座谈会上的讲话［EB/OL］.（2016-04-19）［2023-01-01］. http：// www. cac. gov. cn/2016-04/25/c_1118731366. htm.

［7］新华社. 习近平主持中央政治局第三十四次集体学习：把握数字经济发展趋势和规律推动我国数字经济健康发展［EB/OL］.（2021-10-19）［2023-01-01］. http：// www. gov. cn/xinwen/2021-10/19/content _ 5643653. htm? jump＝true.

［8］原瑞阳. 个保法、数安法生效在即,阿里加密用户信息［EB/OL］.（2021-08-21）［2023-03-01］. 财新网,https：// www. caixin. com/2021-08-21/101758209. html.

六、外文著作

［1］Acquisti A. Digital Privacy：Theory，Technologies，and Practices［M］. Sydney：Auerbach Publications，2007.

［2］Alessandro Acquisti. Digital Privacy：Theory，Technologies， and Practices［M］. Boca Raton，FL：Auerbach Publications，2007.

［3］Altman I and Taylor D A. Social Penetration：the Development of Interpersonal Relationships ［M］. New York：Holt，Rinehart and Winston，1973.

［4］Andrew Goffey. Algorithm ［M］. Fuller M. Software Studies：A Lexicon. Cambridge，MA：MIT Press，2008.

［5］Aplin T. Copyright Law in the Digital Society ［M］. Oxford：Hart Publishing，2005.

［6］Brous P，Janssen M，Vilminkoheikkinen R. Coordinating Decision-making in Data Management Activities：A Systematic Review of Data

Governance Principles〔C〕. International Conference on Electronic Government & the Information Systems Perspective, 2016.

〔7〕Brownsword R. Rights, Regulation and the Technological Revolution〔M〕. Oxford: Oxford University Press, 2008.

〔8〕Casey M J, Vigna P. The Truth Machine: The Blockchain and the Future of Everything〔M〕. New York: St. Martin's Press, 2018.

〔9〕Chesbrough H. Open Innovation: The New Imperative for Creating and Profiting from Technology〔M〕. Boston: Harvard Business School Publishing Corporation, 2003.

〔10〕Chopra S, White L F. A Legal Theory for Autonomous Artificial Agents〔M〕. Ann Arbor, MI: University of Michigan Press, 2011.

〔11〕Christians C G, Glasser T L, McQuail D, et al. White. Normative Theories of the Media〔M〕. Urbana: University of Illinois Press, 2009.

〔12〕Gilbert D. Stumbling on Happiness〔M〕. London: Vintage, 2006.

〔13〕Hovenkamp H. Federal Antitrust Policy: The Law of Competition and Its Practice〔M〕. Saint Paul, MN: West Group, 2011.

〔14〕Kant I. Groundwork of the Metaphysics of Morals〔M〕. Mary Gregor ed. , Cambridge: Cambridge University Press, 2012.

〔15〕Kaplow L. Competition Policy and Price Fixing〔M〕. Princeton: Princeton University Press, 2013.

〔16〕Kirton J J, Trebilcock M. Hard Choices, Soft Law: Voluntary Standards in Global Trade, Environment and Social Governance〔M〕. Aldergate: Ashgate Publishing Limited, 2004.

〔17〕Locke J. An Essay Concerning Human Understanding〔M〕. Peter H. Nidditch ed. , Oxford: Clarendon Press, 1975.

〔18〕Nissenbaum H. Privacy in Context: Technology, Policy, and the Integrity of Social Life〔M〕. Redwood City: CA, Stanford University Press, 2009.

〔19〕Paquet G. Governance Through Social Learning〔M〕. Ottawa: University of Ottawa Press, 1999.

〔20〕Patterson L R and Lindberg S W. The Nature of Copyright: A Law of Users' Rights〔M〕. Athens: University of Georgia Press, 1991.

[21] Posner R A. Antitrust Law[M]. Chicago：The University of Chicago Press，2001.

[22] PosnerR A. and Weyl E G. Radical Markets：Uprooting Capitalism and Democracy for a Just Society[M]. Princeton：Princeton University Press，2018.

[23] Rogers D. The Digital Transformation Playbook：Rethink Your Business for the Digital Age[M]. New York：Columbia University Press，2016.

[24] Sapsford D and Tzannatos Z. Current Issues in Labour Economics [M]. London：Palgrave MacMillan，1989.

[25] Sarat A. A World without Privacy：What Law Can and Should Do? [M]. Cambridge：Cambridge University Press，2015.

[26] Tapscott D. The Digital Economy：Promise and Peril in the Age of Networked Intelligence[M]. New York：McGraw-Hill, 1996.

[27] Tarleton G. The Relevance of Algorithms[C]. Tarleton G，Pablo J B, Kirsten A F. Media Technologies. Cambridge：The MIT Press，2014.

[28] Thaler R H，Sunstein C R. Nudge：Improving Decisions About Health，Wealth，and Happiness[M]. New Haven：Yale University Press，2008.

[29] Winn J K. Consumer Protection in the Age of the "Information Economy"[M]. London：Routledge，2016.

七、外文期刊

[1] Acquisti A，Brandimarte L and Loewenstein G. Privacy and Human Behavior in the Age of Information[J]. Science，2015，347：509-511.

[2] Adler A. Why Art Does Not Need Copyright [J]. The George Washington law review，2018，86(2)：313-375.

[3] Alamo T，Reina D G，Mammarella M，et al. Covid-19：Open-Data Resources for Monitoring，Modeling，and Forecasting the Epidemic[J]. Electronics，2020(9)：827-857.

[4] Ananny M. Toward an Ethics of Algorithms：Convening，Observation，Probability，and Timeliness [J]. Science，Technology，& Human

Values，2016,41(1):93-117.

[5]Anthony S F. Antitrust and Intellectual Property Law: From Adversaries to Partners[J]. AIPLA Quarterly Journal,2000,28(1): 3-28.

[6]Balazinska M，Howe B，Suciu D. Data Markets in the Cloud: An Opportunity for the Database Community[C]. Proceedings of the VLDB Endowment,2011:1482-1485.

[7]Barocas S and Nissenbaum H. Big Data's End Run Around Procedural Privacy Protections[J]. Communications of the ACM,2014,57(11): 31-33.

[8]Barocas S and Selbst A D. Big Data's Disparate Impact[J]. California Law Review,2016,104:671-732.

[9]Baron C B. Self-Dealing Trustees and the Exoneration Clause: Can Trustees Ever Profit from Transactions Involving Trust Property? [J]. St. John's Law Review 1998,72(1):43-80.

[10]Barney J. Firm Resources and Competitive Advantage[J]. Journal of Management,1991,17(1):99-120.

[11]Barrett S，Rosenfeld A，Kraus S,et al. Making Friends on the Fly: Cooperating with New Teammates[J]. Artificial Intelligence,2017,242 (1):132-171.

[12]Beck U. The Anthropological Shock:Chernobyl and the Contours of the Risk Society[J]. Berkeley Journal of Sociology,1987,32:153-165.

[13]Bharadwaj A，Sawy O A E，Pavlou P A. Digital Business Strategy: Toward a Next Generation of Insights[J]. MIS Quarterly,2013,37(2): 471-482.

[14]Bodó B，Gervais D，Quintais J P. Blockchain and Smart Contracts: The Missing Link in Copyright Licensing? [J]. International Journal of Law and Information Technology,2018,26(4):311-336.

[15]Brandimarte L，Acquisti A and Loewenstein G. Misplaced Confidences:Privacy and the Control Paradox[J]. Social Psychological and Personality Science,2012,4(3):340-347.

[16]Bathaee Y. The Artificial Intelligence Black Box and the Failure of

Intent and Causation[J]. Harvard Journal of Law & Technology,2018, 31(2):889-938.

[17]Calo M R. Against Notice Skepticism in Privacy(and Elsewhere)[J]. Notre Dame Law Review,2012,87(3):1027-1072.

[18]Carlson M. Automating Judgment? Algorithmic Judgment, News Knowledge, and Journalistic Professionalism [J]. New Media & Society,2018,20(5):1755-1772.

[19]Carroll R. NFTs:The Latest Technology Challenging Copyright Law's Relevance within a Decentralized System [J]. Fordham Intellectual Property,Media and Enter,Media and Entertainment Law Journal, 2022,32(4):979-1009.

[20]Castelvecchi D. Can We Open the Black Box of AI? [J]. Nature,2016, 538:20-23.

[21]Chandler J P. Patent Protection of Computer Programs[J]. Minnesota Intellectual Property Review,2000,1(1):33-78.

[22]Citron D K. Reservoirs of Danger:the Evolution of Public and Private Law at the Dawn of the Information Age[J]. Southern California Law Review,2007,80:241-251.

[23] Clark B, Burtsall R. Crypto-Pie in the Sky? How Blockchain Technology Is Impacting Intellectual Property Law [J]. Stanford Journal of Blockchain Law & Policy,2019,2.2:252-262.

[24]Contia M, Dehghantanhab A, Frankec K,et al. Internet of Things Security and Forensics: Challenges and Opportunities [J]. Future Generations Computer Systems,2018(78,Part 2):544-546.

[25]Cooter R D, Rubin E L. Theory of Loss Allocation for Consumer Payments[J]. Proceedings of the Institute of Radio Engineers,1987,15 (2):113-153.

[26]Crandall J W, Oudah M, Tennom et al. Cooperating with Machines [J]. Nature Communication,2018,233(9):1-12.

[27]Erhan D, Manzagol P-A, Bengio Y, Bengio S ,et al. The Difficulty of Training Deep Architectures and the Effect of Unsupervised Pre-Training [J]. Journal of Machine Learning Research-Proceedings

Track. 2009, 5(1):153-160.

[28] Ezrachi A, Stucke M E. Artificial Intelligence & Collusion: When Computers Inhibit Competition[J]. University of Illinois Law Review, 2017,5:1775-1810.

[29] Fairfield J, Engel C. Privacy as a Public Good[J]. Duke Law Journal, 2015,65(3):385-457.

[30] Fitzgerald M, Kruschwitz N, Bonnet D, et al. Embracing Digital Technology: A New Strategic Imperative[J]. MIT Sloan Management Review,2014,55(2):1-12.

[31] Frosio G. It's All Linked: How Communication to the Public Affects Internet Architecture[J]. Computer Law & Security Review,2020,37: 105-410.

[32] Galloway A R. Are Some Things Unrepresentable? [J]. Theory Culture & Society Explorations in Critical Social Science,2012,28(7-8):85-102.

[33] Gao R X, Wang L H, Robert M T. Big Data Analytics for Smart Factories of the Future [J]. CIRP Annals (Manufacturing Technology),2020,69(2):668-692.

[34] Garrod L, Olczak M. Explicit vs Tacit Collusion:The Effects of Firm Numbers and Asymmetries [J]. International Journal of Industrial Organization,2018,56(1):1-25.

[35] Ginsburg J C. Copyright and Control Over New Technologies of Dissemination[J]. Columbia Law Review,2001,101:1613-1647.

[36] Glazer R. Measuring the Value of Information: The Information-Intensive Organization[J]. IBM Systems Journal,1993(1):99-110.

[37] Guadamuz A. The Treachery of Images: Non-fungible Tokens and Copyright[J]. Journal of Intellectual Property Law & Practice,2021, 16(12):1367-1385.

[38] Ha M, Lee S, Jooshim Y, et al. Where WTS Meets WTB: A Blockchain-based Marketplace for Digital Me to Trade Users' Private Data[J]. Pervasive and Mobile Computing,2019,59:1-15.

[39] Harding M. Trust and Fiduciary Law. [J]. Oxford Journal of Legal

Studies，2013.33(1)：81-102.

[40]Heaton J. Ian Goodfellow, Yoshua Bengio, and Aaron Courville：Deep learning[J]. Genetic Programming Evolvable Machines，2018，19：305-307.

[41] Heilbroner R L. Do Machines Make History? [J]. Technology and Culture，2009(8)：97-106.

[42] Helveston M N. Consumer Protection in the Age of Big Data[J]. Washington University Law Review,2016,93(4)：859-917.

[43] Hill C A. and O'Hara E A. A Cognitive Theory of Trust[J]. Washington University Law Review,2006,84(7)：1717-1796.

[44] Hohfeld W N. Some Fundamental Legal Conceptions as Applied in Judicial Reasoning[J]. Yale Law Journal,1913,23(1)：21-25.

[45] Jagadish H V, Gehrke J, Labrinidis A, et al. Big Data and Its Technical Challenges[J]. Communiccations of the ACM,2014,57(7)：86-94.

[46] Nord J H, Koohang A, Paliszkiewicz J. The Internet of Things：Review and Theoretical Framework[J]. Expert Systems Applications, 2019,133：97-108.

[47] Jobin A, Ienca M, Vayena E. The Global Landscape of AI Ethics Guidelines[J]. Nature Machine Intelligence,2019(9)：389-399.

[48] Khin S, Ho T C. Digital Technology, Digital Capability and Organizational Performance：A Mediating Role of Digital Innovation [J]. International Journal of Innovation Science,2018,11(6)：177-195.

[49]Kofler N, Baylis F. Ten Reasons Why Immunity Passports Are A Bad Idea[J]. Nature,2020,581：379-381.

[50]Landau S. Control Use of Data to Protect Privacy[J]. Science,2015, 6221(347)：504-506.

[51]Levin I P, Schneider S L, Gaeth G J. All frames Are Not Created Equal：A Typology and Critical Analysis of Framing Effects[J]. Organizational Behavior and Human Decision Processes,1998,76(2)，149-188.

[52] Longstaff F A, Schwartz E S. Valuing American Options by

Simulation：A Simple Least-Squares Approach[J]. Review of Financial Studies,2001,14(1):113-147.

[53]Loonam J, Eaves S, Kumar V, et al. Towards Digital Transformation：Lessons Learned from Traditional Organizations[J]. Strategic Change,2018,27(2):101-109.

[54]Malte Z. Special Issue Introduction：Governing Algorithms：Myth, Mess,and Methods[J]. Science,Technology & Human Values,2016, 41(1):3-16.

[55]Manion P J. Two Steps Forward，One Step Back：The Defend Trade Secrets Act of 2016 and Why the Computer Fraud and Abuse Act of 1984 Still Matters for Trade Secret Misappropriation[J]. Journal of Legislation,2017,43(2):289-305.

[56]Marinotti J. Tangibility as Technology[J]. Georgia State University Law Review, 2021,37(3)671-738.

[57]Marres N. The Issues Deserve More Credit：Pragmatist Contributions to the Study of Public Involvement in Controversy[J]. Social Studies of Science,2007,37(5):759-780.

[58]McGowan D. Legal Implications of Open-Source Software [J]. University of Illinois Law Review,2001(1):241-270.

[59]Mehra S K. Antitrust and the Robo-Seller Competition in the Time of Algorithms[J]. Minnesota Law Review,2016,100:1323-1375.

[60]Mocanu D, Rossi L and Zhang Q. Collective Attention in the Age of （Mis）information [J]. Computers in Human Behavior, 2015, 51: 1198-1204.

[61]Nadini M, Alessandretti L, Di Giacinto F, et al. Mapping the NFT Revolution：Market Trends, Trade Networks, and Visual Features [J]. Science Report,2021,(11):209-211.

[62]Napoli P M. Automated Media：An Institutional Theory Perspective on Algorithmic Media Production and Consumption[J]. Communication Theory,2014,24(3):340-360.

[63]Natalie K, Franoise B. Ten Reasons Why Immunity Passports Are A Bad Idea[J]. Nature,2020,581:379-381.

［64］Newell A. ACM Turing Award Lectures［J］. Computer Science as Empirical Inquiry：Symbols and Search,2007(10). 1145-1283.

［65］Nimmer R T. Breaking Barriers：The Relation Between Contract and Intellectual Property Law[J]. Berkeley Technology Law Journal,1998, 13：827-889.

［66］Nissenbaum H. Privacy as Contextual Integrity[J]. Washington Law Review,2004,79：119-157.

［67］Nambisan S，Lyytinen K，Majchrzak A，et al. Digital Innovation Management：Reinventing Innovation Management Research in a Digital World[J]. MIS Quarterly,2017,41(1)：223-238.

［68］Niu C Y, Zheng Z Z, Tang S J, et al. Making Big Money from Small Sensors：Trading Time-Series Data under Pufferfish Privacy［C］. INFOCOM2019-IEEE Conference on Computer Communications, Paris,France. IEEE,2019：568-576.

［69］Page W. Communication and Concerted Action[J]. Loyola University Chicago Law Journal,2007,38(1)：405-460.

［70］Page W. Tacit Agreement Under Section 1 of the Sherman Act[J]. Antitrust Law Journal,2017,81：593-639.

［71］Parra-Arnau J. Optimized，Direct Sale of Privacy in Personal Data Marketplaces[J]. Information Sciences An International Journal,2018, 424：354-384.

［72］Pérez B A. The Study of Public Administration in Times of Global Interpenetration：A Historical Rationale for a Theoretical Model[J]. Journal of Public Administration Research and Theory, 1997 (7)： 615-638.

［73］Perzanowski A，Schultz J. Reconciling Intellectual and Personal Property[J]. Notre Dame Law Review,2015,90(3)：1211-1264.

［74］Pinch T J，Bijker W E. The Social Construction of Facts and Artefacts：Or How the Sociology of Science and the Sociology of Technology Might Benefit Each Other［J］. Social Studies of Science 1984,14(3)：399-441.

［75］Posner R A. Oligopolistic Pricing Suits，the Sherman Act，and

Economic Welfare：A Reply to Professor Markovits［J］. Stanford Law Review,1976,28(5):903-914.

[76]Posner R A. Review of Kaplow，Competition Policy and Price Fixing ［J］. Antitrust Law Journal,2014,79(2):761-768.

[77]Phelan A L. COVID-19 Immunity Passports and Vaccination Certificates：Scientific，Equitable，and Legal Challenges［J］. The Lancet,2020,395:1595-1598.

[78]Quintais J P. Untangling the Hyperlinking Web：In Search of the Online Right of Communication to the Public［J］. Journal of World Intellectual Property,2018,21(5-6):385-420.

[79]Rachinger M，Rauter R，Müller C，et al. Digitalization and Its Influence on Business Model Innovation［J］. Journal of Manufacturing Technology Management,2019,30(8):1143-1160.

[80]Razavian A S，Azizpour H and Sullivan J，et al. CNN Features Off-the-shelf：An Astounding Baseline for Recognition［J］. Computer Vision and Pattern Recognition Workshops(CVPRW)，2014 IEEE Conference on. IEEE,2014:512-519.

[81]Ritter J，Mayer A. Regulating Data as Property：A New Construct for Moving Forward［J］. Duke Law & Technology Review,2017(16): 220-277.

[82]Sitkoff R. The Economic Structure of Fiduciary Law［J］. Boston University Law Review,2011,91:1039-1049.

[83]Rubinfeld D L，Gal M S. Access Barriers to Big Data[J]. Arizona Law Review,2017,59:339-382.

[84]Schallmo D，Williams C，Boardman L. Digital Transformation of Business Models-Best Practice，Enablers，and Roadmap［J］. International Journal of Innovation Management,2017,21(8):45-67.

[85]Sganga C. A Plea for Digital Exhaustion in EU Copyright Law， Journal of Intellectual Property［J］. Information Technology and Electronic Commerce Law,2018(9):211-239.

[86]Shilton K. Value Levers：Building Ethics into Design［J］. Science， Technology，and Human Values,2012,38(3):374-397.

［87］Singh A，Hess T. How Chief Digital Officers Promote the Digital Transformation of Their Companies［J］. MIS Quarterly Executive，2017,16(1):1-17.

［88］Singh A，Klarner P，Hess T. How Do Chief Digital Officers Pursue Digital Transformation Activities? The Role of Organization Design Parameters[J]. Long Range Planning,2020,53(3):1-14.

［89］Stalla-Bourdillon S，Knight A. Anonymous Data v. Personal Data-A False Debate：An EU Perspective on Anonymization，Pseudon ymization and Personal Data[J]. Wisconsin International Law Journal，2016,43(2):284-322.

［90］Stigler G J. A Theory of Oligopoly[J]. Journal of Political Economy，1964,72(1):44-61.

［91］Stoker G. Governance as Theory：Five Propositions[J]. International Social Science Journal,1998,50:17-28.

［92］Stone D. Global Public Policy，Transnational Policy Communities and their Networks[J]. The Policy Studies Journal,2008(1):19-38.

［93］Striphas T. Algorithmic Culture［J］. European Journal of Cultural Studies,2015,18(4-5):395-412.

［94］Sommer J H. Against Cyberlaw［J］. Berkeley Technology Law Journal,2000,15(3):1145-1232.

［95］Swalwell M. 1980s Home Coding：The Art of Amateur Programming [J]. Aotearoa Digital Arts New Media Reader,2008(3):192-201.

［96］Swinson J. Copyright or Patent or Both：An Algorithmic Approach to Computer Software Protection ［J］. Harvad Journal of Law&Technology,1991,5:145-214.

［97］Tene O，Polonetsky J. A Theory of Creepy:Technology,Privacy, and Shifting Social Norms[J]. Yale Journal of Law and Technology,2013,16:59-102.

［98］Tonya M. Evans, Cryptokitties, Cryptography, and Copyright[J]. AIPLA Quarterly Journal,2019,47(2):219-266.

［99］Tran H Y，Hu J. Privacy-Preserving Big Data Analytics A Comprehensive Survey ［J］. Journal of Parallel and Distributed

Computing,2019(134):207-218.

[100]Tufekci Z. Algorithmic Harms beyond Facebook and Google: Emergent Challenges of Computational Agency［J］. Journal on Telecommunication & High Technology Law,2015(13):203-217.

[101]Vallone R P, Lee R, Lepper M R. The Hostile Media Phenomenon: Biased Perception and Perceptions of Media Bias in Coverage of the Beirut Massacre［J］. Journal of Personality and Social Psychology, 1985,49(3):577-585.

[102]Vasan K, Janosov M, Barabási A L. Quantifying NFT-driven Networks in Crypto Art［J］. Scientific Reports, 2022, 12 (1): 2769-2781.

[103]Verdugo C G. Horizontal Restraint Regulations in the EU and the US in the Era of Algorithmic Tacit Collusion［J］. Journal of Law and Jurisprudence,2018,7(1):114-141.

[104]Vijayakumaran A. NFTs and Copyright Quandary［J］. Journal of Intellectual Property, Information Technology and E-Commerce Law,2021,12(5):402-414.

[105]Wang R Y, Strong D M. Beyond Accuracy: What Data Quality Means to Data Consumers［J］. Journal of Management Information Systems,1996,12(4):5-34.

[106]Warner K S, Wäger M. Building Dynamic Capabilities for Digital Transformation: An Ongoing Process of Strategic Renewal［J］. Long Range Planning,2019,52(3):326-349.

[107]Yozwiak N L, Schaffner S F, Sabeti P C. Data Sharing: Make Outbreak Research Open Access［J］. Nature, 2015, 518 (7540): 477-479.

[108]Zhou H. Research on the Duty of Care of Live Broadcasting Platforms from the Perspective of Intellectual Property［J］. International Journal of Law and Society,2022,5(1):28-34.

八、外文报告

[1]European Commission. White Paper on Artificial Intelligence-A

European Approach to Excellence and Trust〔R〕. Brussels: European Commission,2020.

〔2〕Ichihashi S. Non-Competing Data Intermediaries〔R〕. Staff Working Papers,2020.

〔3〕Wendy L I，Makoto N，Kazufumi Y. Value of Data：There's No Such Thing as a Free Lunch in the Digital Economy〔R〕. Discussion Papers,2019.

九、外文互联网资料

〔1〕Ada Lovelace Institute. 2020 International Monitor：Vaccine Passports and COVID Status Apps〔EB/OL〕. (2020-04-14)〔2023-01-01〕. https：// www. adalovelaceinstitute. org/project/international-monitor-vaccine-passports-covid-status-apps/.

〔2〕Boland H. 2021 Government Funds Eight Vaccine Passport Schemes Despite "No Plans" for Rollout. 〔EB/OL〕. (2021-01-08)〔2023-02-01〕. https：// www. telegraph. co. uk/ technology/2021/01/24/government-funds-eight-vaccine-passport-schemes-despite-no-plans/.

〔3〕Brzozowki A，Wolska A. 2021 Vaccinated Poles to Receive Special "Passports". Euraactiv〔EB/OL〕. (2021-01-14)〔2023-01-01〕. https：// www. euractiv. com/section/politics/short _ news/vaccinated-poles-to-receive-special-passports/.

〔4〕Calfas J. Google Is Changing Its Search Algorithm to Combat Fake News〔EB/OL〕. (2017-04-25)〔2023-03-01〕. https：// fortune. com/2017/04/25/google-search-algorithm-fake-news/.

〔5〕Chinlund G J，Gordon K S. What Are the Copyright Implications of NFTs？〔EB/OL〕. (2021-10-29)〔2023-01-01〕. https：// today. westlaw. com/Document/I0d18524e38c611ecbea4f0dc9fb69570/View/FullText. html? transitionType ＝ Default＆contextData ＝（sc. Default）＆VR ＝ 3. 0＆RS＝cblt1. 0.

〔6〕Cogley M. 2021 Exclusive：Vaccine Passports to Be Trialled by Thousands of Britons. The Telegaraph〔EB/OL〕. (2021-01-12)〔2023-02-01〕. https： // www. telegraph. co. uk/technology/2021/01/12/

exclusive-vaccine-passportstrialled-thousands-britons/

[7] Concil of Europe. Governing the Game Changer-impacts of Artificial Intelligence Development on Human Rights，Democracy and the Rule of Law[R]. Helsinki，Finlandia Hall[EB/OL]. (2019-02-26)[2023-03-01]. https：// www. coe. int/en/web/freedom-expression/aiconference2019.

[8] Conti R，Schmidt J. What Is An NFT? Non-Fungible Tokens Explained [EB/OL]. (2022-04-08)[2023-02-01]. https：// www. forbes. com/advisor/investing/cryptocurrency/nft-non-fungible-token.

[9] Deutsche Ethikrat. 2020 Immunitätsbescheinigungen in der Covid-19-Pandemie[Immunity Certificates in the Covid-19 Pandemic][EB/OL]. (2020-09-10)[2023-03-01]. https：// www. ethikrat. org/fileadmin/Publikationen/Stellungnahmen/deutsch/stellungnahme-immunitaetsbescheinigungen. pdf

[10] Deutschre Ethikrat. 2021 Besondere Regulen für Geimpfte? [Special Rules for Vaccinated People?][EB/OL]. (2020-04-04)[2023-01-01]. https：// www. ethikrat. org/fileadmin/Publikationen/Ad-hoc-Empfehlungen/deutsch/ad-hocempfehlung-besondere-regeln-fuer-geimpfte. pdf

[11] DeVito M A. From Editors to Algorithms[EB/OL]. (2016-05-01)[2023-01-01]. https：// socialmedia. soc. northwestern. edu/wp-content/uploads/2016/05/E2A_DJ_PREPRINT. pdf.

[12] Directive on Copyright in the Digital Single Market[EB/OL]. (2019-05-17)[2023-03-01]. https：// eur-lex. europa. eu/eli/dir/2019/790/oj.

[13] Duffy K. Twitter Still Wants to Create Its Decentralized Social Media System [EB/OL]. (2021-02-01)[2023-01-01]. https：// www. businessinsider. com/jack-dorsey-twitter-ceo-bluesky-decentralized-social-media-network-bitcoin-2021-2.

[14] Edvardsen S. How to interpret Sweden'sFirst GDPR Fine on Facial Recognition in School[EB/OL]. (2019-08-27)[2023-02-01]. https：// iapp. org/news/a/how-to-interpret-swedens-first-gdpr-fine-on-facial-recognition-in-school/

[15] European Commission Directorate-General for Health&Food Safety.

2020 Health Security Committee Audio Meeting on the Outbreak of COVID-19 Summary Report[EB/OL]. (2020-12-07)[2023-01-01]. https：// ec. europa. eu/health/sites/health/files/preparedness _ response/docs/ev_20201207_sr_en. pdf.

[16]Government of Iceland. 2021 Covid-19Screening Mandatory for Arriving Passengers until Spring[EB/OL]. (2021-01-15)[2023-02-01]. https：// www. government. is/news/article/2021/01/15/Covid-19-screening-mandatoryfor-arriving-passengers-until-spring/

[17]Guadamuz A. Non-fungibleTokens(NFTs) and Copyright[EB/OL]. (2021-04-01)[2023-03-01]. https：// www. wipo. int/wipo _ magazine/ en/2021/04/article_0007. html.

[18]Jacobs J. White House Rejects U. S. Vaccine Passports，Skirting Uproar[EB/OL]. (2021-04-07)[2023-02-01]. Los Angeles Times， https：//www. latimes. com/world-nation/story/2021-04-07.

[19]Kunova M. The TimesEmploys an AI-powered "Digital Butler" JAMES to Serve Personalised News[EB/OL]. (2019-05-24)[2023-03-01]. https：// www. journalism. co. uk/news/the-times-employs-an-ai-powered-digital-butler-james-to-serve-personalised-news/s2/a739273/.

[20]Kyodo News. Japan to Introduce "Vaccine Passports" for International Travel [EB/OL]. (2021-04-29) [2023-02-01]. https：// english. kyodonews. net/news/2021/04/e8e03706a702-breaking-news-japan-to-introduce-vaccine-passports-for-intl-travel-sources. html.

[21]Leibo J Z, Zambaldi V, Lanctot M, Marecki J and Graepel T. Multi-Agent Reinforcement Learning in Sequential Social Dilemmas arXiv e-prints[EB/OL]. (2017-02-10)[2023-04-01]. https：// arxiv. org/pdf/ 1702. 03037. pdf.

[22]Lyons T. Replacing Disputed Flags with Related Articles[EB/OL]. (2017-12-20)[2023-01-01]. https：// about. fb. com/news/2017/12/ news-feed-fyi-updates-in-our-fight-against-misinformation/.

[23]Ministry of Health，Government of Israel. Vaccine Administration Records(Green Passport) Are Valid Only If Issued by the Ministry of Health[EB/OL]. (2021-01-05)[2023-01-01]. https：// www. gov. il/

en/departments/news/05012021-01.

[24] Naden C. It's All About Trust[EB/OL]. (2019-11-11)[2023-02-01].
    https：// www. iso. org/news/ref2452. html.

[25] Nakamoto S. Bitcoin：A Peer-to-Peer Electronic Cash System[EB/OL].
    (2008-01-01)[2023-02-01]. https：// bitcoin. org/en/bitcoin-paper.

[26] Organisation for Economic Cooperation and Development（OECD）.
    Algorithms and Collusion：Competition Policy in the Digital Age[EB/
    OL]. （2017-09-14）［2023-03-01］. https： // www. oecd. org/
    competition/algorithms-collusion-competition-policy-in-the-digital-
    age. htm.

[27] Olsen J M. 2021 Denmark to Develop Digital Passport Proving
    Vaccinations[EB/OL]. （2021-03-10）[2023-01-01]. https：// apnews.
    com/article/travelhealth-denmark-coronavirus-pandemic-europe-
    8ffacf05453c6f259d5e2cea033ae5ca.

[28] Radinsky K. Data Monopolists Like Google Are Threatening the
    Economy[EBOL]. (2015-03-02)[2023-01-01]. https：// hbr. org/2015/
    03/data-monopolists-like-google-arethreatening-the-economy.

[29] Sam Meredith. Covid Vaccine Passports Are Being Considered and
    Health Experts and Rights Groups Are Deeply Concerned[EB/OL].
    (2021-02-25)[2023-03-01]. https：// www. msn. com/en-us/money/
    markets/covid-vaccine-passports-are-being-considered-and-health-
    experts-and-rights-groups-are-deeply-concerned/ar-BB1e0PZg.

[30] Schengenvisainfo News. 2021 EU Commission President：Vaccination
    Certificate Is a Medical Requirement[EB/OL]. (2020-12-21)[2023-02-
    01]. https： // www. schengenvisainfo. com/news/eu-commission-
    president-vaccinationcertificate-is-a-medical-requirement/.

[31] Soni P. How is the Patent World Responding to the AI Revolution?
    [EB/OL]. （2019-04-29）［2023-04-01］. https： // www. managingip.
    com/article/b1kbm2p8kcdy4y/how-is-the-patent-world-responding-to-
    the-ai-revolution.

[32] Sukhbaatar S，Szlam A and Fergus R. Learning Multiagent
    Communication with Backpropagation[EB/OL]. （2016-05-25）［2023-

01-01]. https：//arxiv. org/pdf/1605. 07736. pdf.

[33] Torres J. M. D. VaccinePassports Will They Be Available in the U. S. in Time for Summer［EB/OL］. （2021-03-14）［2023-03-01］. https：// www. nbcnews. com/health/health-news/vaccine-passports-will-they- be-available-u-s-time-summer-n1261022.

[34] We Are Social. Social Media Users Pass the 4 Billion Mark as Global Adoption Soars ［EB/OL］. （2020-10-20）［2023-03-01］. https：// wearesocial. com/blog/2020/10/ social-media-users-pass-the-4-billion- mark-as-global-adoption-soars.

[35] White House. 2021 National Strategy for the COVID-19 Response and Pandemic Preparedness［EB/OL］. （2021-01-11）［2023-02-01］. https：// www. whitehouse. gov/wp-content/uploads/2021/01/National- Strategyfor-the-COVID-19-Response-and-Pandemic-Preparedness. pdf.

[36] WHO Coronavirus （COVID-19） Dashboard［EB/OL］. （2020-02-01） ［2023-03-01］. https：//covid19. who. int/.

[37] Working Group on Intellectual Property Rights of the US. Intellectual Property and the National Information Infrastructure：The Report of the Working Group on Intellectual Property Rights［EB/OL］. （2011- 10-06）［2023-01-01］. https：// www. eff. org/files/filenode/DMCA/ ntia_dmca_white_paper. pdf.

中华人民共和国网络安全法

(2016 年 11 月 7 日第十二届全国人民代表
大会常务委员会第二十四次会议通过)

第一章　总　则

第一条　为了保障网络安全,维护网络空间主权和国家安全、社会公共利益,保护公民、法人和其他组织的合法权益,促进经济社会信息化健康发展,制定本法。

第二条　在中华人民共和国境内建设、运营、维护和使用网络,以及网络安全的监督管理,适用本法。

第三条　国家坚持网络安全与信息化发展并重,遵循积极利用、科学发展、依法管理、确保安全的方针,推进网络基础设施建设和互联互通,鼓励网络技术创新和应用,支持培养网络安全人才,建立健全网络安全保障体系,提高网络安全保护能力。

第四条　国家制定并不断完善网络安全战略,明确保障网络安全的基本要求和主要目标,提出重点领域的网络安全政策、工作任务和措施。

第五条　国家采取措施,监测、防御、处置来源于中华人民共和国境内外的网络安全风险和威胁,保护关键信息基础设施免受攻击、侵入、干扰和破坏,依法惩治网络违法犯罪活动,维护网络空间安全和秩序。

第六条　国家倡导诚实守信、健康文明的网络行为,推动传播社会主义核心价值观,采取措施提高全社会的网络安全意识和水平,形成全社会共同参与促进网络安全的良好环境。

第七条　国家积极开展网络空间治理、网络技术研发和标准制定、打击网络违法犯罪等方面的国际交流与合作,推动构建和平、安全、开放、合作的网络空间,建立多边、民主、透明的网络治理体系。

第八条 国家网信部门负责统筹协调网络安全工作和相关监督管理工作。国务院电信主管部门、公安部门和其他有关机关依照本法和有关法律、行政法规的规定,在各自职责范围内负责网络安全保护和监督管理工作。

县级以上地方人民政府有关部门的网络安全保护和监督管理职责,按照国家有关规定确定。

第九条 网络运营者开展经营和服务活动,必须遵守法律、行政法规,尊重社会公德,遵守商业道德,诚实信用,履行网络安全保护义务,接受政府和社会的监督,承担社会责任。

第十条 建设、运营网络或者通过网络提供服务,应当依照法律、行政法规的规定和国家标准的强制性要求,采取技术措施和其他必要措施,保障网络安全、稳定运行,有效应对网络安全事件,防范网络违法犯罪活动,维护网络数据的完整性、保密性和可用性。

第十一条 网络相关行业组织按照章程,加强行业自律,制定网络安全行为规范,指导会员加强网络安全保护,提高网络安全保护水平,促进行业健康发展。

第十二条 国家保护公民、法人和其他组织依法使用网络的权利,促进网络接入普及,提升网络服务水平,为社会提供安全、便利的网络服务,保障网络信息依法有序自由流动。

任何个人和组织使用网络应当遵守宪法法律,遵守公共秩序,尊重社会公德,不得危害网络安全,不得利用网络从事危害国家安全、荣誉和利益,煽动颠覆国家政权、推翻社会主义制度,煽动分裂国家、破坏国家统一,宣扬恐怖主义、极端主义,宣扬民族仇恨、民族歧视,传播暴力、淫秽色情信息,编造、传播虚假信息扰乱经济秩序和社会秩序,以及侵害他人名誉、隐私、知识产权和其他合法权益等活动。

第十三条 国家支持研究开发有利于未成年人健康成长的网络产品和服务,依法惩治利用网络从事危害未成年人身心健康的活动,为未成年人提供安全、健康的网络环境。

第十四条 任何个人和组织有权对危害网络安全的行为向网信、电信、公安等部门举报。收到举报的部门应当及时依法作出处理;不属于本部门职责的,应当及时移送有权处理的部门。

有关部门应当对举报人的相关信息予以保密,保护举报人的合法权益。

第二章　网络安全支持与促进

第十五条　国家建立和完善网络安全标准体系。国务院标准化行政主管部门和国务院其他有关部门根据各自的职责,组织制定并适时修订有关网络安全管理以及网络产品、服务和运行安全的国家标准、行业标准。

国家支持企业、研究机构、高等学校、网络相关行业组织参与网络安全国家标准、行业标准的制定。

第十六条　国务院和省、自治区、直辖市人民政府应当统筹规划,加大投入,扶持重点网络安全技术产业和项目,支持网络安全技术的研究开发和应用,推广安全可信的网络产品和服务,保护网络技术知识产权,支持企业、研究机构和高等学校等参与国家网络安全技术创新项目。

第十七条　国家推进网络安全社会化服务体系建设,鼓励有关企业、机构开展网络安全认证、检测和风险评估等安全服务。

第十八条　国家鼓励开发网络数据安全保护和利用技术,促进公共数据资源开放,推动技术创新和经济社会发展。

国家支持创新网络安全管理方式,运用网络新技术,提升网络安全保护水平。

第十九条　各级人民政府及其有关部门应当组织开展经常性的网络安全宣传教育,并指导、督促有关单位做好网络安全宣传教育工作。

大众传播媒介应当有针对性地面向社会进行网络安全宣传教育。

第二十条　国家支持企业和高等学校、职业学校等教育培训机构开展网络安全相关教育与培训,采取多种方式培养网络安全人才,促进网络安全人才交流。

第三章　网络运行安全

第一节　一般规定

第二十一条　国家实行网络安全等级保护制度。网络运营者应当按照网络安全等级保护制度的要求,履行下列安全保护义务,保障网络免受干

扰、破坏或者未经授权的访问,防止网络数据泄露或者被窃取、篡改:

(一)制定内部安全管理制度和操作规程,确定网络安全负责人,落实网络安全保护责任;

(二)采取防范计算机病毒和网络攻击、网络侵入等危害网络安全行为的技术措施;

(三)采取监测、记录网络运行状态、网络安全事件的技术措施,并按照规定留存相关的网络日志不少于六个月;

(四)采取数据分类、重要数据备份和加密等措施;

(五)法律、行政法规规定的其他义务。

第二十二条 网络产品、服务应当符合相关国家标准的强制性要求。网络产品、服务的提供者不得设置恶意程序;发现其网络产品、服务存在安全缺陷、漏洞等风险时,应当立即采取补救措施,按照规定及时告知用户并向有关主管部门报告。

网络产品、服务的提供者应当为其产品、服务持续提供安全维护;在规定或者当事人约定的期限内,不得终止提供安全维护。

网络产品、服务具有收集用户信息功能的,其提供者应当向用户明示并取得同意;涉及用户个人信息的,还应当遵守本法和有关法律、行政法规关于个人信息保护的规定。

第二十三条 网络关键设备和网络安全专用产品应当按照相关国家标准的强制性要求,由具备资格的机构安全认证合格或者安全检测符合要求后,方可销售或者提供。国家网信部门会同国务院有关部门制定、公布网络关键设备和网络安全专用产品目录,并推动安全认证和安全检测结果互认,避免重复认证、检测。

第二十四条 网络运营者为用户办理网络接入、域名注册服务,办理固定电话、移动电话等入网手续,或者为用户提供信息发布、即时通讯等服务,在与用户签订协议或者确认提供服务时,应当要求用户提供真实身份信息。用户不提供真实身份信息的,网络运营者不得为其提供相关服务。

国家实施网络可信身份战略,支持研究开发安全、方便的电子身份认证技术,推动不同电子身份认证之间的互认。

第二十五条 网络运营者应当制定网络安全事件应急预案,及时处置系统漏洞、计算机病毒、网络攻击、网络侵入等安全风险;在发生危害网络安全的事件时,立即启动应急预案,采取相应的补救措施,并按照规定向有关主管部门报告。

第二十六条　开展网络安全认证、检测、风险评估等活动,向社会发布系统漏洞、计算机病毒、网络攻击、网络侵入等网络安全信息,应当遵守国家有关规定。

第二十七条　任何个人和组织不得从事非法侵入他人网络、干扰他人网络正常功能、窃取网络数据等危害网络安全的活动;不得提供专门用于从事侵入网络、干扰网络正常功能及防护措施、窃取网络数据等危害网络安全活动的程序、工具;明知他人从事危害网络安全的活动的,不得为其提供技术支持、广告推广、支付结算等帮助。

第二十八条　网络运营者应当为公安机关、国家安全机关依法维护国家安全和侦查犯罪的活动提供技术支持和协助。

第二十九条　国家支持网络运营者之间在网络安全信息收集、分析、通报和应急处置等方面进行合作,提高网络运营者的安全保障能力。

有关行业组织建立健全本行业的网络安全保护规范和协作机制,加强对网络安全风险的分析评估,定期向会员进行风险警示,支持、协助会员应对网络安全风险。

第三十条　网信部门和有关部门在履行网络安全保护职责中获取的信息,只能用于维护网络安全的需要,不得用于其他用途。

第二节　关键信息基础设施的运行安全

第三十一条　国家对公共通信和信息服务、能源、交通、水利、金融、公共服务、电子政务等重要行业和领域,以及其他一旦遭到破坏、丧失功能或者数据泄露,可能严重危害国家安全、国计民生、公共利益的关键信息基础设施,在网络安全等级保护制度的基础上,实行重点保护。关键信息基础设施的具体范围和安全保护办法由国务院制定。

国家鼓励关键信息基础设施以外的网络运营者自愿参与关键信息基础设施保护体系。

第三十二条　按照国务院规定的职责分工,负责关键信息基础设施安全保护工作的部门分别编制并组织实施本行业、本领域的关键信息基础设施安全规划,指导和监督关键信息基础设施运行安全保护工作。

第三十三条　建设关键信息基础设施应当确保其具有支持业务稳定、

持续运行的性能,并保证安全技术措施同步规划、同步建设、同步使用。

第三十四条 除本法第二十一条的规定外,关键信息基础设施的运营者还应当履行下列安全保护义务:

(一)设置专门安全管理机构和安全管理负责人,并对该负责人和关键岗位的人员进行安全背景审查;

(二)定期对从业人员进行网络安全教育、技术培训和技能考核;

(三)对重要系统和数据库进行容灾备份;

(四)制定网络安全事件应急预案,并定期进行演练;

(五)法律、行政法规规定的其他义务。

第三十五条 关键信息基础设施的运营者采购网络产品和服务,可能影响国家安全的,应当通过国家网信部门会同国务院有关部门组织的国家安全审查。

第三十六条 关键信息基础设施的运营者采购网络产品和服务,应当按照规定与提供者签订安全保密协议,明确安全和保密义务与责任。

第三十七条 关键信息基础设施的运营者在中华人民共和国境内运营中收集和产生的个人信息和重要数据应当在境内存储。因业务需要,确需向境外提供的,应当按照国家网信部门会同国务院有关部门制定的办法进行安全评估;法律、行政法规另有规定的,依照其规定。

第三十八条 关键信息基础设施的运营者应当自行或者委托网络安全服务机构对其网络的安全性和可能存在的风险每年至少进行一次检测评估,并将检测评估情况和改进措施报送相关负责关键信息基础设施安全保护工作的部门。

第三十九条 国家网信部门应当统筹协调有关部门对关键信息基础设施的安全保护采取下列措施:

(一)对关键信息基础设施的安全风险进行抽查检测,提出改进措施,必要时可以委托网络安全服务机构对网络存在的安全风险进行检测评估;

(二)定期组织关键信息基础设施的运营者进行网络安全应急演练,提高应对网络安全事件的水平和协同配合能力;

(三)促进有关部门、关键信息基础设施的运营者以及有关研究机构、网络安全服务机构等之间的网络安全信息共享;

(四)对网络安全事件的应急处置与网络功能的恢复等,提供技术支持和协助。

第四章　网络信息安全

第四十条　网络运营者应当对其收集的用户信息严格保密,并建立健全用户信息保护制度。

第四十一条　网络运营者收集、使用个人信息,应当遵循合法、正当、必要的原则,公开收集、使用规则,明示收集、使用信息的目的、方式和范围,并经被收集者同意。

网络运营者不得收集与其提供的服务无关的个人信息,不得违反法律、行政法规的规定和双方的约定收集、使用个人信息,并应当依照法律、行政法规的规定和与用户的约定,处理其保存的个人信息。

第四十二条　网络运营者不得泄露、篡改、毁损其收集的个人信息;未经被收集者同意,不得向他人提供个人信息。但是,经过处理无法识别特定个人且不能复原的除外。

网络运营者应当采取技术措施和其他必要措施,确保其收集的个人信息安全,防止信息泄露、毁损、丢失。在发生或者可能发生个人信息泄露、毁损、丢失的情况时,应当立即采取补救措施,按照规定及时告知用户并向有关主管部门报告。

第四十三条　个人发现网络运营者违反法律、行政法规的规定或者双方的约定收集、使用其个人信息的,有权要求网络运营者删除其个人信息;发现网络运营者收集、存储的其个人信息有错误的,有权要求网络运营者予以更正。网络运营者应当采取措施予以删除或者更正。

第四十四条　任何个人和组织不得窃取或者以其他非法方式获取个人信息,不得非法出售或者非法向他人提供个人信息。

第四十五条　依法负有网络安全监督管理职责的部门及其工作人员,必须对在履行职责中知悉的个人信息、隐私和商业秘密严格保密,不得泄露、出售或者非法向他人提供。

第四十六条　任何个人和组织应当对其使用网络的行为负责,不得设立用于实施诈骗,传授犯罪方法,制作或者销售违禁物品、管制物品等违法犯罪活动的网站、通讯群组,不得利用网络发布涉及实施诈骗,制作或者销售违禁物品、管制物品以及其他违法犯罪活动的信息。

第四十七条　网络运营者应当加强对其用户发布的信息的管理,发现法律、行政法规禁止发布或者传输的信息的,应当立即停止传输该信息,采取消除等处置措施,防止信息扩散,保存有关记录,并向有关主管部门报告。

第四十八条 任何个人和组织发送的电子信息、提供的应用软件,不得设置恶意程序,不得含有法律、行政法规禁止发布或者传输的信息。

电子信息发送服务提供者和应用软件下载服务提供者,应当履行安全管理义务,知道其用户有前款规定行为的,应当停止提供服务,采取消除等处置措施,保存有关记录,并向有关主管部门报告。

第四十九条 网络运营者应当建立网络信息安全投诉、举报制度,公布投诉、举报方式等信息,及时受理并处理有关网络信息安全的投诉和举报。

网络运营者对网信部门和有关部门依法实施的监督检查,应当予以配合。

第五十条 国家网信部门和有关部门依法履行网络信息安全监督管理职责,发现法律、行政法规禁止发布或者传输的信息的,应当要求网络运营者停止传输,采取消除等处置措施,保存有关记录;对来源于中华人民共和国境外的上述信息,应当通知有关机构采取技术措施和其他必要措施阻断传播。

第五章 监测预警与应急处置

第五十一条 国家建立网络安全监测预警和信息通报制度。国家网信部门应当统筹协调有关部门加强网络安全信息收集、分析和通报工作,按照规定统一发布网络安全监测预警信息。

第五十二条 负责关键信息基础设施安全保护工作的部门,应当建立健全本行业、本领域的网络安全监测预警和信息通报制度,并按照规定报送网络安全监测预警信息。

第五十三条 国家网信部门协调有关部门建立健全网络安全风险评估和应急工作机制,制定网络安全事件应急预案,并定期组织演练。

负责关键信息基础设施安全保护工作的部门应当制定本行业、本领域的网络安全事件应急预案,并定期组织演练。

网络安全事件应急预案应当按照事件发生后的危害程度、影响范围等因素对网络安全事件进行分级,并规定相应的应急处置措施。

第五十四条 网络安全事件发生的风险增大时,省级以上人民政府有

关部门应当按照规定的权限和程序,并根据网络安全风险的特点和可能造成的危害,采取下列措施:

(一)要求有关部门、机构和人员及时收集、报告有关信息,加强对网络安全风险的监测;

(二)组织有关部门、机构和专业人员,对网络安全风险信息进行分析评估,预测事件发生的可能性、影响范围和危害程度;

(三)向社会发布网络安全风险预警,发布避免、减轻危害的措施。

第五十五条　发生网络安全事件,应当立即启动网络安全事件应急预案,对网络安全事件进行调查和评估,要求网络运营者采取技术措施和其他必要措施,消除安全隐患,防止危害扩大,并及时向社会发布与公众有关的警示信息。

第五十六条　省级以上人民政府有关部门在履行网络安全监督管理职责中,发现网络存在较大安全风险或者发生安全事件的,可以按照规定的权限和程序对该网络的运营者的法定代表人或者主要负责人进行约谈。网络运营者应当按照要求采取措施,进行整改,消除隐患。

第五十七条　因网络安全事件,发生突发事件或者生产安全事故的,应当依照《中华人民共和国突发事件应对法》、《中华人民共和国安全生产法》等有关法律、行政法规的规定处置。

第五十八条　因维护国家安全和社会公共秩序,处置重大突发社会安全事件的需要,经国务院决定或者批准,可以在特定区域对网络通信采取限制等临时措施。

第六章　法律责任

第五十九条　网络运营者不履行本法第二十一条、第二十五条规定的网络安全保护义务的,由有关主管部门责令改正,给予警告;拒不改正或者导致危害网络安全等后果的,处一万元以上十万元以下罚款,对直接负责的主管人员处五千元以上五万元以下罚款。

关键信息基础设施的运营者不履行本法第三十三条、第三十四条、第三十六条、第三十八条规定的网络安全保护义务的,由有关主管部门责令改正,给予警告;拒不改正或者导致危害网络安全等后果的,处十万元以上一百万元以下罚款,对直接负责的主管人员处一万元以上十万元以下罚款。

第六十条　违反本法第二十二条第一款、第二款和第四十八条第一款规定,有下列行为之一的,由有关主管部门责令改正,给予警告;拒不改正或者导致危害网络安全等后果的,处五万元以上五十万元以下罚款,对直接负责的主管人员处一万元以上十万元以下罚款:

（一）设置恶意程序的;

（二）对其产品、服务存在的安全缺陷、漏洞等风险未立即采取补救措施,或者未按照规定及时告知用户并向有关主管部门报告的;

（三）擅自终止为其产品、服务提供安全维护的。

第六十一条　网络运营者违反本法第二十四条第一款规定,未要求用户提供真实身份信息,或者对不提供真实身份信息的用户提供相关服务的,由有关主管部门责令改正;拒不改正或者情节严重的,处五万元以上五十万元以下罚款,并可以由有关主管部门责令暂停相关业务、停业整顿、关闭网站、吊销相关业务许可证或者吊销营业执照,对直接负责的主管人员和其他直接责任人员处一万元以上十万元以下罚款。

第六十二条　违反本法第二十六条规定,开展网络安全认证、检测、风险评估等活动,或者向社会发布系统漏洞、计算机病毒、网络攻击、网络侵入等网络安全信息的,由有关主管部门责令改正,给予警告;拒不改正或者情节严重的,处一万元以上十万元以下罚款,并可以由有关主管部门责令暂停相关业务、停业整顿、关闭网站、吊销相关业务许可证或者吊销营业执照,对直接负责的主管人员和其他直接责任人员处五千元以上五万元以下罚款。

第六十三条　违反本法第二十七条规定,从事危害网络安全的活动,或者提供专门用于从事危害网络安全活动的程序、工具,或者为他人从事危害网络安全的活动提供技术支持、广告推广、支付结算等帮助,尚不构成犯罪的,由公安机关没收违法所得,处五日以下拘留,可以并处五万元以上五十万元以下罚款;情节较重的,处五日以上十五日以下拘留,可以并处十万元以上一百万元以下罚款。

单位有前款行为的,由公安机关没收违法所得,处十万元以上一百万元以下罚款,并对直接负责的主管人员和其他直接责任人员依照前款规定处罚。

违反本法第二十七条规定,受到治安管理处罚的人员,五年内不得从事网络安全管理和网络运营关键岗位的工作;受到刑事处罚的人员,终身不得从事网络安全管理和网络运营关键岗位的工作。

第六十四条　网络运营者、网络产品或者服务的提供者违反本法第二十二条第三款、第四十一条至第四十三条规定,侵害个人信息依法得到保护的权利的,由有关主管部门责令改正,可以根据情节单处或者并处警告、没收违法所得、处违法所得一倍以上十倍以下罚款,没有违法所得的,处一百万元以下罚款,对直接负责的主管人员和其他直接责任人员处一万元以上十万元以下罚款;情节严重的,并可以责令暂停相关业务、停业整顿、关闭网站、吊销相关业务许可证或者吊销营业执照。

违反本法第四十四条规定,窃取或者以其他非法方式获取、非法出售或者非法向他人提供个人信息,尚不构成犯罪的,由公安机关没收违法所得,并处违法所得一倍以上十倍以下罚款,没有违法所得的,处一百万元以下罚款。

第六十五条　关键信息基础设施的运营者违反本法第三十五条规定,使用未经安全审查或者安全审查未通过的网络产品或者服务的,由有关主管部门责令停止使用,处采购金额一倍以上十倍以下罚款;对直接负责的主管人员和其他直接责任人员处一万元以上十万元以下罚款。

第六十六条　关键信息基础设施的运营者违反本法第三十七条规定,在境外存储网络数据,或者向境外提供网络数据的,由有关主管部门责令改正,给予警告,没收违法所得,处五万元以上五十万元以下罚款,并可以责令暂停相关业务、停业整顿、关闭网站、吊销相关业务许可证或者吊销营业执照;对直接负责的主管人员和其他直接责任人员处一万元以上十万元以下罚款。

第六十七条　违反本法第四十六条规定,设立用于实施违法犯罪活动的网站、通讯群组,或者利用网络发布涉及实施违法犯罪活动的信息,尚不构成犯罪的,由公安机关处五日以下拘留,可以并处一万元以上十万元以下罚款;情节较重的,处五日以上十五日以下拘留,可以并处五万元以上五十万元以下罚款。关闭用于实施违法犯罪活动的网站、通讯群组。

单位有前款行为的,由公安机关处十万元以上五十万元以下罚款,并对直接负责的主管人员和其他直接责任人员依照前款规定处罚。

第六十八条　网络运营者违反本法第四十七条规定,对法律、行政法规禁止发布或者传输的信息未停止传输、采取消除等处置措施、保存有关记录的,由有关主管部门责令改正,给予警告,没收违法所得;拒不改正或者情节严重的,处十万元以上五十万元以下罚款,并可以责令暂停相关业务、停业整顿、关闭网站、吊销相关业务许可证或者吊销营业执照,对直接负责的主管人员和其他直接责任人员处一万元以上十万元以下罚款。

电子信息发送服务提供者、应用软件下载服务提供者,不履行本法第四十八条第二款规定的安全管理义务的,依照前款规定处罚。

第六十九条 网络运营者违反本法规定,有下列行为之一的,由有关主管部门责令改正;拒不改正或者情节严重的,处五万元以上五十万元以下罚款,对直接负责的主管人员和其他直接责任人员,处一万元以上十万元以下罚款:

(一)不按照有关部门的要求对法律、行政法规禁止发布或者传输的信息,采取停止传输、消除等处置措施的;

(二)拒绝、阻碍有关部门依法实施的监督检查的;

(三)拒不向公安机关、国家安全机关提供技术支持和协助的。

第七十条 发布或者传输本法第十二条第二款和其他法律、行政法规禁止发布或者传输的信息的,依照有关法律、行政法规的规定处罚。

第七十一条 有本法规定的违法行为的,依照有关法律、行政法规的规定记入信用档案,并予以公示。

第七十二条 国家机关政务网络的运营者不履行本法规定的网络安全保护义务的,由其上级机关或者有关机关责令改正;对直接负责的主管人员和其他直接责任人员依法给予处分。

第七十三条 网信部门和有关部门违反本法第三十条规定,将在履行网络安全保护职责中获取的信息用于其他用途的,对直接负责的主管人员和其他直接责任人员依法给予处分。

网信部门和有关部门的工作人员玩忽职守、滥用职权、徇私舞弊,尚不构成犯罪的,依法给予处分。

第七十四条 违反本法规定,给他人造成损害的,依法承担民事责任。

违反本法规定,构成违反治安管理行为的,依法给予治安管理处罚;构成犯罪的,依法追究刑事责任。

第七十五条 境外的机构、组织、个人从事攻击、侵入、干扰、破坏等危害中华人民共和国的关键信息基础设施的活动,造成严重后果的,依法追究法律责任;国务院公安部门和有关部门并可以决定对该机构、组织、个人采取冻结财产或者其他必要的制裁措施。

第七章　附　则

第七十六条　本法下列用语的含义：

（一）网络，是指由计算机或者其他信息终端及相关设备组成的按照一定的规则和程序对信息进行收集、存储、传输、交换、处理的系统。

（二）网络安全，是指通过采取必要措施，防范对网络的攻击、侵入、干扰、破坏和非法使用以及意外事故，使网络处于稳定可靠运行的状态，以及保障网络数据的完整性、保密性、可用性的能力。

（三）网络运营者，是指网络的所有者、管理者和网络服务提供者。

（四）网络数据，是指通过网络收集、存储、传输、处理和产生的各种电子数据。

（五）个人信息，是指以电子或者其他方式记录的能够单独或者与其他信息结合识别自然人个人身份的各种信息，包括但不限于自然人的姓名、出生日期、身份证件号码、个人生物识别信息、住址、电话号码等。

第七十七条　存储、处理涉及国家秘密信息的网络的运行安全保护，除应当遵守本法外，还应当遵守保密法律、行政法规的规定。

第七十八条　军事网络的安全保护，由中央军事委员会另行规定。

第七十九条　本法自 2017 年 6 月 1 日起施行。

附录二

中华人民共和国数据安全法

(2021 年 6 月 10 日第十三届全国人民代表
大会常务委员会第二十九次会议通过)

第一章 总 则

第一条 为了规范数据处理活动,保障数据安全,促进数据开发利用,保护个人、组织的合法权益,维护国家主权、安全和发展利益,制定本法。

第二条 在中华人民共和国境内开展数据处理活动及其安全监管,适用本法。

在中华人民共和国境外开展数据处理活动,损害中华人民共和国国家安全、公共利益或者公民、组织合法权益的,依法追究法律责任。

第三条 本法所称数据,是指任何以电子或者其他方式对信息的记录。

数据处理,包括数据的收集、存储、使用、加工、传输、提供、公开等。

数据安全,是指通过采取必要措施,确保数据处于有效保护和合法利用的状态,以及具备保障持续安全状态的能力。

第四条 维护数据安全,应当坚持总体国家安全观,建立健全数据安全治理体系,提高数据安全保障能力。

第五条 中央国家安全领导机构负责国家数据安全工作的决策和议事协调,研究制定、指导实施国家数据安全战略和有关重大方针政策,统筹协调国家数据安全的重大事项和重要工作,建立国家数据安全工作协调机制。

第六条 各地区、各部门对本地区、本部门工作中收集和产生的数据及数据安全负责。

工业、电信、交通、金融、自然资源、卫生健康、教育、科技等主管部门承担本行业、本领域数据安全监管职责。

公安机关、国家安全机关等依照本法和有关法律、行政法规的规定,在各自职责范围内承担数据安全监管职责。

国家网信部门依照本法和有关法律、行政法规的规定,负责统筹协调网络数据安全和相关监管工作。

第七条　国家保护个人、组织与数据有关的权益,鼓励数据依法合理有效利用,保障数据依法有序自由流动,促进以数据为关键要素的数字经济发展。

第八条　开展数据处理活动,应当遵守法律、法规,尊重社会公德和伦理,遵守商业道德和职业道德,诚实守信,履行数据安全保护义务,承担社会责任,不得危害国家安全、公共利益,不得损害个人、组织的合法权益。

第九条　国家支持开展数据安全知识宣传普及,提高全社会的数据安全保护意识和水平,推动有关部门、行业组织、科研机构、企业、个人等共同参与数据安全保护工作,形成全社会共同维护数据安全和促进发展的良好环境。

第十条　相关行业组织按照章程,依法制定数据安全行为规范和团体标准,加强行业自律,指导会员加强数据安全保护,提高数据安全保护水平,促进行业健康发展。

第十一条　国家积极开展数据安全治理、数据开发利用等领域的国际交流与合作,参与数据安全相关国际规则和标准的制定,促进数据跨境安全、自由流动。

第十二条　任何个人、组织都有权对违反本法规定的行为向有关主管部门投诉、举报。收到投诉、举报的部门应当及时依法处理。

有关主管部门应当对投诉、举报人的相关信息予以保密,保护投诉、举报人的合法权益。

第二章　数据安全与发展

第十三条　国家统筹发展和安全,坚持以数据开发利用和产业发展促进数据安全,以数据安全保障数据开发利用和产业发展。

第十四条　国家实施大数据战略,推进数据基础设施建设,鼓励和支持数据在各行业、各领域的创新应用。

省级以上人民政府应当将数字经济发展纳入本级国民经济和社会发展

规划,并根据需要制定数字经济发展规划。

第十五条 国家支持开发利用数据提升公共服务的智能化水平。提供智能化公共服务,应当充分考虑老年人、残疾人的需求,避免对老年人、残疾人的日常生活造成障碍。

第十六条 国家支持数据开发利用和数据安全技术研究,鼓励数据开发利用和数据安全等领域的技术推广和商业创新,培育、发展数据开发利用和数据安全产品、产业体系。

第十七条 国家推进数据开发利用技术和数据安全标准体系建设。国务院标准化行政主管部门和国务院有关部门根据各自的职责,组织制定并适时修订有关数据开发利用技术、产品和数据安全相关标准。国家支持企业、社会团体和教育、科研机构等参与标准制定。

第十八条 国家促进数据安全检测评估、认证等服务的发展,支持数据安全检测评估、认证等专业机构依法开展服务活动。

国家支持有关部门、行业组织、企业、教育和科研机构、有关专业机构等在数据安全风险评估、防范、处置等方面开展协作。

第十九条 国家建立健全数据交易管理制度,规范数据交易行为,培育数据交易市场。

第二十条 国家支持教育、科研机构和企业等开展数据开发利用技术和数据安全相关教育和培训,采取多种方式培养数据开发利用技术和数据安全专业人才,促进人才交流。

第三章 数据安全制度

第二十一条 国家建立数据分类分级保护制度,根据数据在经济社会发展中的重要程度,以及一旦遭到篡改、破坏、泄露或者非法获取、非法利用,对国家安全、公共利益或者个人、组织合法权益造成的危害程度,对数据实行分类分级保护。国家数据安全工作协调机制统筹协调有关部门制定重要数据目录,加强对重要数据的保护。

关系国家安全、国民经济命脉、重要民生、重大公共利益等数据属于国家核心数据,实行更加严格的管理制度。

各地区、各部门应当按照数据分类分级保护制度,确定本地区、本部门以及相关行业、领域的重要数据具体目录,对列入目录的数据进行重点保护。

第二十二条　国家建立集中统一、高效权威的数据安全风险评估、报告、信息共享、监测预警机制。国家数据安全工作协调机制统筹协调有关部门加强数据安全风险信息的获取、分析、研判、预警工作。

第二十三条　国家建立数据安全应急处置机制。发生数据安全事件，有关主管部门应当依法启动应急预案，采取相应的应急处置措施，防止危害扩大，消除安全隐患，并及时向社会发布与公众有关的警示信息。

第二十四条　国家建立数据安全审查制度，对影响或者可能影响国家安全的数据处理活动进行国家安全审查。

依法作出的安全审查决定为最终决定。

第二十五条　国家对与维护国家安全和利益、履行国际义务相关的属于管制物项的数据依法实施出口管制。

第二十六条　任何国家或者地区在与数据和数据开发利用技术等有关的投资、贸易等方面对中华人民共和国采取歧视性的禁止、限制或者其他类似措施的，中华人民共和国可以根据实际情况对该国家或者地区对等采取措施。

第四章　数据安全保护义务

第二十七条　开展数据处理活动应当依照法律、法规的规定，建立健全全流程数据安全管理制度，组织开展数据安全教育培训，采取相应的技术措施和其他必要措施，保障数据安全。利用互联网等信息网络开展数据处理活动，应当在网络安全等级保护制度的基础上，履行上述数据安全保护义务。

重要数据的处理者应当明确数据安全负责人和管理机构，落实数据安全保护责任。

第二十八条　开展数据处理活动以及研究开发数据新技术，应当有利于促进经济社会发展，增进人民福祉，符合社会公德和伦理。

第二十九条　开展数据处理活动应当加强风险监测，发现数据安全缺陷、漏洞等风险时，应当立即采取补救措施；发生数据安全事件时，应当立即采取处置措施，按照规定及时告知用户并向有关主管部门报告。

第三十条　重要数据的处理者应当按照规定对其数据处理活动定期开

展风险评估,并向有关主管部门报送风险评估报告。

风险评估报告应当包括处理的重要数据的种类、数量,开展数据处理活动的情况,面临的数据安全风险及其应对措施等。

第三十一条 关键信息基础设施的运营者在中华人民共和国境内运营中收集和产生的重要数据的出境安全管理,适用《中华人民共和国网络安全法》的规定;其他数据处理者在中华人民共和国境内运营中收集和产生的重要数据的出境安全管理办法,由国家网信部门会同国务院有关部门制定。

第三十二条 任何组织、个人收集数据,应当采取合法、正当的方式,不得窃取或者以其他非法方式获取数据。

法律、行政法规对收集、使用数据的目的、范围有规定的,应当在法律、行政法规规定的目的和范围内收集、使用数据。

第三十三条 从事数据交易中介服务的机构提供服务,应当要求数据提供方说明数据来源,审核交易双方的身份,并留存审核、交易记录。

第三十四条 法律、行政法规规定提供数据处理相关服务应当取得行政许可的,服务提供者应当依法取得许可。

第三十五条 公安机关、国家安全机关因依法维护国家安全或者侦查犯罪的需要调取数据,应当按照国家有关规定,经过严格的批准手续,依法进行,有关组织、个人应当予以配合。

第三十六条 中华人民共和国主管机关根据有关法律和中华人民共和国缔结或者参加的国际条约、协定,或者按照平等互惠原则,处理外国司法或者执法机构关于提供数据的请求。非经中华人民共和国主管机关批准,境内的组织、个人不得向外国司法或者执法机构提供存储于中华人民共和国境内的数据。

第五章 政务数据安全与开放

第三十七条 国家大力推进电子政务建设,提高政务数据的科学性、准确性、时效性,提升运用数据服务经济社会发展的能力。

第三十八条 国家机关为履行法定职责的需要收集、使用数据,应当在其履行法定职责的范围内依照法律、行政法规规定的条件和程序进行;对在履行职责中知悉的个人隐私、个人信息、商业秘密、保密商务信息等数据应当依法予以保密,不得泄露或者非法向他人提供。

第三十九条　国家机关应当依照法律、行政法规的规定,建立健全数据安全管理制度,落实数据安全保护责任,保障政务数据安全。

第四十条　国家机关委托他人建设、维护电子政务系统,存储、加工政务数据,应当经过严格的批准程序,并应当监督受托方履行相应的数据安全保护义务。受托方应当依照法律、法规的规定和合同约定履行数据安全保护义务,不得擅自留存、使用、泄露或者向他人提供政务数据。

第四十一条　国家机关应当遵循公正、公平、便民的原则,按照规定及时、准确地公开政务数据。依法不予公开的除外。

第四十二条　国家制定政务数据开放目录,构建统一规范、互联互通、安全可控的政务数据开放平台,推动政务数据开放利用。

第四十三条　法律、法规授权的具有管理公共事务职能的组织为履行法定职责开展数据处理活动,适用本章规定。

第六章　法律责任

第四十四条　有关主管部门在履行数据安全监管职责中,发现数据处理活动存在较大安全风险的,可以按照规定的权限和程序对有关组织、个人进行约谈,并要求有关组织、个人采取措施进行整改,消除隐患。

第四十五条　开展数据处理活动的组织、个人不履行本法第二十七条、第二十九条、第三十条规定的数据安全保护义务的,由有关主管部门责令改正,给予警告,可以并处五万元以上五十万元以下罚款,对直接负责的主管人员和其他直接责任人员可以处一万元以上十万元以下罚款;拒不改正或者造成大量数据泄露等严重后果的,处五十万元以上二百万元以下罚款,并可以责令暂停相关业务、停业整顿、吊销相关业务许可证或者吊销营业执照,对直接负责的主管人员和其他直接责任人员处五万元以上二十万元以下罚款。

违反国家核心数据管理制度,危害国家主权、安全和发展利益的,由有关主管部门处二百万元以上一千万元以下罚款,并根据情况责令暂停相关业务、停业整顿、吊销相关业务许可证或者吊销营业执照;构成犯罪的,依法追究刑事责任。

第四十六条　违反本法第三十一条规定,向境外提供重要数据的,由有关主管部门责令改正,给予警告,可以并处十万元以上一百万元以下罚款,对直接负责的主管人员和其他直接责任人员可以处一万元以上十万元以下罚款;情节严重的,处一百万元以上一千万元以下罚款,并可以责令暂停相关业务、停业整顿、吊销相关业务许可证或者吊销营业执照,对直接负责的主管人员和其他直接责任人员处十万元以上一百万元以下罚款。

第四十七条 从事数据交易中介服务的机构未履行本法第三十三条规定的义务的,由有关主管部门责令改正,没收违法所得,处违法所得一倍以上十倍以下罚款,没有违法所得或者违法所得不足十万元的,处十万元以上一百万元以下罚款,并可以责令暂停相关业务、停业整顿、吊销相关业务许可证或者吊销营业执照;对直接负责的主管人员和其他直接责任人员处一万元以上十万元以下罚款。

第四十八条 违反本法第三十五条规定,拒不配合数据调取的,由有关主管部门责令改正,给予警告,并处五万元以上五十万元以下罚款,对直接负责的主管人员和其他直接责任人员处一万元以上十万元以下罚款。

违反本法第三十六条规定,未经主管机关批准向外国司法或者执法机构提供数据的,由有关主管部门给予警告,可以并处十万元以上一百万元以下罚款,对直接负责的主管人员和其他直接责任人员可以处一万元以上十万元以下罚款;造成严重后果的,处一百万元以上五百万元以下罚款,并可以责令暂停相关业务、停业整顿、吊销相关业务许可证或者吊销营业执照,对直接负责的主管人员和其他直接责任人员处五万元以上五十万元以下罚款。

第四十九条 国家机关不履行本法规定的数据安全保护义务的,对直接负责的主管人员和其他直接责任人员依法给予处分。

第五十条 履行数据安全监管职责的国家工作人员玩忽职守、滥用职权、徇私舞弊的,依法给予处分。

第五十一条 窃取或者以其他非法方式获取数据,开展数据处理活动排除、限制竞争,或者损害个人、组织合法权益的,依照有关法律、行政法规的规定处罚。

第五十二条 违反本法规定,给他人造成损害的,依法承担民事责任。

违反本法规定,构成违反治安管理行为的,依法给予治安管理处罚;构成犯罪的,依法追究刑事责任。

第七章　附　则

第五十三条　开展涉及国家秘密的数据处理活动,适用《中华人民共和国保守国家秘密法》等法律、行政法规的规定。

在统计、档案工作中开展数据处理活动,开展涉及个人信息的数据处理活动,还应当遵守有关法律、行政法规的规定。

第五十四条　军事数据安全保护的办法,由中央军事委员会依据本法另行制定。

第五十五条　本法自 2021 年 9 月 1 日起施行

附录三

中华人民共和国个人信息保护法

（2021 年 8 月 20 日第十三届全国人民代表
大会常务委员会第三十次会议通过）

第一章 总   则

第一条 为了保护个人信息权益，规范个人信息处理活动，促进个人信息合理利用，根据宪法，制定本法。

第二条 自然人的个人信息受法律保护，任何组织、个人不得侵害自然人的个人信息权益。

第三条 在中华人民共和国境内处理自然人个人信息的活动，适用本法。

在中华人民共和国境外处理中华人民共和国境内自然人个人信息的活动，有下列情形之一的，也适用本法：

（一）以向境内自然人提供产品或者服务为目的；

（二）分析、评估境内自然人的行为；

（三）法律、行政法规规定的其他情形。

第四条 个人信息是以电子或者其他方式记录的与已识别或者可识别的自然人有关的各种信息，不包括匿名化处理后的信息。

个人信息的处理包括个人信息的收集、存储、使用、加工、传输、提供、公开、删除等。

第五条 处理个人信息应当遵循合法、正当、必要和诚信原则，不得通过误导、欺诈、胁迫等方式处理个人信息。

第六条 处理个人信息应当具有明确、合理的目的，并应当与处理目的直接相关，采取对个人权益影响最小的方式。

收集个人信息,应当限于实现处理目的的最小范围,不得过度收集个人信息。

第七条　处理个人信息应当遵循公开、透明原则,公开个人信息处理规则,明示处理的目的、方式和范围。

第八条　处理个人信息应当保证个人信息的质量,避免因个人信息不准确、不完整对个人权益造成不利影响。

第九条　个人信息处理者应当对其个人信息处理活动负责,并采取必要措施保障所处理的个人信息的安全。

第十条　任何组织、个人不得非法收集、使用、加工、传输他人个人信息,不得非法买卖、提供或者公开他人个人信息;不得从事危害国家安全、公共利益的个人信息处理活动。

第十一条　国家建立健全个人信息保护制度,预防和惩治侵害个人信息权益的行为,加强个人信息保护宣传教育,推动形成政府、企业、相关社会组织、公众共同参与个人信息保护的良好环境。

第十二条　国家积极参与个人信息保护国际规则的制定,促进个人信息保护方面的国际交流与合作,推动与其他国家、地区、国际组织之间的个人信息保护规则、标准等互认。

第二章　个人信息处理规则

第一节　一般规定

第十三条　符合下列情形之一的,个人信息处理者方可处理个人信息:

(一)取得个人的同意;

(二)为订立、履行个人作为一方当事人的合同所必需,或者按照依法制定的劳动规章制度和依法签订的集体合同实施人力资源管理所必需;

(三)为履行法定职责或者法定义务所必需;

(四)为应对突发公共卫生事件,或者紧急情况下为保护自然人的生命健康和财产安全所必需;

(五)为公共利益实施新闻报道、舆论监督等行为,在合理的范围内处理个人信息;

（六）依照本法规定在合理的范围内处理个人自行公开或者其他已经合法公开的个人信息；

（七）法律、行政法规规定的其他情形。

依照本法其他有关规定，处理个人信息应当取得个人同意，但是有前款第二项至第七项规定情形的，不需取得个人同意。

第十四条 基于个人同意处理个人信息的，该同意应当由个人在充分知情的前提下自愿、明确作出。法律、行政法规规定处理个人信息应当取得个人单独同意或者书面同意的，从其规定。

个人信息的处理目的、处理方式和处理的个人信息种类发生变更的，应当重新取得个人同意。

第十五条 基于个人同意处理个人信息的，个人有权撤回其同意。个人信息处理者应当提供便捷的撤回同意的方式。

个人撤回同意，不影响撤回前基于个人同意已进行的个人信息处理活动的效力。

第十六条 个人信息处理者不得以个人不同意处理其个人信息或者撤回同意为由，拒绝提供产品或者服务；处理个人信息属于提供产品或者服务所必需的除外。

第十七条 个人信息处理者在处理个人信息前，应当以显著方式、清晰易懂的语言真实、准确、完整地向个人告知下列事项：

（一）个人信息处理者的名称或者姓名和联系方式；

（二）个人信息的处理目的、处理方式，处理的个人信息种类、保存期限；

（三）个人行使本法规定权利的方式和程序；

（四）法律、行政法规规定应当告知的其他事项。

前款规定事项发生变更的，应当将变更部分告知个人。

个人信息处理者通过制定个人信息处理规则的方式告知第一款规定事项的，处理规则应当公开，并且便于查阅和保存。

第十八条 个人信息处理者处理个人信息，有法律、行政法规规定应当保密或者不需要告知的情形的，可以不向个人告知前条第一款规定的事项。

紧急情况下为保护自然人的生命健康和财产安全无法及时向个人告知的，个人信息处理者应当在紧急情况消除后及时告知。

第十九条 除法律、行政法规另有规定外，个人信息的保存期限应当为实现处理目的所必要的最短时间。

第二十条　两个以上的个人信息处理者共同决定个人信息的处理目的和处理方式的,应当约定各自的权利和义务。但是,该约定不影响个人向其中任何一个个人信息处理者要求行使本法规定的权利。

个人信息处理者共同处理个人信息,侵害个人信息权益造成损害的,应当依法承担连带责任。

第二十一条　个人信息处理者委托处理个人信息的,应当与受托人约定委托处理的目的、期限、处理方式、个人信息的种类、保护措施以及双方的权利和义务等,并对受托人的个人信息处理活动进行监督。

受托人应当按照约定处理个人信息,不得超出约定的处理目的、处理方式等处理个人信息;委托合同不生效、无效、被撤销或者终止的,受托人应当将个人信息返还个人信息处理者或者予以删除,不得保留。

未经个人信息处理者同意,受托人不得转委托他人处理个人信息。

第二十二条　个人信息处理者因合并、分立、解散、被宣告破产等原因需要转移个人信息的,应当向个人告知接收方的名称或者姓名和联系方式。接收方应当继续履行个人信息处理者的义务。接收方变更原先的处理目的、处理方式的,应当依照本法规定重新取得个人同意。

第二十三条　个人信息处理者向其他个人信息处理者提供其处理的个人信息的,应当向个人告知接收方的名称或者姓名、联系方式、处理目的、处理方式和个人信息的种类,并取得个人的单独同意。接收方应当在上述处理目的、处理方式和个人信息的种类等范围内处理个人信息。接收方变更原先的处理目的、处理方式的,应当依照本法规定重新取得个人同意。

第二十四条　个人信息处理者利用个人信息进行自动化决策,应当保证决策的透明度和结果公平、公正,不得对个人在交易价格等交易条件上实行不合理的差别待遇。

通过自动化决策方式向个人进行信息推送、商业营销,应当同时提供不针对其个人特征的选项,或者向个人提供便捷的拒绝方式。

通过自动化决策方式作出对个人权益有重大影响的决定,个人有权要求个人信息处理者予以说明,并有权拒绝个人信息处理者仅通过自动化决策的方式作出决定。

第二十五条　个人信息处理者不得公开其处理的个人信息,取得个人单独同意的除外。

第二十六条　在公共场所安装图像采集、个人身份识别设备,应当为维护公共安全所必需,遵守国家有关规定,并设置显著的提示标识。所收集的个人图像、身份识别信息只能用于维护公共安全的目的,不得用于其他目的;取得个人单独同意的除外。

第二十七条　个人信息处理者可以在合理的范围内处理个人自行公开或者其他已经合法公开的个人信息;个人明确拒绝的除外。个人信息处理者处理已公开的个人信息,对个人权益有重大影响的,应当依照本法规定取得个人同意。

第二节　敏感个人信息的处理规则

第二十八条　敏感个人信息是一旦泄露或者非法使用,容易导致自然人的人格尊严受到侵害或者人身、财产安全受到危害的个人信息,包括生物识别、宗教信仰、特定身份、医疗健康、金融账户、行踪轨迹等信息,以及不满十四周岁未成年人的个人信息。

只有在具有特定的目的和充分的必要性,并采取严格保护措施的情形下,个人信息处理者方可处理敏感个人信息。

第二十九条　处理敏感个人信息应当取得个人的单独同意;法律、行政法规规定处理敏感个人信息应当取得书面同意的,从其规定。

第三十条　个人信息处理者处理敏感个人信息的,除本法第十七条第一款规定的事项外,还应当向个人告知处理敏感个人信息的必要性以及对个人权益的影响;依照本法规定可以不向个人告知的除外。

第三十一条　个人信息处理者处理不满十四周岁未成年人个人信息的,应当取得未成年人的父母或者其他监护人的同意。

个人信息处理者处理不满十四周岁未成年人个人信息的,应当制定专门的个人信息处理规则。

第三十二条　法律、行政法规对处理敏感个人信息规定应当取得相关行政许可或者作出其他限制的,从其规定。

第三节　国家机关处理个人信息的特别规定

第三十三条　国家机关处理个人信息的活动,适用本法;本节有特别规定的,适用本节规定。

第三十四条　国家机关为履行法定职责处理个人信息,应当依照法律、行政法规规定的权限、程序进行,不得超出履行法定职责所必需的范围和限度。

第三十五条　国家机关为履行法定职责处理个人信息,应当依照本法规定履行告知义务;有本法第十八条第一款规定的情形,或者告知将妨碍国家机关履行法定职责的除外。

第三十六条　国家机关处理的个人信息应当在中华人民共和国境内存储;确需向境外提供的,应当进行安全评估。安全评估可以要求有关部门提供支持与协助。

第三十七条　法律、法规授权的具有管理公共事务职能的组织为履行法定职责处理个人信息,适用本法关于国家机关处理个人信息的规定。

第三章　个人信息跨境提供的规则

第三十八条　个人信息处理者因业务等需要,确需向中华人民共和国境外提供个人信息的,应当具备下列条件之一:

(一)依照本法第四十条的规定通过国家网信部门组织的安全评估;

(二)按照国家网信部门的规定经专业机构进行个人信息保护认证;

(三)按照国家网信部门制定的标准合同与境外接收方订立合同,约定双方的权利和义务;

(四)法律、行政法规或者国家网信部门规定的其他条件。

中华人民共和国缔结或者参加的国际条约、协定对向中华人民共和国境外提供个人信息的条件等有规定的,可以按照其规定执行。

个人信息处理者应当采取必要措施,保障境外接收方处理个人信息的活动达到本法规定的个人信息保护标准。

第三十九条　个人信息处理者向中华人民共和国境外提供个人信息的,应当向个人告知境外接收方的名称或者姓名、联系方式、处理目的、处理方式、个人信息的种类以及个人向境外接收方行使本法规定权利的方式和程序等事项,并取得个人的单独同意。

第四十条　关键信息基础设施运营者和处理个人信息达到国家网信部门规定数量的个人信息处理者,应当将在中华人民共和国境内收集和产生的个人信息存储在境内。确需向境外提供的,应当通过国家网信部门组织的安全评估;法律、行政法规和国家网信部门规定可以不进行安全评估的,从其规定。

第四十一条 中华人民共和国主管机关根据有关法律和中华人民共和国缔结或者参加的国际条约、协定,或者按照平等互惠原则,处理外国司法或者执法机构关于提供存储于境内个人信息的请求。非经中华人民共和国主管机关批准,个人信息处理者不得向外国司法或者执法机构提供存储于中华人民共和国境内的个人信息。

第四十二条 境外的组织、个人从事侵害中华人民共和国公民的个人信息权益,或者危害中华人民共和国国家安全、公共利益的个人信息处理活动的,国家网信部门可以将其列入限制或者禁止个人信息提供清单,予以公告,并采取限制或者禁止向其提供个人信息等措施。

第四十三条 任何国家或者地区在个人信息保护方面对中华人民共和国采取歧视性的禁止、限制或者其他类似措施的,中华人民共和国可以根据实际情况对该国家或者地区对等采取措施。

第四章 个人在个人信息处理活动中的权利

第四十四条 个人对其个人信息的处理享有知情权、决定权,有权限制或者拒绝他人对其个人信息进行处理;法律、行政法规另有规定的除外。

第四十五条 个人有权向个人信息处理者查阅、复制其个人信息;有本法第十八条第一款、第三十五条规定情形的除外。

个人请求查阅、复制其个人信息的,个人信息处理者应当及时提供。

个人请求将个人信息转移至其指定的个人信息处理者,符合国家网信部门规定条件的,个人信息处理者应当提供转移的途径。

第四十六条 个人发现其个人信息不准确或者不完整的,有权请求个人信息处理者更正、补充。

个人请求更正、补充其个人信息的,个人信息处理者应当对其个人信息予以核实,并及时更正、补充。

第四十七条 有下列情形之一的,个人信息处理者应当主动删除个人信息;个人信息处理者未删除的,个人有权请求删除:

(一)处理目的已实现、无法实现或者为实现处理目的不再必要;

(二)个人信息处理者停止提供产品或者服务,或者保存期限已届满;

（三）个人撤回同意；

（四）个人信息处理者违反法律、行政法规或者违反约定处理个人信息；

（五）法律、行政法规规定的其他情形。

法律、行政法规规定的保存期限未届满，或者删除个人信息从技术上难以实现的，个人信息处理者应当停止除存储和采取必要的安全保护措施之外的处理。

第四十八条　个人有权要求个人信息处理者对其个人信息处理规则进行解释说明。

第四十九条　自然人死亡的，其近亲属为了自身的合法、正当利益，可以对死者的相关个人信息行使本章规定的查阅、复制、更正、删除等权利；死者生前另有安排的除外。

第五十条　个人信息处理者应当建立便捷的个人行使权利的申请受理和处理机制。拒绝个人行使权利的请求的，应当说明理由。

个人信息处理者拒绝个人行使权利的请求的，个人可以依法向人民法院提起诉讼。

第五章　个人信息处理者的义务

第五十一条　个人信息处理者应当根据个人信息的处理目的、处理方式、个人信息的种类以及对个人权益的影响、可能存在的安全风险等，采取下列措施确保个人信息处理活动符合法律、行政法规的规定，并防止未经授权的访问以及个人信息泄露、篡改、丢失：

（一）制定内部管理制度和操作规程；

（二）对个人信息实行分类管理；

（三）采取相应的加密、去标识化等安全技术措施；

（四）合理确定个人信息处理的操作权限，并定期对从业人员进行安全教育和培训；

（五）制定并组织实施个人信息安全事件应急预案；

（六）法律、行政法规规定的其他措施。

第五十二条　处理个人信息达到国家网信部门规定数量的个人信息处理者应当指定个人信息保护负责人，负责对个人信息处理活动以及采取的保护措施等进行监督。

个人信息处理者应当公开个人信息保护负责人的联系方式,并将个人信息保护负责人的姓名、联系方式等报送履行个人信息保护职责的部门。

第五十三条 本法第三条第二款规定的中华人民共和国境外的个人信息处理者,应当在中华人民共和国境内设立专门机构或者指定代表,负责处理个人信息保护相关事务,并将有关机构的名称或者代表的姓名、联系方式等报送履行个人信息保护职责的部门。

第五十四条 个人信息处理者应当定期对其处理个人信息遵守法律、行政法规的情况进行合规审计。

第五十五条 有下列情形之一的,个人信息处理者应当事前进行个人信息保护影响评估,并对处理情况进行记录:

(一)处理敏感个人信息;

(二)利用个人信息进行自动化决策;

(三)委托处理个人信息、向其他个人信息处理者提供个人信息、公开个人信息;

(四)向境外提供个人信息;

(五)其他对个人权益有重大影响的个人信息处理活动。

第五十六条 个人信息保护影响评估应当包括下列内容:

(一)个人信息的处理目的、处理方式等是否合法、正当、必要;

(二)对个人权益的影响及安全风险;

(三)所采取的保护措施是否合法、有效并与风险程度相适应。

个人信息保护影响评估报告和处理情况记录应当至少保存三年。

第五十七条 发生或者可能发生个人信息泄露、篡改、丢失的,个人信息处理者应当立即采取补救措施,并通知履行个人信息保护职责的部门和个人。通知应当包括下列事项:

(一)发生或者可能发生个人信息泄露、篡改、丢失的信息种类、原因和可能造成的危害;

(二)个人信息处理者采取的补救措施和个人可以采取的减轻危害的措施;

(三)个人信息处理者的联系方式。

个人信息处理者采取措施能够有效避免信息泄露、篡改、丢失造成危害的,个人信息处理者可以不通知个人;履行个人信息保护职责的部门认为可能造成危害的,有权要求个人信息处理者通知个人。

第五十八条　提供重要互联网平台服务、用户数量巨大、业务类型复杂的个人信息处理者,应当履行下列义务:

(一)按照国家规定建立健全个人信息保护合规制度体系,成立主要由外部成员组成的独立机构对个人信息保护情况进行监督;

(二)遵循公开、公平、公正的原则,制定平台规则,明确平台内产品或者服务提供者处理个人信息的规范和保护个人信息的义务;

(三)对严重违反法律、行政法规处理个人信息的平台内的产品或者服务提供者,停止提供服务;

(四)定期发布个人信息保护社会责任报告,接受社会监督。

第五十九条　接受委托处理个人信息的受托人,应当依照本法和有关法律、行政法规的规定,采取必要措施保障所处理的个人信息的安全,并协助个人信息处理者履行本法规定的义务。

第六章　履行个人信息保护职责的部门

第六十条　国家网信部门负责统筹协调个人信息保护工作和相关监督管理工作。国务院有关部门依照本法和有关法律、行政法规的规定,在各自职责范围内负责个人信息保护和监督管理工作。

县级以上地方人民政府有关部门的个人信息保护和监督管理职责,按照国家有关规定确定。

前两款规定的部门统称为履行个人信息保护职责的部门。

第六十一条　履行个人信息保护职责的部门履行下列个人信息保护职责:

(一)开展个人信息保护宣传教育,指导、监督个人信息处理者开展个人信息保护工作;

(二)接受、处理与个人信息保护有关的投诉、举报;

(三)组织对应用程序等个人信息保护情况进行测评,并公布测评结果;

(四)调查、处理违法个人信息处理活动;

(五)法律、行政法规规定的其他职责。

第六十二条　国家网信部门统筹协调有关部门依据本法推进下列个人信息保护工作:

(一)制定个人信息保护具体规则、标准;

（二）针对小型个人信息处理者、处理敏感个人信息以及人脸识别、人工智能等新技术、新应用，制定专门的个人信息保护规则、标准；

（三）支持研究开发和推广应用安全、方便的电子身份认证技术，推进网络身份认证公共服务建设；

（四）推进个人信息保护社会化服务体系建设，支持有关机构开展个人信息保护评估、认证服务；

（五）完善个人信息保护投诉、举报工作机制。

第六十三条 履行个人信息保护职责的部门履行个人信息保护职责，可以采取下列措施：

（一）询问有关当事人，调查与个人信息处理活动有关的情况；

（二）查阅、复制当事人与个人信息处理活动有关的合同、记录、账簿以及其他有关资料；

（三）实施现场检查，对涉嫌违法的个人信息处理活动进行调查；

（四）检查与个人信息处理活动有关的设备、物品；对有证据证明是用于违法个人信息处理活动的设备、物品，向本部门主要负责人书面报告并经批准，可以查封或者扣押。

履行个人信息保护职责的部门依法履行职责，当事人应当予以协助、配合，不得拒绝、阻挠。

第六十四条 履行个人信息保护职责的部门在履行职责中，发现个人信息处理活动存在较大风险或者发生个人信息安全事件的，可以按照规定的权限和程序对该个人信息处理者的法定代表人或者主要负责人进行约谈，或者要求个人信息处理者委托专业机构对其个人信息处理活动进行合规审计。个人信息处理者应当按照要求采取措施，进行整改，消除隐患。

履行个人信息保护职责的部门在履行职责中，发现违法处理个人信息涉嫌犯罪的，应当及时移送公安机关依法处理。

第六十五条 任何组织、个人有权对违法个人信息处理活动向履行个人信息保护职责的部门进行投诉、举报。收到投诉、举报的部门应当依法及时处理，并将处理结果告知投诉、举报人。

履行个人信息保护职责的部门应当公布接受投诉、举报的联系方式。

第七章 法律责任

第六十六条 违反本法规定处理个人信息,或者处理个人信息未履行本法规定的个人信息保护义务的,由履行个人信息保护职责的部门责令改正,给予警告,没收违法所得,对违法处理个人信息的应用程序,责令暂停或者终止提供服务;拒不改正的,并处一百万元以下罚款;对直接负责的主管人员和其他直接责任人员处一万元以上十万元以下罚款。

有前款规定的违法行为,情节严重的,由省级以上履行个人信息保护职责的部门责令改正,没收违法所得,并处五千万元以下或者上一年度营业额百分之五以下罚款,并可以责令暂停相关业务或者停业整顿、通报有关主管部门吊销相关业务许可或者吊销营业执照;对直接负责的主管人员和其他直接责任人员处十万元以上一百万元以下罚款,并可以决定禁止其在一定期限内担任相关企业的董事、监事、高级管理人员和个人信息保护负责人。

第六十七条 有本法规定的违法行为的,依照有关法律、行政法规的规定记入信用档案,并予以公示。

第六十八条 国家机关不履行本法规定的个人信息保护义务的,由其上级机关或者履行个人信息保护职责的部门责令改正;对直接负责的主管人员和其他直接责任人员依法给予处分。

履行个人信息保护职责的部门的工作人员玩忽职守、滥用职权、徇私舞弊,尚不构成犯罪的,依法给予处分。

第六十九条 处理个人信息侵害个人信息权益造成损害,个人信息处理者不能证明自己没有过错的,应当承担损害赔偿等侵权责任。

前款规定的损害赔偿责任按照个人因此受到的损失或者个人信息处理者因此获得的利益确定;个人因此受到的损失和个人信息处理者因此获得的利益难以确定的,根据实际情况确定赔偿数额。

第七十条 个人信息处理者违反本法规定处理个人信息,侵害众多个人的权益的,人民检察院、法律规定的消费者组织和由国家网信部门确定的组织可以依法向人民法院提起诉讼。

第七十一条 违反本法规定,构成违反治安管理行为的,依法给予治安管理处罚;构成犯罪的,依法追究刑事责任。

第八章　附　则

第七十二条　自然人因个人或者家庭事务处理个人信息的,不适用本法。

法律对各级人民政府及其有关部门组织实施的统计、档案管理活动中的个人信息处理有规定的,适用其规定。

第七十三条　本法下列用语的含义:

(一)个人信息处理者,是指在个人信息处理活动中自主决定处理目的、处理方式的组织、个人。

(二)自动化决策,是指通过计算机程序自动分析、评估个人的行为习惯、兴趣爱好或者经济、健康、信用状况等,并进行决策的活动。

(三)去标识化,是指个人信息经过处理,使其在不借助额外信息的情况下无法识别特定自然人的过程。

(四)匿名化,是指个人信息经过处理无法识别特定自然人且不能复原的过程。

第七十四条　本法自 2021 年 11 月 1 日起施行。

图书在版编目(CIP)数据

数字化创新与数据治理规则研究/董玉鹏,吴泓著
. —杭州:浙江大学出版社,2023.7
ISBN 978-7-308-24023-9

Ⅰ.①数… Ⅱ.①董… ②吴… Ⅲ.①数据保护一信
息法一研究一中国 Ⅳ.①D922.84

中国国家版本馆 CIP 数据核字(2023)第 128074 号

数字化创新与数据治理规则研究

董玉鹏 吴 泓 著

责任编辑	石国华	
责任校对	王同裕	
封面设计	周 灵	
出版发行	浙江大学出版社	
	(杭州市天目山路 148 号 邮政编码 310007)	
	(网址:http://www.zjupress.com)	
排 版	杭州星云光电图文制作有限公司	
印 刷	杭州高腾印务有限公司	
开 本	710mm×1000mm 1/16	
印 张	16	
字 数	270 千	
版 印 次	2023 年 7 月第 1 版 2023 年 7 月第 1 次印刷	
书 号	ISBN 978-7-308-24023-9	
定 价	68.00 元	